社会主義的改造下の
上海演劇

森平崇文著

研文出版

社会主義的改造下の上海演劇

目　次

凡　例

序　章　3
　　第1節　「建国後17年」と演劇改革　3
　　第2節　1949年前後の上海演劇界　9

第1章　「阿飛」と「阿Q」―1950年代の滑稽戯　16
　　はじめに　16
　　第1節　「阿飛」と上海の不良たち　18
　　第2節　「阿飛戯」の流行―1950年5～6月　20
　　第3節　滑稽戯版『阿Q正伝』―1956年11月　25
　　第4節　「阿飛戯」の復活―1957年6～7月　30
　　おわりに　35

第2章　華東戯曲研究院と上海演劇界　42
　　はじめに　42
　　第1節　文工団から戯曲研究院へ　43
　　第2節　組織とその再編　47
　　第3節　附属劇団、コンクール、出版物　53
　　第4節　演劇史の整理と演劇界の再編―越劇を例に　63
　　おわりに　67

第3章　淮劇とアマチュア演劇　77
　　はじめに　77
　　第1節　1949年までの淮劇　79
　　第2節　1950年代上海におけるアマチュア演劇　84
　　第3節　淮劇と労働者　89
　　おわりに　96

第4章　「大世界」から「上海人民遊楽場」へ
　　　　　―遊楽場の社会主義的改造　104
　　はじめに　104
　　第1節　大世界の娯楽空間―2つの「大世界巡礼」　106
　　第2節　人民共和国成立と上海の興行界　109

第3節　「人民遊楽場」の誕生　*113*
　　おわりに　*122*
第5章　北京越劇団の建団と撤退（1960-1961）　*128*
　　はじめに　*128*
　　第1節　劇団の整理統合と各地への派遣　*130*
　　第2節　北京と上海、劇団と俳優　*133*
　　第3節　建団から撤退まで　*138*
　　おわりに　*143*
第6章　「通俗話劇」以後の文明戯　*152*
　　はじめに　*152*
　　第1節　1940年代の文明戯　*153*
　　第2節　社会主義的改造下の文明戯　*155*
　　第3節　通俗話劇と方言話劇　*163*
　　おわりに　*169*

終　章　*177*

あとがき　*181*

初出一覧　*183*

参照文献一覧　*185*

索　引　*195*

凡　例

＊中国語の簡体字や繁体字は、日本語の常用漢字の字体に直した。ただし、異なる字となる場合は元の字を用いた。
＊年号は基本的に西暦年で表記した。
＊書籍及び演目、作品名は『　』で、雑誌掲載の論文、記事などは「　」で示した。また、中国語の括弧（《　》〈　〉"　"など）は、日本語の括弧（『　』「　」）に直した。
＊引用文献の情報は各章の初出だけ全て表記し、２回目以降は筆者名、論文名、刊行物名、頁数のみを記した。
＊引用文献の掲載雑誌の巻号数についてはアラビア数字に統一した。
＊「戯曲」は日本語では一般的に脚本を指す。そこで混同を避けるため文脈によって中国語の「戯曲」は「伝統演劇」ないし「演劇」で表記した。

社会主義的改造下の上海演劇

序　章

第1節　「建国後17年」と演劇改革

　中国の演劇は中華人民共和国（以下、人民共和国と略記）の誕生を契機として発展し更に輝きを増したのか、それとも衰退してその魅力を失っていったのか。俳優の社会的地位に関してはそれまでの賤業従事者から人民芸術家へと大きく向上しており、確実に好転したといえる。では俳優の技術や演目の芸術性といった舞台芸術の側面や、劇団や劇場、観客や政策など演劇をとりまく環境においてはどうであったのか。本書はこの問いに対する回答を、上海の特定の劇種や演目、劇団等を問題史的に検証することを通じて導き出すことを目的としている。

　「建国後17年」とは、人民共和国が成立した1949年から文化大革命が始まる1966年までの17年間を指す。この期間に関してはこれまで、文化大革命に至る過程や助走期間として、文化大革命から遡って検証される傾向が見られた。本書で扱う演劇界を例に取れば、文化大革命期に中国全土を席巻した革命模範劇（様板戯）を中国におけるプロパガンダ演劇の極北と見なしてその形成過程を17年間に辿る、或いは文化大革命期における演劇人に対する統制や迫害の端緒及び萌芽を17年間に求める、といった視点からの考察である。このように17年間を文化大革命と過度に連動させて評価する視点は最終的に文化大革命が勃発したにせよ、それに至る過程において散見される、文化大革命とは別の方向へと向かう可能性の胚胎を頭から排除する直線的な進歩史観に往々にして陥りがちとなる。

　一方で、1949年の人民共和国成立を画期とせず、日中戦争期に始まった総力戦体制との連続性の文脈から「建国後17年」を検証しようとする視点もある。やはり演劇界を例に取れば人民共和国成立以降の演劇改革の原型を、日中戦争

時の抗戦宣伝を目的に始められた演劇活動や、毛沢東が1942年に延安で発表してその後の文芸政策の指針となった「文芸講話」に求め、17年間をそれらが中国全土に浸透していく過程と見なすものである。本書もまた総力戦体制からの連続という視点に沿って17年間を検証したいと考えている。ただし本書が対象とする上海を例に取れば、劇団の統廃合や外地への派遣、複数の劇種の上海からの撤退、更には労働者を対象とした工人倶楽部などの新たな娯楽施設の設置といった、総力戦体制からの連続だけでは演劇史に十分定位できない社会主義的改造下の大都市ならでは改革も実行されている。そこで本書では総力戦体制からの連続や浸透が全ての地域や劇種に均等且つ同程度に進行していったという立場をとらず、特定の時期、地域、劇種、劇団に焦点を当てて、それぞれが置かれていた環境の中から連続や浸透の経過を個別に検討することを目指している。

　本書のタイトルにある「社会主義的改造」とは、主として農業の集団化、資本主義的工商業の公私合営化、手工業の共同経営化の三大改造を指している。時期としては毛沢東が1953年6月に中共中央政治局拡大会議にて「過渡期の総路線」を提起したことに始まり、1956年には達成されている。つまり狭義には社会主義的改造が実施された期間は17年の中の4年間に過ぎず、その対象も経済分野に限定されている。しかし実際には経済界のみならず、演劇界でも資本主義的工商業の公私合営化推進の中で多くの民間劇団が国営化されており、更にこの過程で多くの劇団とその関係者に対する整理統合や他地域への派遣が実施され、劇場においても経営陣の刷新や労資関係の改善といった再編が行われていた。また狭義の社会主義的改造の実施時期は4年間であるが、中国全体を社会主義化する運動や政策は17年間を通して止むことはなかった。そこで本書では社会主義的改造を、17年間を通じて継続された中国全体の社会主義化という意味で定義したい。本書のタイトルである「社会主義的改造下」とは、社会主義化の途を辿った1949年から1966年までの17年の期間という意味である。

　演劇改革を唱導した新政権が考える伝統演劇の強みは、その演目や節が各地の大衆に深く浸透しており、大衆にとって最も身近なメディアであった点にある。一方で伝統演劇の弱みは、その大衆にとって最も身近なメディアであるゆえに演目の多くが旧来の道徳観や価値観に縛られ、文化人からは軽侮すべき対

象と見なされてきた点にあった。このような状況下において1951年5月5日、総理周恩来の名で発せられた政府の「伝統演劇の改革に関する指示」では、伝統演劇は「民主と愛国の精神で多くの人民を教育する重要な武器」と定義されており、伝統演劇を如何に自らのプロパガンダへと改造するかが新政権の演劇改革の大きな方針となった。

　この「伝統演劇の改革に関する指示」では、今後の演劇改革の6つの方針について言及している。以下はそれらの概要である。(1)

　　一、伝統演劇は人民の新たな愛国主義精神を発揚させ、人民の革命闘争や生産労働における英雄主義への鼓舞を主たる任務とする。それに反する人民に有害な演目は禁演とし、その判断は中央政府文化部が行う。
　　二、演劇改革は最も広く流行している従来の演目への査定に重点を置く。
　　三、各地で最も大衆に影響力のある劇種を主たる改革と発展の対象とする。可能であれば毎年演劇コンクールを開催して優秀演目などを表彰する。
　　四、俳優の中から演劇改革の幹部を養成し、また進歩的文化人と演劇関係者との交流や協力を奨励する。
　　五、俳優や民衆の自覚と志願に依拠しつつ、旧来の劇団の不合理な部分を改革する。
　　六、各地の文化教育機関が伝統演劇の管轄となり、条件の優れた劇団や劇場を公営化することで、演劇改革の拠点を構築する。

実際これに社会主義社会に相応しい新たな演目の創作を加えれば、17年の間に推進された演劇改革の内容がほぼ網羅されたことになる。

　ではこの「指示」は実際どのように具現化されていったのか。指示の中の「三」、「四」、「六」を本書が対象とする上海の地方劇を例に紹介してみたい。越劇、滬劇、淮劇らを主たる改革と発展の対象に選び（「三」）、各劇の精鋭を集めた国営劇団を設立し（華東越劇実験劇団（1950年）、上海市人民滬劇団（1953年）、上海市人民淮劇団（1953年））（「六」）、越劇からは袁雪芬（1922-2011）、滬劇からは丁是娥（1923-1988）、淮劇からは筱文艶（1922-2013）と、当時若手の女優が各劇の新しいリーダーとして育成され（「四」）、彼女たちの主演する演目が全国レベルのコンクールにて賞を受け、更にその一部は映画化された（「三」）。

図序-1　越劇俳優袁雪芬（上海越劇院『西廂記』パンフレット、筆者蔵）

演劇改革の対象は演劇人、制度、演目に大別され、「三改」政策と称された。演劇人に対する改革は、そのほとんどが文盲で文化度が低かった演劇関係者に対し新しい社会主義に基づいた社会とその文芸理論を学ぶ場を各地に設置することから始められた。上海を例に取れば、1951年の段階で上海の演劇関係者の8割を占める9000人余りが学習の場に参加している。

この演劇人改革を完遂させるためには、社会主義とその文芸理論に通じた進歩的文化人の協力が不可欠であったが、その前提として彼らの伝統演劇と俳優に対するマイナスイメージを拭い去る必要があった。上海市文化局長（在任期間：1950-1953）を務めて演劇改革の先頭に立ち、自らも劇作家であった夏衍（1900-1995）でさえ、「新文化運動以降、進歩的文化人たちは伝統演劇を軽視ないし敵視する態度をとってきた。我々の若い時もそうで、伝統演劇を観ることなく、完全に否定し、伝統演劇は封建的なものを宣伝して統治階級に仕えるものと考えていた」と伝統演劇に対して自分が抱いていたマイナスイメージを告白している。中華民国期（以下、民国期と略記）を通じ、伝統演劇は封建制度の遺物であり、俳優業は賤業であるという固定観念が進歩的文化人の間に広く共有されていた。そこで夏衍は伝統演劇に対し偏見を抱く進歩的文化人に、多くの大衆と深く結びついているという伝統演劇の優れた側面に目を向けるべきと呼びかけ、また「伝統演劇に対する軽視ないし敵視は大衆との対立を招く」と警告を発した。演劇人改革には、演劇改革に貢献できる演劇人の育成と、伝統演劇に対する偏見を是正して演劇改革に協力できるよう進歩的文化人を再教育することの、それぞれが求められた。

演劇人に対する改革に比べて制度に対する改革はその対象が明確であったために、速やか且つ大胆に実施された。改革の対象となったのは徒弟制及び給与システムに象徴される興行主、座頭や花形役者の劇場職員や座員に対する専横や搾取であり、また興行にはつきものであったアウトローによる人的あるいは経済的な支配である。攻撃の対象が演劇関係者そのものではなく、封建制度や資本主義社会の権化とされた興行主やアウトローに特定されたため、地主と農民、資本家と労働者の関係に興行主と座員の関係も類推され、多くの演劇関係者が旧社会の被害者の一員として制度改革に参与できた。この過程で劇団や劇場の多くは公営化され、運営や給与体系などもより民主的となり、公演に際しても劇団や俳優の方が劇場よりも強い決定権を持つようになった。また俳優の養成に関しても養成学校が各地に設けられ、それまでの徒弟制に基づく非科学的な教育方法から大きな改善が見られるようになった。

　そして演目に対する改革である。改革はまず社会主義社会に相応しくない演目の禁演と停演から開始された(6)。禁演と停演の基準は、封建道徳を鼓吹するもの、民族の節操を失っているもの、迷信を強調するもの、色情の要素が強いものである。1950年7月、中央政府文化部は専門家を集めて「戯曲改進委員会」を設置し、その審議の結果12演目の禁演処分が決定された。ただし1952年6月までに文化部が定めた禁演演目は25にとどまっている(7)。

　禁演と並ぶ演目改革は、全国や各地域規模での伝統演劇コンクールの開催を通じ、社会主義社会に相応しい演目の改編や創作を奨励することであった。全国規模では1952年に首都北京にて「第一届全国戯曲観摩演出大会」が開催されており、全国から23劇種、37団体、82演目が参加している。同コンクール期間中には、参加演目の中から評価の高かった32演目が審査を経て公刊されており、コンクール開催は社会主義の演劇に合致した演目を刊行してそれらを全国に普及させる上でも大きな役割を果たしていた。これらコンクール受賞演目の多くは各地の地方劇のアンソロジーにも収録され、一部は映画化されるなどして各劇の代表演目となっていった(8)。

　新政権が演劇界に特に期待したのは、現代の生活を題材とした演目の量産である。それは新政権が次々と打ち出す政策を分かりやすく大衆に伝えるためであった。せりふ劇でリアリズムを基調とした話劇とともに、各地の大衆にとっ

て最も身近なメディアである伝統演劇も当然その役割を担うこととなった。その中でも新政権は各地の地方劇、とりわけ「大戯」ではなく「民間小戯」を重視していた。

　大戯とは伝統演劇の中でもその演目の文学性やパフォーマンスの芸術性が何れも高度で、舞台芸術として完成度の高い劇種のことである。秦腔（陝西省）、川劇（四川省）、徽劇（安徽省）、漢劇（湖北省）などがそれに相当する。それに対し民間小戯とは、演者が少人数、公演も小規模でまた物語も極簡単な、演劇の初期形態をとどめている劇種である。評劇（河北省）、越劇（浙江省）、滬劇（上海市）、楚劇（湖北省）などがそれに含まれる。民間小戯が重視されたのは、「地方戯、特に民間小戯はその形式が比較的簡単で柔軟性があり、現代の生活を反映しやすく、また民衆にも受け入れやすい」と当局が考えたためであった。

　この民間小戯をプロパガンダに上手く活用した成功例が、日中戦争期に共産党統治下の地域において、土着の芸能である秧歌を歌舞劇化した「秧歌劇」である。人民共和国成立前後には、「秧歌劇の最大の特徴は新しい生活感のある雰囲気である。これはこれまでの中国演劇にはない、愉快で活発で健康的な新しい雰囲気である」と、秧歌劇のような民間小戯が新しい社会に相応しい新しい演目の量産を牽引してくれるものと期待されていたのである。

　民間小戯が与える新しさは、それが1949年以前に大都市の主流メディア及び社会の上流階級の手垢にあまりまみれてこなかった点も大きく関連している。民国期までの伝統演劇界には京劇を頂点とするヒエラルヒーが厳然と存在しており、大都市の主流メディアや各界の上層部と対等な交流ができたのは京劇の人気俳優にほぼ限られていた。民間小戯をはじめとする各地の地方劇は、大都市に定着できた一部の地方劇を除けば、人民共和国成立を契機に中央や各地の政治指導者に鑑賞される、主流のメディアで紹介される、代表演目が出版され映画化される、中国を代表して海外公演を行うなどの、これまで京劇にのみ可能であったことが新政権の支援により実現されるようになった。更には京劇の俳優と地方劇の俳優が公的セレモニーに同席する、或いは舞台で共演するなどといった待遇も享受できるようになった。新政権にとって地方劇は、人民共和国が実現を可能にした社会の劇的な変化を視覚的にアピールする上で特に効果的な存在であったのである。

社会主義的改造下の中国演劇に関しては、中国全体、特定の演目、及び1つの劇種をそれぞれ対象に考察した専著が既に上梓されている(12)。本書はそれらの研究成果を考察の前提としつつもその研究方法を踏襲するものではない。本書は上海という特定の地域に限定しながらも、そこで競合する滑稽戯、京劇、越劇、淮劇、通俗話劇といった複数の劇種を対象とし、しかもそれらを演目、劇団、劇場、演劇界における地位など多角的に考察することを通じて社会主義的改造に伴う上海演劇界の変容とその歴史的意義を再検討することを目的としている。

第2節　1949年前後の上海演劇界

　現在上海の演劇界は話劇の他、京劇、昆劇、越劇、滬劇、淮劇、滑稽戯の各劇の職業劇団によって構成されている。この内、上海土着なのは滬劇と滑稽戯のみで、その他は何れも中国各地から上海に進出して定着したものである。土着より外来の演劇が多いのは、移民都市上海を反映したものといえよう。戦後内戦期より上海演劇界と関係が深い演劇評論家の劉厚生（1921-）はこれら上海の各劇を、京劇は都市的で高級、淮劇は質朴、越劇と滬劇は一般市民向き、滑稽戯は不良性感度が高いとそれぞれ評している(13)。ここで言及されていないが、無形文化遺産に認定された昆劇は京劇以上に高級でインテリ向きと位置付けられるであろう。このように実に多様な階層、嗜好、出身者にそれぞれ向けた演劇が競合している点が上海演劇の大きな魅力となってきたのである。

　実は本書が対象とする文化大革命発生以前の上海においては、演劇のジャンルは更に多かった。民国期中国最大の国際、経済、文化都市であった上海は北京や天津と並んでショービジネスが最も盛んな都市でもあり、移民都市という側面からも演劇の種類が雑多である点にその特徴があった。以下の文章は、1949年前後の上海の芸能界を紹介したものである。

　　地方劇は最も民族性に富んだ大衆芸術であり、その質朴雄厚でわかり易い
　　という点に特色がある。全国89の伝統演劇と81の演芸を69の地区に分ける
　　と、その種類が最も多いのは上海である。統計では上海で常に公演を行っ

表1 1949年前後の上海における劇場数

劇種	1947年	1951年
話劇	5	3
京劇	6	5
越劇	26	20
滬劇	6	12
滑稽戯	4	5
淮劇		10
揚劇		4
錫劇		8
甬劇		2
粤劇		1
遊楽場	5	4

ている芸能は17に及ぶ。京劇、越劇、紹劇、滬劇、淮劇、揚劇、甬劇、四明南詞、錫劇、滑稽戯、通俗話劇、山東快書、大鼓、相声、評劇、評話、弾詞などがそれで、俳優や芸人は合わせて8000人を超える。これに音楽や舞台セットのスタッフ、劇場職員や街頭芸人などを加えれば15000人にもなる。また観客は大小80以上の劇場から計算すると上海だけで1日におよそ150000人となる。(14)

ここで挙げられているものの中で演劇のジャンルに含まれるものは、京劇、越劇、紹劇、滬劇、淮劇、揚劇、甬劇、錫劇、滑稽戯、通俗話劇、評劇である。その雑多さは北京の4種類（京劇、評劇、河北梆子、曲劇）(15)及び天津の4種類（京劇、評劇、河北梆子、越劇）(16)と比較するとより顕著となる。しかしながらこの劇種の雑多さは上海演劇の魅力であると同時に、改革に際しては各劇の状況がバラバラなためにその進度を鈍らせかねない大きな障壁にもなりえた。

前節で紹介したように、演劇改革に際し各地で大衆に最も影響力のある劇を重点的に改革と発展の対象とするという方針があった。上海の場合は全国的に普及している話劇と京劇の他、越劇、滬劇、淮劇、滑稽戯がそれに選ばれ、滑(17)稽戯以外は全ての民間劇団の国営化が実施される1955年以前に国営劇団が設立されている。(18)実は現在の上海昆劇団も、当時上海を含む華東区直属の国営劇団であった「華東戯曲研究院」に1954年に設置された「昆曲演員訓練班」の卒業生を中心にして設立されており、現在の上海演劇界を構成する各劇は1950年代前半に既に当局によって重点対象とされていたことになる。

では話劇と京劇を除く4つの地方劇が重点対象とされた基準は那辺にあったのであろうか。表1は人民共和国成立直前の1947年と成立直後の1951年における上海市内の各劇を上演する劇場数を比較したものである。(19)

表1で1947年の劇場数が空欄となっている劇種は民国期上海にまだ進出していなかったというわけではなく、当時は上海の主流メディアに取り上げられるほどの市場的価値があると認められず、上海演劇界の周辺に位置していたとい

うことである。また劇場は収容人数によって大小有り、その歴史や市中心部にあるのか郊外にあるのかなどによって格の違いもある。従って劇場数の多寡だけで各劇の市場的価値や人気の度合いを測れるものではない。このような制限を前提としながら表1を検討してみたい。[20]

図序-2　革命模範劇の1つ京劇『海港』のオリジナルとなった淮劇『海港的早晨』（『上海淮劇志』1998年）

　表1からは、現在上海演劇界を構成している各劇は、淮劇を除くと民国期から市場と人気を一定程度有し、主流メディアからもその市場的価値を認定されていたことがわかる。つまり上海演劇界では1949年を境にして従来の構成に大きな変動は見られず、新たな劇種の参入もなかったことになる。では民国期主流のメディアから無視されていた淮劇は何を理由に人民共和国成立後、上海演劇界に必要と認定されたのであろうか。表1の劇場数だけからは、淮劇とほぼ同数の錫劇でもよかったのではないかという疑問が生じる。また淮劇は江蘇省北部を起源とする地方劇であるが、同じく江蘇省北部を起源とする地方劇に揚劇がある。起源を同じくする揚劇が選ばれず、淮劇が上海における重点劇種に選ばれたのはなぜなのであろうか。本書では1950年代初期の段階で淮劇が工場労働者と密接な地方劇と当局によって認定されたからと考えるが、これに関しては本書の第3章で詳細に検討している。

　本書の構成について紹介したい。本書の視角は3つに分類される。まず1つ目は重点劇種の選定に関するものである。複数の外来の地方劇が競合していた上海演劇界において、浙江省を起源とする越劇と江蘇省を起源とする淮劇が上海における演劇改革の重点劇種にそれぞれ選ばれたのは何故なのか。越劇に関

しては第2章、淮劇に関しては第3章でそれぞれ検討している。

 2つ目は、社会主義的改造に伴う変容に関するものである。第1章では滑稽戯とその演目を、第4章では「大世界」という上海随一の遊楽場をそれぞれ対象にして社会主義的改造による変容について考察している。

 そして3つ目は上海演劇史において研究上の空白となっている2つのテーマに関するものである。第5章では1960年から1961年の間のわずか9か月しか存続しなかった「北京越劇団」の公演状況やその設立から解散に至る経過を、第6章では人民共和国以降の文明戯（通俗話劇）の劇団、公演の実態や演劇界における位置付けを、それぞれ検討している。

 つまり社会主義的改造下の上海の演劇を、特定の劇種や劇団、演目を対象に多様な視点から断片的に考察するのが本書の特色であり、上海演劇界全体や1つの劇種及び特定の時期を網羅的総論的に考察するものではない。複数の切り取られた断片を並べてみることを通じて社会主義的改造下の上海演劇界の変容の一端を明らかにしたいと考えている。章立てはほぼ時系列になっている。

 最後に2点だけ弁明しておきたい。まず本書が滬劇にほとんど言及しない点である。上海演劇の研究者を除くと、上海の地方劇としてまず想起するのは一般的に上海土着の滬劇であろう。しかしながら本書にこの滬劇を単独で検討した論考は含まれていない。それは上記の本書における視角に滬劇の状況が当てはまらない、もしくは他の地方劇を対象にした方がより研究上の意義が認められると判断したからであって、滬劇が17年間の上海演劇史を考察する上で特に意味がないと考え故意に排除したわけでは決してない。結果として滬劇が対象とされなかったに過ぎないのであるが、しかし社会主義的改造下の上海演劇を検討する上で必ず滬劇に言及しなければならないという立場をとるものでもない。本書は上海を最も代表する地方劇は滬劇ではなく越劇と考えており、むしろ滬劇を対象から外すことによって劇種の出身地に過度に拘泥し、上海の地方劇イコール滬劇と短絡的に思考する傾向の強い国内外の中国演劇研究に対して一石を投じる結果になれば、それはそれで本書刊行の意義の1つとなると考えている。

 2点目は本書がプロパガンダ演劇にほとんど言及しない点である。本書が扱う17年間の中国演劇というとまずイメージされるのがプロパガンダ演劇であろ

う。にもかかわらず本書にはこのプロパガンダ演劇を対象とした論考がない。それは滬劇の場合と同様、この時期の演劇史を検討する上でプロパガンダ演劇にあまり意義が見出せずに意識的に対象外としたわけでは全くない。17年間に創作された演目の中でプロパガンダ演劇の占める割合は決して少なくなく、その影響は現代劇のみならず歴史劇にも深く及んでいる。ただ本書は17年間の演劇を安直にプロパガンダ演劇と結びつけ、演劇と政治、社会との関係を卑小化させて特定の演目や演劇人を低く貶めることを考察の結論とする立場をとるものではない。ある演目に含まれている政治的メッセージとその舞台芸術としての価値は別個のものであり、その創作意図からプロパガンダ的と即断し低評価を与えることは、演劇研究においても政治、社会研究においてもあまり有効とは考えない。

　つまり本書は社会主義的改造下の上海における演劇改革を、数少ない上海土着の滬劇、及びこの時期の演劇に特徴的なプロパガンダ演劇にほとんど触れることなく検討し、それを通じて上海演劇史を再構成することを課題とするものである。

注
（１）　周恩来「政務院関於戯曲改革工作的指示」『人民日報』1951年5月7日。
（２）　演劇人、制度、演目に対する改革に関しては、傅謹『新中国戯劇史：1949-2000』湖南美術出版社、2002年の「第一節　翻身和"戯改"」に詳しい（1-16頁）。
（３）　馬彦祥「一九五一年的戯曲改革工作和存在的問題」華迦・海風責任編輯『戯劇工作文献資料滙編』（続編）（以下『続編』と略記）1985年、118頁、初出は『人民戯劇』第3巻第8期、1951年。
（４）　夏衍「関於戯改工作的一些初歩意見―在華東戯曲改革工作幹部会議第七次大会上的講話」『続編』、108頁、初出は『戯曲報』第3巻第5期、1950年。
（５）　同上、108-109頁。
（６）　この時期の禁演に関しては、傅謹「近50年"禁戯"略論」『二十世紀中国戯劇導論』中国社会科学出版社、2004年、241-281頁を参照。
（７）　前掲『新中国戯劇史：1949-2000』、10頁。
（８）　この内、1962年刊行の『中国地方戯曲集成』に関しては、陳仲奇「『中国地

方戯曲集成』の編集出版について」『総合政策論叢』（島根県立大学）第23号、2012年、139-156頁を参照。
(9)　「大戯」と「民間小戯」の定義に関しては、曾永義、施徳玉著『地方戯曲概論』（上）三民書局、2011年、11-22頁を参照。両者に含まれる劇種の分類に関しては、田漢「為愛国主義的人民新戯曲而奮闘——一九五〇年十二月一日在全国戯曲工作会議上的報告摘要」『続編』、103頁（初出は『人民日報』1951年1月21日）を参照。
(10)　前掲「政務院関於戯曲改革工作的指示」。
(11)　張庚「解放区的戯劇—在全国文学芸術工作者代表大会上的発言」『張庚戯劇論文集　1949-1958』中国社会科学出版社、1981年、9頁。初出は1949年7月。
(12)　中国全体に関しては前掲『新中国戯劇史：1949-2000』、特定の演目に関しては張煉紅『歴煉精魂：新中国戯曲改造考論』上海人民出版社、2013年、民間説話の舞台化に関しては周濤『民間文化与"十七年"戯曲改編』広西師範大学出版社、2012年、1つの劇種を対象としたものに関しては韓暁莉『被改造的民間戯曲—以20世紀山西秧歌小戯為中心的社会史考察』北京大学出版社、2012年、をその代表的成果として挙げておく。またこの時期の話劇を対象としたものに顧振輝編『"十七年"劇史論稿（1949-1966）』上海交通大学出版社、2014年、がある。上海における各劇の社会主義的改造を対象とした論考に関しては、第1章以降個別に言及する。
(13)　「"戯改"再反思：新中国的文化理想和実践—劉厚生訪談録」前掲『歴煉精魂：新中国戯曲改造考論』、406頁。
(14)　大公報出版委員会編『新上海便覧』大公報、1951年、188頁。
(15)　1955年に開催された「北京市第一屆戯曲観摩演出」に参加した劇種による（《中国戯曲志・北京巻》編輯委員会『中国戯曲志・北京巻』中国ISBN出版、1999年、1257-1261頁）。
(16)　1954年に開催された「天津市第一屆戯曲観摩演出大会」に参加した劇種による（楊徳英責任編輯『天津通志　文化芸術志』天津社会科学出版社、2007年、50頁）。
(17)　劉厚生「全国戯曲工作会議上　上海市戯曲改革工作報告（1949.5-1950.10）」『戯曲報』四巻一期、1951年2月、11頁。
(18)　滑稽戯のみ国営劇団設立は遅れるが、それに関しては本書第1章と第6章を参照。
(19)　王昌年編著『大上海指南』東南文化服務社、1947年、と前掲『新上海便覧』大公報、1951年、をもとに筆者作成。なお劇種名称は現在の通称に統一してあ

る。
(20) 最後の遊楽場であるが、京劇や地方劇を含む雑多な芸能が同時に公演を行うスペースであるため特定の劇種の劇場としてカウントできない。しかし少なくとも現在の上海演劇界を構成する京劇、越劇、滬劇、滑稽戯などの各劇の公演が行われていたため参考として表1に入れてある。

第1章 「阿飛」と「阿Q」——1950年代の滑稽戯

はじめに

「阿飛」とは、日中戦争終結後の上海で激増した不良青少年たちのことを指す上海特有の表現である。1949年10月の人民共和国成立以降、しばしば「流氓」（チンピラ）と併せて「阿飛流氓」と称された。阿飛は現在でも不良青少年を表す言葉として通用するが、その一方で服装（裾幅の狭いズボン、花柄のシャツ、リーゼント・スタイル、サングラス、透明の櫛など）や行為（退廃的な小説や映画を見、喫茶店やローラースケート場などの娯楽施設にたむろして女性をからかい、喧嘩をし、かつあげ等をする）において、特定の時期（1940年代後半から1960年代まで）と強く結び付けられた一種独特なイメージを上海の人々に想起させる存在である。そして阿飛の背後には、同時期のアメリカ大衆文化（特にハリウッド映画）の影響を濃厚に見てとることができるのである。社会主義的改造下の上海では1950年と1957年の2度にわたり、世論が厳しく阿飛を糾弾する時期があった。

一方の「阿Q」とは、中国20世紀の文豪魯迅（1881-1936）の代表作の1つ『阿Q正伝』（1921年）の主人公を指す。魯迅に関しては、人民共和国の指導者毛沢東によって、「中国文化革命の主将であり、彼は偉大な文学者であっただけではなく、偉大な思想家であり、偉大な革命家であった」と賞賛されたために、人民共和国成立以降にはその絶対的な評価が確立されていた。その魯迅の原作を舞台化するということは、演劇関係者にとって名誉なことであると同時に、失敗すれば厳しい批判に晒されるかもしれないという、大きなプレッシャーを伴うものでもあった。

滑稽戯は、上海とその近郊の方言によって専ら喜劇を演じる上海土着の地方劇で、その成立は日中戦争期の1942年前後である。滑稽戯の特徴は、社会で話題のものを素早く舞台上に取り入れること、及び上海に暮らす庶民の日常を描

くことに長けている点にある。1950年、阿飛にまつわるニュースが世間を賑わすと、複数の滑稽戯劇団がこの阿飛を主人公にした演目を上演し、これらは「阿飛戯」と総称されるようになった。滑稽戯以外にも、通俗話劇や滬劇などの劇団で阿飛戯を上演していたが、中でもその大多数を占め、且つ影響力の大きかったのが滑稽戯である。まるで街でうろうろしている阿飛をそのまま舞台に上げたかのように、阿飛の生態を活き活きと表現する阿飛戯は、上海の観衆の間で一定の人気を博したが、それと同時に文芸界や当局から強い批判を受け、上海の各界に大きな反

図1-1　映画版『七十二家房客』（1950年）パンフレット、筆者蔵

響を及ぼすこととなった。これ以降、1952年と1954年の短期間を除き、1957年まで阿飛戯は舞台からほぼその姿を消すこととなった。1957年の「百花斉放、百家争鳴」（以下「双百」と略記）の開始とともに、阿飛戯は再び上海の舞台で大々的に上演されるようになった。しかしそれもつかの間、「僵尸戯」や「殺子戯」と共に「毒草」に認定されてしまい、以後上海で阿飛戯が上演されることはなかった。

　一方、滑稽戯版の『阿Q正伝』は、魯迅逝去から20年にあたる1956年に初演された。文学作品の舞台化は、当時の演劇界において高評価を得た場合、自らの劇種や劇団の地位を押し上げる絶好の機会とみなされていた。下層階級をリアルに演じる点で定評のあった滑稽戯の俳優にとり、「阿Q」というキャラクターは、確かに己の芸の引き出しの中にあるものであった。しかし残念ながら彼らが期待していたような評価を受けることはなかった。

　本章ではこの1950年代の上海滑稽戯界を、新聞や雑誌の記事、公文書といっ

た一次資料を用い、「阿飛戯」と『阿Q正伝』という2つの演目をめぐるメディアの反応を通じて考察することを主たる課題とする。1950年代の滑稽戯といえば、『三毛学生意』(1956年)、『七十二家房客』(1958年)、『満園春色』(1958年)などが代表的演目として挙げられる。前2作は民国時代の上海の下町を、後者は人民共和国成立以後の上海の食堂を、それぞれ舞台にしており、滑稽戯らしい可笑しさを十分に発揮しつつも、演目の主題がはっきり伝わる人物の設定や物語の展開となっている。この内、『三毛学生意』と『七十二家房客』は映画化もされており、また3演目ともに1980年代に再演されている。本章で採り上げる「阿飛戯」及び滑稽戯版『阿Q正伝』は、この時期の滑稽戯の代表的演目とはいえないが、滑稽戯界に対する批判と評価の対極をなす演目といえ、この2演目を採り上げることを通じて1950年代の滑稽戯界が直面していた課題や状況などがより鮮明になると考える。(6)

第1節 「阿飛」と上海の不良たち

　徒党を組んだごろつき、チンピラたちの生態が都市における風俗の1つとなり、彼らの引き起こす起こす事件が、メディアの格好の標的となっていくのは、洋の東西を問わない普遍的現象である。新興の開港都市である上海も当然、その例に漏れない。20世紀に入って間もなく、上海には「拆白党」と呼ばれる不良集団が出現している。1917年の段階で既に、「上海の拆白党は今日隆盛を極め、年端も行かぬ子供でも皆知っている」という広がりを見せていた。(7)「拆白党」の語源に関しては、「「拆白党」とはチンピラ達の符丁で、拆白は同音である「拆擺」が変化したものである」、「拆白とは（良家の子女が）、家産を傾け尽くし（拆尽）、すっからかん（白地）にしてしまうことをいう」といった説があるが、現在のところ定説には至っていない。(8)その生態に関しては、「飲み食い、芝居見物、セックスを全て一銭も使わずにやる」といった指摘も見られる。(9)本章ではその定義として、本来恵まれた環境にあったにもかかわらず身を持ち崩した、徒党を組んで悪事を働く青少年たち、というあたりが妥当と考える。

　もう一つ、同時期の上海には「白相人」と呼ばれる一群もいた。「白相」と

は遊ぶという意味の上海方言である。「何か仕事や商売をしているわけでもなく、中には文盲もいて、ただぶらぶらしているだけでごきげんに暮らしている」連中というのがその本来の意味である。ただ「白相人」の場合、「大亨」など顔役クラスまで含まれるため、「拆白党」に比して特定の年齢層や階層に限定することはできない。「拆白党」と「白相人」の共通点として、正業に就いておらず、社会の治安を脅かす潜在性の高い集団である、或いは上海という都市に寄生している集団であることが挙げられる。両者とも民国時代を通じて、上海のメディアにおいてニュース的価値のある集団であり続けた。

彼らのような集団は、当然舞台の題材となっている。鄭正秋（1889-1935）を座頭とする1920年代の笑舞台では、『拆白党推倒小脚老婆』（拆白党が纏足の妻を押し倒す）、『活捉白相人』（白相人生け捕り）、『白相人嫂嫂』（女白相人）といった演目が上演されている。劇中に登場する役としてならばこれらに限らず、更に多くなるであろう。ただ本章で取り上げる1950年代の阿飛戯のように、同類の演目が同時期に複数の劇団によって上演されて人気を博したわけではない。その内容に関しては不明な点が多いが、『活捉白相人』のあらすじを新聞広告から紹介すると、プレイボーイである若い「白相人」と、社交界の名花が、ホテルや妓楼、社交会場等を舞台に繰り広げる恋愛遊戯が描かれている。

何れにせよ、白相人らを批判的に描くことで観衆に対する教育的意義を目的とするものではなく、彼らの様子を面白おかしく舞台で表現するものであったのは確かである。この時期の文明戯の演目にはそれまでの伝統演劇に比べ、同時代の社会現象、とりわけ「飲み、打つ、買う」に関するものを題材とするものが多く見られた。1940年代以降、文明戯から派生して誕生したのが通俗話劇と滑稽戯であり、その通俗話劇と滑稽戯が1950年に阿飛を舞台で上演するのは歴史的経緯からしてむしろ当然であった。

一方、「阿飛」についてであるが、その語源や発生の時期に関しては不明な点が多い。語源として英語の hoodlum、或いは fly を挙げる説もあり、またその発生の時期として1920年代という指摘も見られる。確かに、民国期上海で流行した特有の表現がピジン・イングリッシュ（洋涇浜）を語源とする例は多い。阿飛に関してもその可能性を完全に否定することはできない。しかし、阿飛の別名に「小飛機」があり、阿飛の代表的髪型であるリーゼント・スタイルは

「飛機頭」と称されていることから、その「飛機」が語源であるとも考えられる。また発生時期についても、1920年代とする説を完全に否定する根拠はないが、阿飛の代名詞というべきリーゼント・スタイルが欧米で誕生したのは1930年代であり、上海で話題となるのは戦後内戦期の1940年代である。[19] そして、阿飛の形態に強い影響を及ぼしたとされるアメリカ水兵が上海に大量に出現したのも1940年代の戦後内戦期である。更に1950年代の阿飛戯で再現されたような、「四馬路や雲南路にある音楽喫茶ではジャズ音楽が喧しい中を、リーゼント・スタイルの連中が群れを成している」という阿飛の生態も、[20] 1940年代の戦後内戦期のものである。また、アメリカにおいて不良青少年たちを描いた映画『暴力教室』（*The Blackboard Jungle*）が公開され世界に衝撃を与えたのが、1955年である。これらの諸要因を考慮すると、現段階において、阿飛が上海においてその存在を露わにし、社会問題として世論が取り上げるようになるのは戦後内戦期の1940年代から人民共和国成立後の1950年代までと考えるのが妥当のようである。

　阿飛に関しては、それ以前の「拆白党」や「白相人」と比較すると以下のような特徴が挙げられる。第一に、その年齢層の低さである。阿飛と呼ばれるものの多くは10代後半から20代までで、学生がほとんどであった。次に、阿飛には一見して見分けられるほど外見上の共通性が多く、しかも非常におしゃれであった。最後に、阿飛の外見や行動に見られる濃厚なアメリカ大衆文化の影である。もちろんこれまでの「拆白党」や「白相人」の中には西洋かぶれのものも含まれていただろうが、阿飛の場合、アメリカ大衆文化への傾倒や親近性が彼らを特徴付けていた。

第2節　「阿飛戯」の流行—1950年5～6月

　1940年代の滑稽戯では、善良な庶民や田舎者、警官などを嘲笑の対象として登場させる演目が多かった。『郷下人白相跳舞場』（田舎者がダンスホールで遊ぶ）などがその典型であり、有閑階級の立場から労働者階級を嘲笑した演目として人民共和国成立直後から批判を受けていた。[21] そこで批判されたのは嘲笑的態度のみならず、舞台となる民国期上海の退廃的生活や音楽、雰囲気までも含まれ

第1章 「阿飛」と「阿Q」

ており、このような1940年代の滑稽戯の作風全体に対する是正、改善の志向が1950年代初期の滑稽戯界をめぐる言説には顕著であった。

　また、上海が共産党統治下となった直後の食糧政策を題材とした滑稽戯『人人要吃飯』が1949年7月11日に当局によって禁演処分を受けるなど、これまでの滑稽戯が得意にしてきた社会問題に対する諷刺にも一定の制限がかけられ、諷刺の対象やその方法に関して慎重さが求められることになった。当時社会問題化していた阿飛を舞台で採り上げることは、その誕生の背景にある民国期上海の退廃的雰囲気に対する扱い方、及び嘲笑、諷刺の対象の選定といった敏感な問題に直面することを意味していた。

　1949年11月1日、当時の上海の文芸界を管轄していた上海市軍事管制委員会文化教育管理委員会文芸処（以下文芸処と略す）の指導の下、「滑稽戯劇改進会」が発足した。その成立大会には文芸処劇芸室主任の伊兵（1916-1968）や副主任の劉厚生（1921-）といった上海演劇界の指導者が列席し、主席には人民共和国以降の上海滑稽戯界で指導的役割を果たした周柏春（1922-2008）が選出された。周柏春はその席上で、団結と学習を通じ宣伝や教育を展開して人民に尽くすと宣言している。この会の発足により滑稽戯界も中国共産党指導下の演劇界に組み込まれ、その指導に沿って改良及び発展する機会を得たことになる。しかし1950年代の滑稽戯界にとっては、1940年代に疎かにしてきた、社会主義芸術理論に則った演目の創作、劇団の制度的確立、脚本家の養成及び演劇界や文芸界との協力関係の構築といった課題が未解決の状況での新たな出発であった。

　「阿飛戯」の第一次流行は1950年の5月から6月にかけてである。国泰、新都、紅宝、金国の各劇場（国泰は通俗話劇劇団による公演、以下は滑稽戯劇団）において阿飛を題材にした演目が上演されるようになった。「阿飛戯」流行のきっかけは、阿飛に対する当時のメディアの注目の高さに滑稽戯界及び通俗話劇界の一部が敏感に反応して舞台で上演したことによる。表1と表2は、上海の代表紙『文滙報』と『新民晩報』に掲載された阿飛関連の記事数を表したものである。

　表1と2からは、上海の世論の阿飛に対する強い関心は、1950年と1957年の2つの時期に集中していることがわかる。阿飛に関する報道は『文滙報』を例に取ると、1950年5月4日の記事を嚆矢とし、同年12月27日まで断続的に続く。

表1 『文滙報』における阿飛関連記事統計表（1938-1976）

年	-1946	1947	1948	1949	1950	1951	1952	1953	1954
記事数	0	0	0	0	12	2	1	0	0
年	1955	1956	1957	1958	1959	1960	1961	1962	1963
記事数	0	0	20	3	1	0	0	0	0
年	1964	1965	1966	1967	1968	1969	1970	1971	1972-
記事数	0	0	0	18	3	5	0	0	0

表2 『新民晩報』における阿飛関連記事統計表（1938-1973）

年	1946	1947	1948	1949	1950	1951	1952	1953	1954
記事数	0	0	0	0	28	5	0	3	0
年	1955	1956	1957	1958	1959	1960	1961	1962	1963
記事数	0	5	20	4	3	0	0	0	2
年	1964	1965	1966	1967	1968	1969	1970	1971	1972-
記事数	0	0	0	0	0	0	0	0	0

そこで阿飛は、「リーゼント・スタイルにサングラス、裾幅の細いズボンを穿いて、手はズボンのポケットに、胸ポケットには透明な櫛を入れ、口笛を吹く」、「タバコを吸い、喧嘩をし、ダンスホールへ通い、アメリカ映画を観、授業の妨害をして、試験ではカンニング」と描写されている。[28]

何故この両年に限り、阿飛に関し上海のメディアでこれだけ大きく取り上げられるようになったのであろうか。それは当局の意向を抜きは考えられない。1950年の場合は、5月13日と17日に公安当局によって大新公司5階のバーで阿飛の首領クラスが逮捕されている。[29]

では1950年に上演された「阿飛戯」の内容、上演時期、劇団などはどうであったのか。これに関しては、上演したのが主に中小の劇団であることもあって新聞の公演広告にあまり掲載されず、加えてこの時期の滑稽戯の多くが脚本を用いない幕表制であり、更に「阿飛戯」が強い批判を受けた作品群であったため不明な点が多い。調査できた演目や劇団として、『阿飛大王』（星芸滑稽劇団）、『阿飛総司令』（新新滑稽劇団）、『小阿飛』（新芸滑稽劇団）、『女阿飛』（蛙凱）、『男女小飛機』（通話）などが挙げられる（括弧内は劇団名）。[30]ここには滑稽戯だけでなく通俗話劇も含まれているが、阿飛の生態を舞台で披露することがその主たる内容であることに大きな違いはない。

1950年の「阿飛戯」に対するメディアの反応の1例として、『小阿飛』と

『阿飛総司令』（ともに滑稽戯劇団による）の劇評を紹介したい。そこでは「小阿飛とは買弁階級、大流氓、商業投機家、特務といった「大阿飛」の後ろで些細な悪事を働くちんぴら（小流氓）であり、彼ら小阿飛を上演する滑稽劇団はこの点をはっきりさせて阿飛らに自分たちの行為は国民党一派のごろつき行為の一種であることを気付かせるべきである。しかし各滑稽劇団は小阿飛の卑猥な動作を大げさに誇張して演じており、何ら芸術的価値がなく、むしろ逆効果で、滑稽戯の自殺行為である」といった批判が見られる。[31]阿飛の動作を殊更強調した演出でその批判性や教育性においては逆効果であるといった批判はメディアに共通した「阿飛戯」に対する反応であり、このような論調は1957年に「阿飛戯」が再度流行した際にも踏襲された。

　1950年の「阿飛戯」流行において特筆すべきは、1950年6月19日、当時上海の文芸界を管轄していた文芸処にて「阿飛戯」に関する座談会が開かれたことである。文芸処の劉厚生が主催し、滑稽戯界だけでなく演劇界やメディア界を含めて合計63人が出席した。[32]上海のメディア界と演劇界がこれほどの規模で滑稽戯について語り合うのは初のことであり、批判の対象としてであっても、「阿飛戯」は人民共和国成立後、禁演処分を受けた『人人要吃飯』に次いで、上海メディア界と演劇界から注目を集めた滑稽戯の演目ということになった。[33]座談会ではまず「阿飛戯」の制作側の代表者と各劇団や劇場の制作スタッフ（発言順に、劉謙、盧寿水、朱済蒼、陳秋風の4名）が制作の動機について発言し、「阿飛戯」は観客を呼べる、という興行上の動機があったことを認めつつも教育上の意義にも配慮しており、批判と反省すべきは制作者側の理解や準備の不十分さにあると語っている。滑稽戯の俳優（張利音、唐笑飛、孟晋、范哈哈）も「阿飛戯」に実際教育的効果があることを述べた上で、滑稽戯の向上のために上海の文芸界と演劇界が滑稽戯の改良と発展に対し協力してくれるよう求めている。[34]

　主催した劉厚生が座談会を総括して、アメリカ帝国主義式の享楽的で腐敗した生活を暴露した点、父兄に子弟の生活に対する注意を促した点、観客に舞台での阿飛の様子を嫌悪させた点、阿飛という新しい社会事象に対して敏感であった点を評価すべきとしている。その一方問題点として、阿飛が多年にわたる帝国主義の圧政と国民党統治の産物である点をはっきりさせていない、誇張した

図 1-2　1950年2月の初演より1年9ヶ月のロングランとなった合作滑稽劇団の滑稽戯『活菩薩』パンフレット、1950年、筆者蔵

演技ばかりで阿飛の真の犯罪行為が明確でない、一部の比較的善良な阿飛における良心の呵責が描かれていない、どの演目にも退廃的な歌謡曲を歌う場面が挿入されている、滑稽戯界の中に演目の教育的効果や社会的評判を妄信して批判に耳を貸さないものがいるなどを挙げている。[35]

　この座談会で注目すべきは、前述の滑稽戯劇改進会主席周柏春とその設立準備委員であった楊華生（1918-2012）の「阿飛戯」に対する態度である。周柏春は発言の中で「阿飛戯」に対してほとんど言及しておらず、楊華生は自分の劇団（合作滑稽劇団）では「阿飛戯」を上演じたことはないし、「阿飛戯」を観たことがないと発言するなど、冷淡な態度をとり続けた。紙上に記録されているのは発言の一部に過ぎない、或いは滑稽戯界の指導的立場にあるものとして身内に対し故意に厳しい態度を見せたといった理由が考えられるが、記録された発言からは、自分たちが率いる人気滑稽劇団と、「阿飛戯」を上演する中小の滑稽劇団とを意識的に区別しているかの印象を受ける。

　更に『阿飛総司令』で主役の総司令（阿飛の親玉）を演じ、しかもこの座談会にも参加者の署名には名前が確認できる程笑亭（1908-1961）の発言が記録されていない点も気にかかる。『阿飛総司令』は香港で映画化の声がかかるほど人気があり、[36]「阿飛戯」の代表作と言えるが、その主役の発言が全く掲載されていない。1940年代に『小山東到上海』における巡長陶桃役で人気を博し、当時は滑稽戯界を代表する俳優であった程笑亭にとり、『阿飛総司令』の総司令役は新たな当たり役になる期待も十分あったであろうが、今回は外部の圧力に

よって2ヵ月ほどでそれを放棄せざるを得なかった。これは程笑亭1人の問題ではなく、「阿飛戯」に対する各界からの批判を通じて当時社会で話題の事象を速やかに舞台にかける、或いはごろつきなどの否定的な人物（反面人物）を誇張して演じ、田舎者に代表される善良な人や警察など権威のある人物を馬鹿にするといった、1940年代を通じて滑稽戯が得意にし「阿飛戯」でも存分に活かされたやり方が人民共和国以降簡単には通用しなくなったことを滑稽戯関係者に認識させた。そして座談会開催後の6月23日、星芸滑稽劇団が『阿飛大王』の早期停演を決定し(37)、また6月28日には新新滑稽劇団が『阿飛総司令』の改編と検討を始めるなど(38)、「阿飛戯」の流行は6月をもって一応終結されることとなった。

　ただしこの座談会に代表される「阿飛戯」に対する各界の反応からは、批判や問題点を指摘しつつも「阿飛戯」自体はこれまでの滑稽戯に比べ進歩が見られる演目であり、「阿飛戯」に対する検討をきっかけにして今後滑稽戯を如何に滑稽戯界内外が協力して改善、向上させていくかという方向に重点が置かれていた。この点は1957年に「阿飛戯」が再度流行した際の反応とは異なるものであった。

第3節　滑稽戯版『阿Q正伝』―1956年11月

　滑稽戯版の『阿Q正伝』は1956年11月1日より群衆劇場にて、魯迅逝去20周年を記念して上演された。蜜蜂や大衆と並んで当時上海の3大滑稽劇団の1つであった大公滑稽劇団による公演である。その脚本と演出には、越劇の名作『祥林嫂』や『孔雀東南飛』の脚本で有名な南薇（1922-1989）を招き（演出は殷汛との共同）、『三毛』シリーズで有名な漫画家の張楽平（1910-1992）にキャラクター・デザイン（造型設計）を依頼するという、大がかりなものであった。主役の阿Qを演じたのは同劇団の団長楊華生である。その後、1962年と1981年（この年は魯迅生誕100年にあたる）にそれぞれ再演されているが、本章の考察の対象は滑稽戯版『阿Q正伝』そのものではなくその初演に際しての滑稽戯界内外における反応を主としているため、再演に関しては言及しない。

　文豪の名作が舞台化されること自体は決して珍しいことではない。話劇など

図1-3　大公滑稽劇団『阿Q正伝』パンフレット、1956年、松浦恆雄氏蔵

ではむしろ一般的なことである。上海の地方劇でも例えば越劇は、同じく魯迅の『祝福』を改編した『祥林嫂』を成功させ、越劇改革と地位向上の里程碑となった。ただ越劇と並ぶ人気はあるものの、上海の地方劇の中でもとりわけ低俗で芸術性に欠けると一般的に認識されていた滑稽戯がそれを行う場合、少なからぬ反発や抵抗があったことは想像に難くない。ある大学生が滑稽戯劇団を大学に招いて『阿Q正伝』を上演してもらおうと企画したところ、学校の上層部から滑稽劇団による『阿Q正伝』では阿Qのイメージが歪曲されてしまうに相違ないという理由で反対されたという逸話もある。(39)この学校側の対応は、滑稽戯と人民共和国において現代文学の頂点に位置付けられている魯迅に対する当時の一般的な認識からすればむしろ当然といえ、それだけ大公滑稽劇団による『阿Q正伝』の上演は大きな試みであったのである。

　加えて、早くも1943年4月に上演されていた滑稽戯版『阿Q正伝』に対する不評が、1956年に『阿Q正伝』を舞台化するに際して関係者の頭をよぎっていたことも想像に難くない。上演したのは楊華生からは1世代上で、1910年代の文明戯時代から活躍していた張冶児（1894-1962）と易方朔（1891-1960）である。張冶児が阿Q、易方朔が趙老太爺をそれぞれ演じた。この公演に対しては、「その脚本は我々が嘗て話劇で観たものと全く同じであるが(40)、対話の部分を小市民階級の低級趣味に迎合して多く換えてしまい、張冶児の阿Qは彼らの得意ネタである『叫歌』の乞食と同じ格好で南京と江北の方言を話す阿Q」であり、「易方朔の趙老太爺は、漢口と紹興の方言及び蘇白のせりふ回しが混ざるわざとらしくひけらかした言葉遣いで（説話故意買弄措詞）、観客を3日間嘔吐させ

るに余りあり」、「『阿Q正伝』とは名ばかりで、その演技は実に荒唐無稽で劣悪であり泉下の魯迅も泣いていることであろう」といった酷評記事も発表されている(41)。この記事から推測すれば、原作の設定を無視し、自分たちが得意をする複数の方言を1人の登場人物に使わせ、しかも途中にストーリーの展開に関係のない色々な芸の挿入があるなど、彼らが人気を博した趣劇以来の演出方法が多用されているようである。だとすれば上述の学校の上層部が心配していた原作の歪曲そのものであり、1956年に改めて大公滑稽劇団が『阿Q正伝』を舞台化するに際しては、この悪しき前例はより大きなプレッシャーを与えたことであろう。

　1950年代において滑稽戯界が抱えた最大の問題は、評価の定まった演目が圧倒的に少ない上に、1940年代の演目が新しい社会に相応しくないため再演できず新しい演目の創作が急務なのであるが、それを担う人材が欠乏していることにあった。オリジナル演目の場合は、その題材、主題、せりふ、人物像といった様々な問題を人材の乏しい自分たちで解決していかなければならないが、例えば話劇の演目を改編する場合、これらの多くの問題は話劇の上演段階で解決済みであり、その上評価も確定されている。従って目下、滑稽戯界が最も頭を悩ませている問題を回避して、自分たちが自信のある演技に集中することが出来るわけである。

　実際、大公滑稽劇団と人気を競う蜜蜂滑稽劇団では1955年に『幸福』、『双喜臨門』、『陸官図』、1956年には『西望長安』といった話劇の改編演目を続けて公演しており(42)、中でも『幸福』の上演に際しては、真剣且つ厳粛に改編と演出を行い、文芸界の注目を受けて滑稽戯に対する偏見を改める契機となったという好評価も見られた(43)。通俗話劇を含む話劇作品の改編は1950年代の滑稽戯界において一つの潮流となっており、『阿Q正伝』の改編もその流れの中に位置付けられる。確かに上海にはその舞台となる紹興の出身者も多く、紹興方言も馴染みのあるものであるし、阿Qを始めとする登場人物も、滑稽戯が得意とする下層階級の人々が中心であって、滑稽戯に改編しやすい要素を多数備えているといえる演目である。

　阿Qに扮した楊華生は、その自著の中で「『阿Q正伝』は典型的な諷刺作品であり、滑稽戯はその諷刺を得意とする演劇である」と述べており(44)、また別の

ところでも「1953年に既に田漢か許幸之による改編版で『阿Q正伝』を上演するつもりであった」と告白する(45)など、自分の演技力を活かせる素材であるとして早くから着目していたようである。ただ蜜蜂滑稽劇団のように話劇の演目ではなく小説から直接改編する、しかもそれが魯迅の作品であるからプレッシャーは大きかったはずである。そこで滑稽戯としては大がかりなスタッフを迎え入れたわけである。脚本と演出に南薇を選んだのは、彼が既に魯迅の『祝福』を越劇『祥林嫂』に改編して成功を収めており、その上1950年代には大公滑稽劇団を中心にして滑稽戯の脚本も数多く書いていたからである。ではキャラクター・デザインを張楽平に依頼したのは何故であろうか。楊華生は、阿Qのイメージを摑むに際しこれまでの絵画、版画、舞台における阿Qでは参考にしかならなかったためと説明している(46)。しかし公演の初日に張楽平のインタビューが掲載されていることからして(47)、話題性という点も考慮に入れていたのでは推測できる。張楽平の起用は、観客が抱く魯迅と滑稽戯におけるそれぞれのイメージの落差や違和感を、人気漫画家である張楽平が描く阿Q像をその中間に置くことによって和らげる効果を期待したものと考えられる。

　滑稽戯版『阿Q正伝』の内容そのものについてであるが、その脚本は公表されておらず全貌に関してははっきりしない。ただ1956年11月の群衆劇場における初演のパンフレットに各幕の簡単な解説と劇中で歌われる歌詞が掲載されている(48)。それによれば、作品は全5幕で、第1幕「精神勝利法」、第2幕「恋愛的悲劇」、第3幕第1場「生計問題」、第3幕第2場「従没落到中興」、第4幕第1場「革命」、第2場「不准革命」、第5幕「大団円」となっている。

　パンフレットの各幕の簡単な粗筋を紹介すると、第1幕では阿Qが趙太爺に趙姓を名乗ることを咎められ、頬を打たれる。第2幕では阿Qが趙家で傭人の呉媽に言い寄り、それが趙太爺に発覚して家財を没収される。第3幕の第1場では、趙家の感情を害した阿Qは仕事が無くなり、自分の仕事を奪ったと見なす小Dと喧嘩をする。その後、空腹の阿Qは静修庵の大根を盗んでしまう。第2場では城内へ行って泥棒の手伝いをしていた阿Qが、身なりもよくなり金品を携えて戻ってくる。第4幕で、革命党の噂を聞き大いに喜ぶ阿Qであるが、結局何も変わらず、阿Qは假洋鬼子に革命に相応しくないと言われてしまう。第5幕で、阿Qは趙太爺に押し入った強盗にされてしまい銃殺刑となる。

パンフレットで紹介されている粗筋だけから見ると、滑稽戯版は原作をほぼ踏襲している。その各幕の題名、登場人物、物語の展開などで滑稽戯版において新たに付け加えられたと思われる痕跡は見られない。滑稽戯らしさを探すとすれば、歌う場面が挿入されることが挙げられる。初演の演技に関して楊華生はその自著の中で「原作及び原作の人物のイメージを損なうことを恐れて誇張を敢えてせず」、そのため「滑稽戯の特徴を活かしきれなかった」と回想している[49]。つまり演目の内容や演出において、初演の段階では滑稽戯らしさをあまり追求しなかったということである。

この点に関しては、楊華生自身が初演を観た欧陽予倩、田漢、熊仏西、葉浅予、黄佐臨、張正宇、劉芝明ら文芸界の指導者達から受けた感想を、「泥臭さがとても強く、原作に忠実であるが、滑稽戯本来の特色が欠けている」と集約しており[50]、それとも一致している。ここでいう滑稽戯本来の特色とは、演技における誇張や即興及び途中に歌曲を挿入する演出法を指す。「1950年代末に観た楊華生の阿Qには、紹興方言と紹劇（紹興の地方劇）、及び外見が阿Qのイメージに近いという印象しか残らなかった」といった感想もあり[51]、初演では張楽平の阿Q像と原作の内容に出来る限り忠実にして、ただ紹興方言や紹劇を上手く利用するといった点で自身の阿Qを特徴付けていたようである。

ではこの滑稽戯版の『阿Q正伝』は成功したと言えるのであろうか。「上海滑稽戯が将来の諷刺喜劇もしくは笑劇になるとは敢えていわないが、『阿Q正伝』の上演は滑稽戯がその思想内容から上演形式に至るまで向上していることを多少なりとも示しており」、「この演目に可笑しい部分は少ないが、滑稽戯の漸進的向上の過程にあって滑稽戯本来の低級趣味を削り取るためには必要なことである」という劇評があり[52]、滑稽戯の向上と改善の程度を証明する演目という位置付けがなされている。楊華生も自著の中で「この公演では、恐らく滑稽戯を初めて観るという知識界の少なからぬ「新観衆」を呼び込むことが出来た」と述べており[53]、演目自身に対する手応え以上に、外部の評判の方に関係者の関心がより強く向けられていたことが分かる。

滑稽戯版『阿Q正伝』は滑稽戯らしい可笑しさを存分に発揮できた作品としては決して成功を収めたと言えないが、『阿Q正伝』の主題やイメージを壊さぬことに重点を置き、それによって滑稽戯が舞台芸術として向上していること

を内外に示すことには成功したといえるであろう。ただし評価の基準は、前述した蜜蜂滑稽劇団の『幸福』同様に、滑稽戯らしい可笑しさよりも原作の主題に忠実であるかにあり、演目自身というよりはむしろ製作者側の改編における態度に対して評価の基準が置かれていたようである。これは1950年代の滑稽戯改革過程において、滑稽戯は往々にして演者の即興や挿入によって作品の主題や展開を曖昧にさせてしまうという負のイメージが滑稽戯界内外において深く共有されており、その是正が滑稽戯改革の1つの課題であったことと深く関連している。

第4節 「阿飛戯」の復活―1957年6～7月

　1956年に始まった「双百」と、その反動である1957年の反右派闘争は、演劇界にも大きな波紋を与えることとなった。一連の経過を上海の演劇界を中心にして簡単にまとめると以下のように整理できる[54]。1957年4月24日、上海市文化局が文化部の上演禁止演目の解禁に関する決定を通知する。5月11日から20日に及んだ中国共産党上海市委員会宣伝工作会議の結果、文芸界の双百運動が全面的に開始されることとなった。それが6月24、25日の上海市文化局と中国戯劇家協会上海分会共催の座談会において、出席者から文芸界の右派的な言論に対する批判が起こり、続く7月下旬には解放日報社、文匯報社、中国戯劇家協会上海分会などでそれぞれ演劇界人士と観衆による座談会が開かれ、「阿飛戯」や「僵尸戯」などが観客に悪影響を与えていると指摘される[55]。8月13、14日には文芸界の反右派弁論大会が開催された。そして最終的に9月2日、上海市第二回人民代表大会第二次会議において、上海演劇界の代表者12名の連名により、優れた作品（好戯）を多く上演して劣悪な作品（壊戯）を上演する現象とは断固として闘うことが演劇界に呼びかけられ、これでもって一連の動きは一応終結することとなった。

　「阿飛戯」の再演と流行はもちろん、大きくは「双百」に伴う文芸の自由化、より直接的には上演禁止演目の解禁という演劇界の動向に呼応するものである。また「阿飛戯」の第一次流行が1950年6月に終結して以降も社会問題としての阿飛の存在は依然として存続していたことも関係している[56]。1957年6月7日に

は上海市副市長許建国が市人民委員会において「流氓阿飛」問題に関する談話を行っている(57)。

「阿飛戯」は反右派的風潮が形成されつつある1957年6月中旬よ

表3　1957年に上海で上演された「阿飛戯」

期間	演目	劇場	劇団	主演
1957.6.22-30	阿飛総司令	寧波	芸鋒滑稽劇団	
1957.6.23-24	阿飛総司令		星聯滑稽劇団	
1957.7.1-17	阿飛総司令	虹口	芸鋒滑稽劇団	
1957.7.1-16	阿飛制造廠	天宮	大同通話劇団	
1957.7.2-16	阿飛展覧会	龍門	玫瑰滑稽劇団	龔一飛
1957.7.12-16	阿飛轟炸機	西同楽	新生劇団	王山樵
1957.7.17-？	小阿飛	新光	林雅滬劇団	
1957.8.16-22	阿飛末路	虹口	芸鋒滑稽劇団	

り復活されて上演が始まり、7月に入って多くの劇団で上演されるようになった。表3はこの時期に上海で上演された「阿飛戯」の一覧である。(58)

表3の演目名は、『阿飛総司令』や『男女小阿飛』（1950年では『男女小飛機』）を除いて何れも1950年には見られなかったもので、しかも展覧会、制造廠、轟炸機、など題名が以前より大袈裟なものになっていることがわかる。もちろんその内容は阿飛の生態を舞台で披露するということに尽き、その点で1950年当時と大きな変化はない。しかし題名からは「阿飛戯」の流行をより煽ろうとする関係者の興行的意図が前回より顕著のように感じられる。上演したのは芸鋒、玫瑰、新芸の各滑稽劇団と大同や新生などの通俗話劇団、更に滬劇の劇団であった。この内、少なくとも滑稽戯劇団は中小劇団に属する規模である。滑稽戯と通俗話劇が「阿飛戯」を公演するという点もまた前回の流行と変わらないが、今回はそれに滬劇が加わっている(59)。その批判は1957年7月の下旬から8月の上旬にかけて各新聞などでピークを迎え、同年の8月下旬には「阿飛戯」に関する報道もほぼ終結している(60)。

1950年に流行した「阿飛戯」に関しては資料上の制約により、演目の内容にほとんど論及することは出来なかったが、1957年に関しては幸い、玫瑰滑稽劇団の『阿飛展覧会』のパンフレットがあるため少し具体的に紹介したい(61)。脚本を石磊、演出を一飛（つまり同劇団団長の龔一飛）が担当しており、そのパンフレットの前言では以下のように記してある。

　　この演目は既に1951年には完成していた。ある学生が道を誤り、阿飛総司令の朱培根（実在の人物で1952年に既に逮捕されている）に唆されて悪事を働

図1-4　玫瑰滑稽劇団『阿飛展覧会』パンフレット、1957年、松浦恆雄氏蔵

くも、後に改心するという話で、その公演は人気を博した。その後、1953年に起きた「大破聖母軍」事件を加えた改編版を再演したが(62)、滑稽戯が政治的傾向の演目を上演するのは不適切である、というある幹部の考えにより、曖昧なまま停演となった。この度中央政府による禁演演目の解禁により、我々は熟慮した結果『阿飛展覧会』は禁演演目でなく、芸術的にも特徴があり、阿飛が猖獗を極めている状況下においてこの演目上演を通じて政府に協力し教育的効果が得られることを願い、ここに再度修正を施して3度観衆にまみえることになったわけである。批正、批評を請う。

　この前言によれば、『阿飛展覧会』は前回「阿飛戯」が流行した1950年以降に出来た作品であり、今回は中央の動きに呼応して再演を決定している。そして前回流行した際の関係者と同様に、阿飛の生態を舞台で上演することには教育的意義があると認識している。更に続いて作品のあらすじを紹介する。

　　ミッション・スクールの学生張小徳は、アメリカ帝国主義による奴隷化教育を受けて喧嘩や窃盗を好むようになり、阿飛の仲間に入った。これらの行為はアメリカ文明社会では英雄的であると見なされていた。
　　愛娜は張小徳の同級生であり、アメリカ的生活への崇拝から少しずつ阿飛総司令によって泥沼の生活へと陥れられ、人を誘惑するための道具とされてしまう。そのような生活も初めは快適であったが、他人への被害及び自身の荒んだ生活や奴隷的扱いに気づき、張小徳と共に総司令検挙のため

公安局へ自首することを決める。
　しかしそれに感づいた総司令が阿飛たちを率いて脅迫すると、愛娜はどうすることも出来ず総司令に従ってしまう。
　張小徳もこれまで英雄的行為と思ってきたことを深く後悔して公安局に自首する。公安局は張小徳の忠実な態度を認め、阿飛の罪状を十分に把握した上で珈琲館にて阿飛総司令ら一党を逮捕する。

　このあらすじからだけ見ると、阿飛に対するアメリカ帝国主義の影響や、阿飛総司令と張小徳や愛娜などの総司令に利用される阿飛との違い、自らのあり様に疑問を持ち始める張小徳と愛娜の心の葛藤、自首に対する公安局の寛大な処置、そして総司令の逮捕による終幕など、1950年に批判を受けた点を見事に修正した作品となっているように思える。これだけを見ると、批判の対象となった点が明確でない。
　しかしながら、この『阿飛展覧会』は1957年に最も厳しい批判を受けた「阿飛戯」であった。そしてその批判は演目のみならず、団長で演出と主演を務めた龔一飛（1929?-2003）に対しても向けられたのである。『阿飛展覧会』に対して最も攻撃的且つ典型的な批判記事では前述のパンフレットを採り上げて、その前言でいうところの「芸術的特徴」とは「極めて低俗、卑俗で現実を歪曲したものの集大成」であり、その「教育的効果」は全くなく、むしろ「堕落効果」があると批判している。(63) 具体的な批判点は阿飛の荒淫無恥な演技を誇張し過ぎる一方で、警察や教師をあまりにも無力に描いているといった1950年の際に指摘されたものとほぼ変わりはない。ただ1950年と大きく異なるのは「毒草」に認定されてしまったことであり、批判の度合いも格段に強まっている。
　1957年にも「阿飛戯」に関する座談会が、今度は中国戯劇家協会上海分会の主催にて開催されている。それに関する報道によれば、出席者の1人で市文化局の鮑世遠は「阿飛戯」に存在する問題として、阿飛の罪行を少し或いはほとんど批判していない、観衆へ阿飛の生態を具体的具象的に披露する一方で肯定的な人物に対し嘲笑、諷刺、歪曲を行っている、阿飛発生の社会的な根本原因を説明していない、認識や分別の欠けた青年男女に悪影響を与えているといった点を挙げている。(64) ここで言及されている肯定的人物への配慮以外は、1950年

の座談会において主催者劉厚生が総括した諸点とほぼ同じであり、一方で1950年の際には強調された、アメリカからの悪影響といった点が1957年では強調されていない。

では1950年の際に強調された、「阿飛戯」上演そのものに問題はなく、如何に上演するかが問題であるという基本的姿勢は、この1957年においてどうであったのか。この座談会にも出席した朱済蒼、方覚非、呂言などの滑稽戯の脚本家や演出家はこの姿勢を崩していないし、「阿飛戯」を批判した記事でも同様である。このように1950年と1957年の何れにおいても、「阿飛戯」に対する批判点に大きな違いが見られないということは、結局「阿飛戯」が2度の流行期を除くと、ほとんど滑稽戯界内外において顧みられず、改編や改良の機会を得なかったことを意味している。つまり、如何に演じるかの問題はそのまま放置されてきたということになる。ジャズなどオールド上海の堕落的な雰囲気を思わせる音楽を挿入する、或いは阿飛になった子供を注意するはずの父親が逆に子供に倣い阿飛になってしまうといった前回の1950年に強く批判された点が、1957年の際にも全くそのまま批判されている。『阿飛展覧会』のパンフレットに記された芸術的特徴や修正点など、舞台上で誇張される阿飛たちの前ではほとんど観客に伝わらなかったということになる。

1957年の「阿飛戯」に対する批判は最終的に、『阿飛展覧会』の演出と主演を担当し、玖瑰滑稽劇団団長でもあった龔一飛批判という形で終結することになった。『新民晩報』では8月31日、9月17日、9月24日と龔一飛を厳しく批判する記事が掲載され、「阿飛戯」への各界の批判に対する龔一飛の反抗的態度に言及している。そこでは滑稽戯界の総意として、阿飛を上演している彼自身がまさに阿飛、反社会主義者、右派分子であると批判している。ついに、阿飛を上演するものこそがまさに阿飛であると認定されるに至ったのである。これにより「阿飛戯」を今後再演する路はほぼ閉ざされてしまった。

『阿Q正伝』で阿Qを演じた大公滑稽劇団の団長楊華生は前回の「阿飛戯」流行に対して冷淡且つ批判的な態度であったが、今回も「「阿飛戯」は阿飛の罪悪を暴露するどころかその非道徳的生活を宣揚しており、中には毒草と知りながら「阿飛戯」を上演している滑稽劇団もあって党や人民の信任に応えていない」と相変わらず手厳しかった。1957年の「阿飛戯」流行と批判は完全に

「双百」から反右派闘争へという社会の流れに連動するものであるが、その批判は前回の1950年のような滑稽戯の向上に対する提言としてというよりも、滑稽戯界の右派分子を取り締まる方向に傾いており、そのために多くの批判や提言を通じて滑稽戯界及び「阿飛戯」の改良や改善を図るといった機会とはならなかった。「阿飛戯」は1957年以後上海の舞台で上演されることはなくなったのであるが、阿飛の存在自体は1960年代に入っても消滅せず、依然として上海の社会問題の1つであり続けた。[68]

おわりに

「阿飛戯」はその2度の流行において、阿飛の生態を誇張して演じる一方で阿飛の被害に遭う庶民や取り締まる側の警官を嘲笑の対象にするという演出が繰り返し強調され、またその点が繰り返し批判された。これは「阿飛戯」を上演した中小劇団には批判点を改善するための人材が不足しており、同時に人気滑稽劇団や演劇界は批判ばかりで中小劇団に対し積極的関心を向けず、非協力的であったことを意味している。本来、上海の他の地方劇に比べ演劇界の滑稽戯に対する関心や支援は多くなく、その少ない関心や支援は必然的に人気滑稽劇団に集中することになった。「阿飛戯」をめぐる滑稽戯界内外の反応は1956年における蜜蜂（代表作『満園春色』）、大公（代表作『七十二家房客』）、大衆（代表作『三毛学生意』）の3大滑稽劇団の国営化を頂点とする滑稽劇団の淘汰と再編過程の反映でもあったのである。一方、滑稽戯版『阿Q正伝』の上演は、3大劇団の1つである大公滑稽劇団によるものであり、各界の好意的な反応を見れば、滑稽戯の改革は人気劇団でのみ達成可能であるかのような雰囲気が形成されたといえる。

　1950年代の滑稽戯は、1940年代における上海の小市民の日常生活を描いたり、当時話題の事件や人物を題材にしたり、或いは伝統演劇と語り物芸能の節や各地の方言の模倣を中心にしたり、伝統演劇の一部を改編したりという演目に加え、文芸作品や話劇の改編や上海を舞台にしても工場労働者や知識人を主人公にしたり、或いは上海の街から出て農村を舞台にした演目など、その幅を大きく拡げることを試みた。本章で採り上げた「阿飛戯」が1940年代からの傾向を

図1-5　同時代の上海を題材とした上海市海燕滑稽劇団『勿是小事体』パンフレット、1963年、筆者蔵

引き継ぐ演目だとすれば、『阿Q正伝』の方はまさに新時代の趨勢に応じた演目ということになる。前者は主に中小劇団によって上演され、後者は人気の大劇団によって上演された。この点でも対照的である。ただこの阿飛と阿Qというキャラクターは、阿Qの方はその後も二度再演されてはいるが、どちらも1950年代の滑稽戯作品として定着されるには至らなかった。

阿飛がこれまでの滑稽戯の負のイメージを引きずり、滑稽戯界の主流に無視されて改良の機会を失ったとすれば、阿Qの方は滑稽戯界の主流があまりに慎重に取り組んだために、滑稽戯らしさを植え付けることが出来なかった。阿飛も阿Qも当初は滑稽戯の演目の幅を広げられると関係者に期待させる題材であったのだが、阿飛の場合は外部からの批判と無関心、阿Qの場合は自身のプレッシャーによって、『三毛学生意』の「三毛」、『七十二家房客』の「三六九」、『満園春色』の「八号服務員」といった、1950年代に誕生した滑稽戯の代表的キャラクターになる機会を失ったといえる。

「阿飛戯」はそれを上演してきた中小劇団が解散されたこともあり、文化大革命終結以後に再演されることはなかった。一方の阿Qは前述の如く、魯迅生誕百年にあたる1981年に初演と同じ楊華生によって再演されている。特筆すべきはその1981年に岑范監督によって映画化された『阿Q正伝』において、滑稽戯俳優の厳順開（1937-）が主演の阿Qに扮し、好評を得たことである。これによって滑稽戯と阿Qは再び結びつけられ、楊華生ら関係者が当初着目したように、滑稽戯と『阿Q正伝』との相性のよさが改めて証明されることになった。

注
（1） 「阿飛」が現在も通称となっている傍証として、1990年に香港で発表された映画『阿飛正伝』（監督・王家衛、主演・レスリー・チャン、邦題は『欲望の翼』）のタイトルを挙げておく。
（2） 1950年前後の上海を中心とした中国におけるアメリカ文化に関し、知識人については張済順『中国知識分子的美国観（1943-1953）』復旦大学出版社、1999年、ハリウッド映画については、汪朝光「戦後上海美国電影市場研究」『近代史研究』2001年第1期、119-140頁、同「20世紀上半葉的美国電影与上海」『電影芸術』2006年第5期、37-41頁、同「好莱塢電影在新中国的沉浮」『文史博覧』2007年第11期、26-28頁、をそれぞれ参照。
（3） 毛沢東「新民主主義論」、初出は『中国文化』創刊号、1940年。
（4） 1940年代の滑稽戯に関しては、拙稿「1940年代の滑稽戯─『小山東到上海』を中心に」『野草』第77号、2006年、87-101頁を参照。
（5） 『三毛学生意』は1958年（監督黄佐臨、天馬電影制片廠）に、『七十二家房客』は1963年（監督王為一、珠江電影制片廠）にそれぞれ映画化された。ただ舞台版とキャストが踏襲されているのは『三毛学生意』だけである。
（6） 『七十二家房客』に関しては、拙稿「滑稽戯『七十二家房客』の成立」（『饕餮』第13号、2005年、64-86頁）を参照。そこでは1950年代の上海の滑稽戯界を滑稽戯の代表作の一つ『七十二家房客』の創作過程を通じて論じており、併せて1950年代の滑稽戯作品の傾向や滑稽戯の研究史に関しても言及している。滑稽戯の先行研究として、1950年代に関しては『滑稽論叢』（上海文化出版社、1958年）に所収の王辛・金明徳「解放後滑稽界的一些情況」が挙げられる（53-68頁）。そこでは1950年から1957年までの主要滑稽劇団における上演作品を列挙して作品傾向を分析しており、有用な成果と言える。ただし本章で扱う「阿飛戯」に関しては全く言及していない。上海滑稽戯の専著劉慶『上海滑稽史』上海書店出版社、2011年、でも「阿飛戯」が禁演処分を受けた事実に言及するにとどまり、それを滑稽戯の歴史の中で位置付けることはしていない（87頁）。
（7） 切膚「拆白党解」『新世界』1917年9月28日。
（8） 同上。
（9） 汪仲賢『上海俗語図説』上海書店出版社、1999年（初版は1935年）、108頁。
（10） 同上、591頁。
（11） 葉風「白相人斧頭乱砍　仇連環血案開審」『鉄報』1947年8月10日や、綏遠「拆白党鞠光藻原是職業騙子」『鉄報』1947年9月6日、といった記事からも、

戦後内戦期の上海において「白相人」や「拆白党」の名称が確認でき、その存在が決して民国初期の一時的現象でないことが分かる。
(12) それぞれ『申報』1923年10月25日、1926年4月1日、1926年5月10日に掲載の広告に拠る。この内、『拆白党推倒小脚老婆』は『馬永貞』における劇中劇の一つである。
(13) 同上1926年4月1日。
(14) 滑稽戯と通俗話劇はともに文明戯をその起源としており、滑稽戯の始まった1940年代には多くの通俗話劇の俳優やスタッフが滑稽劇団に所属していた。そのため1950年代に入って以降も、滑稽戯と通俗話劇は一緒に分類されるのが一般的で、相違点としては、通俗話劇では喜劇以外の作品も上演するなどが挙げられる。通俗話劇に関しては本書第6章を参照。
(15) 維潔「談阿飛和阿飛舞」『新民晩報』1957年6月6日。
(16) 易璋「阿飛和 fly」『新民晩報』1996年7月27日。
(17) 同上。
(18) 代表例として「那摩温」(number one) が挙げられる。
(19) 守常「頭髪古今談」『新民晩報』1947年11月26日で、近頃のヘアースタイルとして「飛機頭」が挙げられている。
(20) 英冬「飛機頭破壊　珈琲館情調」『新民晩報』1948年12月1日。
(21) これ以外にも『郷下人白相大世界』(田舎者が「大世界」で遊ぶ) といった演目が、『郷下人白相大世界』『新民晩報』1948年4月24日、などから確認できる。
(22) 「滑稽戯劇改進会　今晨開成立大会」『新民晩報』1949年11月11日。
(23) 歌今「検討舞台上的阿飛」『新民晩報』1950年6月2日。
(24) 『文滙報図文光盤　1938-1999』文滙新民聯合報業集団、をもとに筆者作成。
(25) 『新民晩報図文光盤　1946-1999』文滙新民聯合報業集団、をもとに筆者作成。
(26) 『文滙報』のみ1967年にも阿飛関連記事が多いのは、文化大革命初期に地主や右派とともに不良青少年たちも批判の対象となったためである。
(27) それぞれ、「"阿飛"的改造」『文滙報』1950年5月4日、呉碧雲、祖潤「阿飛的新生」『文滙報』1950年12月27日を指す。
(28) 同上。
(29) 「"阿飛頭子"朱培根落網」『文滙報』1950年5月19日。
(30) 「大事記」《上海滑稽戯志》編輯委員会編『上海滑稽戯志』(以下『戯志』と略す) 内部資料、1997年、12頁、及び『新民晩報』掲載の関連記事や公演広告などによる。

(31) 前掲「検討舞台上的阿飛」。
(32) 「「阿飛」戯座談会」『戯曲報』第18期、1950年、116-118頁。
(33) 「阿飛戯」が上海で流行する直前の1950年2月、合作滑稽劇団により『活菩薩』が初演された。この演目は1年9ヶ月というロングランを達成する人気を誇ったが、上海のメディアや演劇界で注目されるようになるのは『阿飛戯』流行翌年の1951年以降である(『戯曲報』5巻1期、1951年、には5本の『活菩薩』に関する記事が掲載されており、その注目度の高まりが確認できる、11-15頁)。
(34) またこれ以外の注目すべき発言として、阿飛はアメリカ水兵達に憧れて模倣するなど、アメリカ水兵から強く影響を受けていること(周柏春、劉士熙の発言)、及び『小阿飛』で小阿飛になった子供を教育する立場にある父親が逆に阿飛(老飛機)になってしまう場面がある(丁是娥の発言)などが挙げられる。
(35) 前掲「「阿飛」戯座談会」。
(36) 曼苹「香港片商生意眼邀請阿飛上銀幕」『新民晩報』1950年6月15日。
(37) 曼苹「阿飛戯提早結束」『新民晩報』1950年6月23日。
(38) 曼苹「阿飛総司令今後如何　新都後台半夜作決定」『新民晩報』1950年6月28日。
(39) 高小文「対滑稽戯的看法」『新民晩報』1957年1月8日。
(40) その脚本がどれを指すのかについては不明である。
(41) 「荒唐悪劣的「阿Q正伝」」『海報』1943年4月19日。
(42) 『西望長安』は1956年1月に『人民文学』第1期に発表された老舎(1899-1966)の話劇である。ペテン師栗晩成(実名は李万銘)が政府の管理制度の未整備や官僚主義の横行に乗じ、また群衆の英雄崇拝の心理を利用して師長にまで上り詰めるものの最終的にその正体が暴かれるという、実話にもとづいた作品である。滑稽戯版『西望長安』の公演が同年7月であるから、『人民文学』に発表されてから僅か半年での上演と言うことになる。この劇評を「話劇皇帝」とも称された話劇、映画俳優で且つ映画監督でもあった石揮(1915-1957)が執筆している(「応該関心和重視它―滑稽戯"西望長安"観後感」『新民晩報』1956年7月21日)。石揮はそこで、滑稽戯に顕著な誇張した演技が諷刺の力量を増加させており、また科白回しなどの演技技術が熟練されていて人物の動作に関する処理も非常に卓越している。また、現在自分たちが学習中のスタニスラフスキー・システムを、彼ら滑稽戯の俳優の方が上手く応用していると述べている。もちろん主題を不鮮明にさせる演技などの欠点も指摘しているが、石揮の注目の比重は滑稽戯版『西望長安』そのものより、映画や話劇の俳優と比

べた際の作品における個別の演技に集中している印象を受ける。実際石揮は喜劇を演じることの難しさを強調し、映画や話劇の俳優に滑稽戯公演を観ることを勧めている。この天才的俳優をして賛嘆させるほどのレベルに滑稽戯の俳優達の演技はあったわけだが、しかしこの時期は演技だけで1つの演目の優劣が評価されるわけではなかった。そこに当時の滑稽戯界の問題が存在していた。ちなみに石揮は滑稽戯に対し並々ならぬ関心を抱いていた数少ない演劇人、映画人であり、『新民晩報』では他にも、「従"三毛"看滑稽戯的独特表演方法」（1957年1月14日）や、"各地方言"」（1957年1月24日）などにおいて、滑稽戯や独脚戯に関する論評を発表している。

(43) 前掲「解放後滑稽界的一些情況」。
(44) 楊華生『楊華生滑稽生涯六十年』学林出版社、1992年、207頁。
(45) 楊華生「滑稽戯"阿Q正伝"的演出」『新民晩報』1956年11月25日。
(46) 同上。
(47) 式正「張楽平団阿Qの造型」『新民晩報』1956年11月1日。
(48) パンフレットは松浦恆雄氏蔵。
(49) 前掲『楊華生滑稽生涯六十年』、211頁。
(50) 同上、210頁。
(51) 穆尼「"369"与"阿Q"」、同上、238頁。
(52) 白文「在滑稽戯劇場裏想起」『新民晩報』1956年12月1日。
(53) 前掲『楊華生滑稽生涯六十年』、210頁。
(54) 《中国戯曲誌・上海巻》編『中国戯曲誌・上海巻』中国ISBN中心出版、1996年の大事年表（74-77頁）を参照。
(55) 「僵尸戯」とは人民共和国以降度々上演禁止され、「阿飛戯」と同様にこの時期批判を受けた作品群で、死人が舞台に蘇る内容である。ただこの演目は滑稽戯のみならず滬劇や越劇など他の上海の地方劇でも盛んに上演されており、本章では論及の対象とはならないが、その流行や批判の規模は「阿飛戯」以上であった。これに親子殺しを題材とする「殺子戯」が、当時の上海で批判を受けていた主たる演目である。
(56) 政法弁公室「黄浦区流氓阿飛活動情況反映」、1956年、上海市档案館蔵、B2-1-31-58、によれば、1956年に12名の阿飛が逮捕されている。
(57) 「許建国談流氓阿飛問題」『新民晩報』1957年6月5日。
(58) 『新民晩報』掲載の広告記事をもとに筆者作成。
(59) 滬劇が「阿飛戯」を上演したことに関しては、例えば『文匯報』の「上海"阿飛戯"貽害観衆」（57年7月25日）など複数の記事で確認できる。ただ

「阿飛戯」の中でも特に批判を受けた『阿飛展覧会』と『阿飛総司令』は滑稽戯の、『阿飛製造廠』は通俗話劇の各劇団による上演であり、滬劇は「阿飛戯」の上演において主流にはなかったものと考えられる。

(60) 田辺「談"阿飛戯"」『解放日報』1957年7月21日が、「阿飛戯」を専ら批判的に採り上げた比較的早い記事になる。参考までに、それ以降の「阿飛戯」の関連記事を、当時の上海の代表紙である『解放日報』、『文匯報』、『新民報』からそれぞれ列挙してみる。
『解放日報』：褚元仿「「阿飛」戯的傾向性」、「"阿飛戯"害人不浅」（1957年7月24日）、「要求演員開香花除毒草」（7月27日）、式儀「"阿飛展覧会"是毒草」（7月31日）、飲水「"自動停演"的背後」（8月3日）、「中小型劇団賛同不演壊戯」（8月8日）、蕭朱「堅決反対改頭換面演壊戯」（8月26日）
『文匯報』：「上海"阿飛戯"貽害観衆」、「要求各劇団明弁香花和毒草」、「明弁香花毒草，提高戯曲質量」（1957年7月25日）、「不応従営利観点選択劇目」（7月31日）
『新民報』：「"阿飛"戯対観衆有害無益」（1957年7月23日）、「「阿飛」戯存在哪些問題？」（7月24日）、寒英「看"阿飛展覧会"有感」（7月28日）、流詒「問題在哪裏」（7月30日）、「紛紛掲発龔一飛的悪行」（8月31日）、「掲露龔一飛種種醜行」（9月17日）、龔一飛的"噱頭"」（9月24日）

(61) パンフレットは松浦恆雄氏蔵。
(62) 「聖母軍」とは上海聖心病院のフランス籍の責任者が組織した反動特務組織で、ここでは1953年8月に公安当局に逮捕され国外追放された事件を指すと考えられる。
(63) 式儀「"阿飛展覧会"是毒草！」『解放日報』1957年7月31日。
(64) 「「阿飛戯」存在哪些問題？」『新民晩報』1957年7月24日。
(65) 流詒「問題在哪裡」『新民晩報』1957年7月30日。
(66) 「紛紛掲発龔一飛的悪行」『新民晩報』1957年8月31日。
(67) 「要求演員開香花除毒草」『解放日報』1957年7月25日。
(68) 上海市人民委員会文教弁公室「新成等三所溜冰場制止流氓阿飛進行搗乱活動的情況和経験」、1963年、上海市档案館蔵、B3-2-221-13、によれば、1962年1年間に計264件発生した阿飛による事件は、1962年に264件、1963年の1月と2月で182件も発生している。

第2章　華東戯曲研究院と上海演劇界

はじめに

　「華東戯曲研究院」は1951年3月5日、伝統演劇の研究と改革の推進、新作の奨励及び後継者の養成を主たる任務に、当時華東区の最高行政機関であった「華東軍政委員会」文化部直属の演劇団体として上海に設立された。同院の院長は京劇俳優の周信芳（1895-1975）、副院長は越劇俳優の袁雪芬（1922-2011）である。同院は、弁公室、編審室、芸術室の行政研究部門の他に、京劇と越劇の各劇団、昆劇と越劇の俳優養成所、及び2つの劇場などから構成されていた。京劇団の団長には院長の周信芳が、越劇団の団長には副院長の袁雪芬がそれぞれ兼任した。1955年3月24日、同院は華東行政委員会の解消（1954年8月29日）に伴い解体され、「上海京劇院」、「上海越劇院」、「上海戯曲学校」、「大衆劇場」、「長江劇場」となった。

　華東戯曲研究院は当時、華東区に設立された唯一の区直属の伝統演劇団体であり、しかもその設立は首都北京に同院と同じ性質の組織として1951年4月3日に設立された「中国戯曲研究院」（梅蘭芳院長）よりも約1ヶ月早かった。このような組織の長に京劇と越劇の俳優がそれぞれ就任し、また上海を拠点とする京劇と越劇の劇団のみが同院附属となったことは、華東区において伝統演劇改革の軸となるのは上海の京劇と越劇であるという、当局の意思表示に他ならない。現代に至る、京劇と越劇を中心とする上海伝統演劇界の構図は、華東戯曲研究院の設立によって確立されたといえる。

　華東戯曲研究院の活動には伝統演劇改革を牽引する模範的な演劇活動と優秀な後継者の養成に加え、上海を中心とする華東区全体の伝統演劇界への指導と、更に華東区各劇の歴史と現状に関する調査と研究までが含まれていた。即ち同院は劇団や俳優養成所の他に、文化行政機関や演劇研究所の機能までを兼ねて

いたことになる。
華東戯曲研究院を
現在の上海京劇院、
上海越劇院、上海
戯曲学校の各前身
と位置付けるだけ
では、同院の一部
を説明したに過ぎ
ないのはそのため
である。(5)

図2-1　華東戯曲研究院幹部集合写真（1951年）、伊兵（前右二）、
　　　周信芳（前右三）、袁雪芬（前右四）（周健爾選編『伊兵与戯劇』中
　　　国戯劇出版社、2004年）

　華東戯曲研究院が存続した1951年3月から1955年3月までの4年間は、中国全土において演劇改革が着手された時期と完全に重なっており、上海を中心とする華東区に設立された伝統演劇団体の頂点に位置する同院は伝統演劇界の改革において司令塔的役割を担っていた。にもかかわらず、この華東戯曲研究院の伝統演劇改革に果たした役割などを対象とした専論は管見の限りまだ出ていない。(6)

　本章は、華東戯曲研究院解体に際して同院の全活動を総括した報告書『華東戯曲研究院文件資料彙編』（以下『彙編』と略記）を中心に、(7) 公文書や新聞、雑誌記事等の一次資料を用いて、華東戯曲研究院の組織の変遷や活動の軌跡を明らかにし、加えて同院が上海における伝統演劇改革に果たした役割、及び京劇と越劇を上海伝統劇界の主軸とする構図が同院によって如何に強化されたのかにつき考察することを目的とする。

第1節　文工団から戯曲研究院へ

　華東戯曲研究院が現在の上海京劇院や上海越劇院の前身であるのは上述した通りである。しかし、実は同院にも前身となった団体が存在する。表1は、華東戯曲研究院附属の「華東京劇実験劇団」及び「華東越劇実験劇団」の前身と

表1　華東戯曲研究院附属劇団の変遷

時期	京劇団	越劇団
1940冬	山東省文協実験劇団	
1944.9		雪声劇団
1945	蘇皖実験劇団第二団	
1946冬	娃娃劇団	
1947.1	蘇皖実験劇団と合併	
1947春	華中野戦軍政治部文芸工作団第四隊	
1947.11	華東平劇団（渤海行署宣伝隊平劇隊と合併）	
1948春	華東軍区、第三野戦軍政治部文芸工作団第三団	
1949.6	夏声戯劇学校を編入	
1949夏	華東京劇団	
1950.4	華東京劇実験劇団	華東越劇実験劇団
1951.3	華東戯曲研究院附属華東京劇実験劇団	華東戯曲研究院附属華東越劇実験劇団
1955.3	上海京劇院	上海越劇院

後身をまとめたものである(8)。

　華東戯曲研究院附属の劇団は表1から分かるように、「華東京劇実験劇団」、「華東越劇実験劇団」、「中国人民解放軍第三野戦軍政治部文芸工作団第三団」（以下、「第三団」と略記）の3劇団を基礎に構成されており、その前身は何れも日中戦争から国共内戦時期にかけて設立されている(9)。この内、雪声劇団は上海市内を中心に活動していた進歩的人気越劇団であったのに対し、京劇団の前身である2劇団は中国共産党軍所属の劇団であった。中国共産党軍に所属して政治宣伝のための芸能活動に従事する団体を「文芸工作団」（以下、文工団と略記）という。華東戯曲研究院の、中でも京劇団はこの文工団の伝統を引き継ぐ団体であった(10)。そこでまず、華東戯曲研究院の組織的性質とその特徴を明確にするため、文工団の歴史とその活動について紹介したい(11)。

　文工団の組織の起源は1927年9月に毛沢東が秋収蜂起の部隊を再編した「三湾改編」において、軍隊の政治工作を強化すべく宣伝隊を設置したことまで遡る(12)。1929年の古田会議で決議された毛沢東「紅軍宣伝工作問題」においては、

「紅軍の宣伝工作は、紅軍の一番重大な工作である」ことが明記された。そして文工団の役割と活動が確定されるのが、毛沢東が1942年に発表した「文芸講話」である。これにより文芸は基本的に労働者、農民、兵士のためのものであることが言明され、宣伝工作に従事する文工団の活動がまさに文芸政策の主流となっていった。その流れから

図2-2　人気越劇団であった雪声劇団の『雪聲進行曲』(1949年) パンフレット、筆者蔵

1943年に共産党統治下の地域を中心にして「新秧歌劇」運動が始められ、河北の民間伝説に基づいた歌劇『白毛女』が創作されたのである。

　すなわち文工団は共産党軍の中の一組織として、共産党統治下の地域及び戦闘地域を中心に戦争と革命のための政治宣伝に従事してきたという実績を有し、また人民共和国における文芸政策の指針となる「文芸講話」に最も忠実な団体として演劇改革の第一線で活躍することを期待されていた。

　しかし人民共和国成立に伴い、文工団のあり方に大きな変化が生じた。それは文工団の活動範囲が農村や戦地からこれまで文工団の公演に触れることのなかった大都市にまで拡大するようになったことを契機としている。農村や戦地では観衆にある程度歓迎された粗末な衣装と舞台装置による稚拙な演技とメッセージ性ばかりを強調した演目では、職業劇団が競合する大都市の観衆には通用しなかった。文工団関係者は「我々のこれまでのレベルの作品に対し不満を感じて」いる大都市の観衆を前にして、「演技技術が政治や文化に遠く遅れを

とっている」と自覚せざるを得なかった。社会主義革命に対する理解と貢献において自分たちよりも圧倒的に劣っていると考える大都市の演劇関係者の方が技術的に優れてしかも観衆からの受けがよいということは、大都市における文工団のあり方を再考する契機となった。

　大都市の観衆に広く受け入れられるよう改善することと併せて、大都市に進出した文工団は別の課題にも直面していた。人材の養成という課題である。華東区を例に取れば同区に46ある文工団（文工隊を含む）の内、9割を超す43の文工団が1949年になって設立されたものであり、しかもその成員も「少数の指導者や幹部を除く大部分が新たに加入した知識青年」であったのである。

　つまり文工団といっても、日中戦争から国共内戦までをくぐり抜けてきた経験を有する成員は極めて少数であり、大多数は人民共和国成立直前に加入した新人であった。政治的に輝かしい実績を有する文工団であり続けるためにも、新たに加入した成員に対する教育が急務となった。本来、大都市の職業劇団に比べて技術的に劣るものの多かった文工団に更に大量の新人が加わったのであるから、文工団の指導者たちが強い危機感を覚えていたことは想像に難くない。

　華東戯曲研究院解体時に全活動を総括した報告書『彙編』では、設立時の状況を以下のように記している。「この三劇団（華東京劇実験劇団、華東越劇実験劇団、第三団を指す—筆者注、以下同じ）は何れも革命の伝統を有し、またそれぞれ異なる程度において栄光の戦闘の歴史を有してきた。しかし全国が共産党統治下となり任務の重点が大都市へ転換してより新たな環境と状況に直面し、これまでの文芸部隊の方針任務、組織機構や仕事の方法に対し再考せざるを得なくなった」。ここでいう新しい環境と状況こそがまさに、政治的にも優れ且つ観客も満足できる演目を上演するということである。つまり華東戯曲研究院の設立は、戦時中に確立された文工団組織を戦後の大都市の演劇界でも通用するように再編、再教育するという時代的要請の中での１つの試みであったと位置付けられるのである。

第2節　組織とその再編

行政研究部門

　上海が共産党統治下となった1949年5月以降、「上海市軍事管制委員会文芸処劇芸室」主任や「華東軍政委員会文化部戯改処」副処長、『戯曲報』編集長や華東越劇実験劇団委員会主任等を歴任して上海における演劇改革の最前線で陣頭指揮を執り続け、1953年からは華東戯曲研究院にて秘書長を務めて同院の運営を担った伊兵（1916-1968）は華東戯曲研究院の足跡を、1951年3月の設立から1952年5月に三反運動と文芸整風運動が始まるまでの第1期、1952年5月の三反運動と文芸整風運動から同院の管轄機関である華東軍政委員会文化部が華東行政委員会文化局に改組された1953年3月までの第2期、そして華東行政委員会文化局に改組された1953年3月から1955年3月の同院解体までの第3期に区分している。表2はこの各時期における同院の組織一覧である。

　院内には、表2に表記されたものの他に、役職として院長を補佐する正副の秘書長がおり、更に正副院長と正副秘書長等から構成され、院の原則や方針等の重要事項を決定する「院務委員会」、及び院内の芸術業務に関する評議を行う「芸術委員会」も設置されていた。

　表2からは、設立当初から解体まで名称が変更しなかったのが、京劇団「華東京劇実験劇団」と劇場「華東大衆劇院」だけであり、また4年間に2度の大きな組織再編を行っている点からも、同院が試行錯誤を繰り返しながら運営してきたことがわかる。設立当初266名であった同院の成員は、解体時には502名と倍近くになっていた。

　表2の中の「弁公室」（「秘書処」）は華東戯曲研究院の事務局にあたり、運営の他に人事や財務を担当する。「編審室」（「創作工房」、「創作室」）は当初所属劇団の演目創作と改編を担当していたが、第3期の「編審室」時期には上記の任務に加えて華東地区の各地で上演される演目の審査や調査なども担当することになり、室内に京劇組、地方戯組、資料研究組の3組が設けられた。「芸術室」（「芸術処」、「研究室」）は当初指導できる幹部不足のためにほとんど機能していなかったが、第3期に「芸術室」と改名すると同時にスタッフを増員して院所

表2　華東戯曲研究院組織一覧

	第1期 (1951.3-1952.5)	第2期 (1952.5-1953.3)	第3期 (1953.3-1955.3)
行政・研究部門	秘書処	弁公室	弁公室 (行政、人事、財務各股)
	創作工房	創作室 (更に京劇と越劇の各創作室に分離)	編審室 (京劇、地方戯、資料研究各組)
	芸術処	研究室	芸術室 (導演、美術、音楽各組)
劇団	華東京劇実験劇団	華東京劇実験劇団	華東京劇実験劇団
	華東越劇実験劇団 (1951年8月「東山越芸社」が編入)	華東越劇実験劇団	華東越劇実験劇団一団 (これまでの華東越劇実験劇団) 華東越劇実験劇団二団 (1954年1月「中央軍事委員会総政治部文工団越劇隊」が編入)
養成所	華東京劇実験学校 (1952年5月3日解散)		
	華東越劇実験学校(未開校)		越劇演員訓練班(1954年11月15日開学)
			昆曲演員訓練班(1954年3月1日開学)
劇場	華東大衆劇院	華東大衆劇院	華東大衆劇院
			公私合営長江劇場 (1954年2月より)

属の京劇団と越劇団の稽古や上演、学習などにおける芸術的な補助と指導を行うことがその任務として確定された。[21]

　第1期における組織上の問題点は、幹部不足が原因で組織が十分に機能できていないことにあった。[22]第2期の三反運動中には組織の簡素化と節約、人員抑制を目指して京劇実験学校の閉校等が決定された。これによって同院の組織は現実に即したものとなったが、幹部不足の問題は未解決のままで指揮命令系統は混乱していた。なぜなら行政研究部門と劇団及び劇場は対等の関係にあり、

何れも華東行政委員会文化部管轄の団体であったからである。

　第2期から第3期への移行に際しては、組織の再編が最も激しかったことが表2からも明白である。それは同院を管轄する華東行政委員会文化局の委託を受けて華東戯曲研究院に各省市の演劇改革と演目審査選定を指導するという新任務が加わったことが背景にあった。これまで「華東」と名乗っていても活動範囲としては上海に限定されがちであったのに対し、第3期には名実ともに華東区全域となったのである。特に「編審室」にはこれまでの華東戯曲研究院内の劇団のための演目提供の他、華東地区各省や市での演目審査に対する指導及び劇種や演目に対する調査と研究まで加わり組織は拡充されることとなった。更に第3期の組織再編と併せて、院内に秘書長伊兵を指導者とする党員幹部(5人小組)による集団指導体制が確立された。これにより第2期まで混乱状況にあった指揮命令系統は明確化され、「学習は更に正規化に向かい、政治的空気は日増しに濃厚になり、組織性や規律性は次第に強化されて、自由で散漫であった仕事や生活における風潮も次第に克服され修正される」ようになったのである。

　つまり華東戯曲研究院が演劇史の中で定義されているような、上海のみならず華東区全体の伝統演劇界をリードして劇団や養成所の他に行政機関や研究所も兼ね備えるようになったのは第3期に入って以降であり、同院の4年間という短い歴史の中で後半の2年間のみに過ぎないということになる。そしてその2年間の華東戯曲研究院の中枢を担ったのが秘書長の伊兵であった。

附属劇団

　まず華東京劇実験劇団であるが同劇団に所属していた著名俳優に、劉斌昆(1902-1990、丑角—役柄、以下同じ)、陳大濩(1911-1988、老生)、王金璐(1919-、武生)、賀永華(1922-2012、浄角)、李玉茹(1924-2008、旦角)、沈金波(1926-1990、老生)、黄正勤(1927-、小生)、張美娟(1929-1996、武旦)、孫正陽(1931-、丑角)、陳正薇(1933-、旦角)がいる。この内、同劇団設立以前から団長周信芳の相手役を務めていたのは劉斌昆のみであった。黄正勤、張美娟、孫正陽、陳正薇は上海戯劇学校の卒業生であり、それ以外は各大都市を転々としてきた俳優でその多くが20代の若手であった。つまり建団当初、上海の観客にこれまで好まれ

てきた、周信芳に代表される「海派京劇」(上海京劇)に熟知して継承していたベテランの俳優はほとんどいなかったことになる。

　一方、上海市内には上海市文化局管轄による公営の京劇団として「上海市人民京劇団」が1951年11月20日に設立されていた。同劇団は華東京劇実験劇団が華東戯曲研究院附属の劇団となる直前の1951年3月1日、上海市文化局が「大舞台」を購入して「人民大舞台」と改称した劇場所属の俳優に、新たな人材を加えて設立されたものである。同劇団には、紀玉良（1917-2002、老生）、筱高雪樵（1926-2010、武生）、趙暁嵐（1927-1999、旦角）、王正屏（1928-1999、浄角）などの俳優が所属していた。この中には、後に周信芳の相手役を長く務め、「麒派花旦」と称せられた趙暁嵐も含まれている。興味深いことに、周信芳は1952年に団長を務める自らの劇団ではなく、上海市人民京劇団と共演して『闖王進京』を上演しており、また同年には上海市人民京劇団の新作『黒旋風李逵』が北京の全国政治協商会議で上演されるなど、その実力と人気は華東京劇実験劇団に遜色するものではなかった。(30)

　上海市内には上海市人民京劇団の他にも、遅世恭（1918-2000、老生）、艾世菊（1916-2012、武丑）、小王桂卿（1927-2011、武生）、言慧珠（1919-1966、旦角）、童芷苓（1922-1995、旦角）といった長く上海を拠点に活躍して後に上海京劇院に加入する「海派京劇」の実力俳優たちが一座を率いてそれぞれ公演を行っていた。何より、周信芳と並んで華東区京劇界を代表する名優蓋叫天（1888-1971、武生）も華東京劇実験劇団に在籍していなかった。つまり、その行政的地位の高さにおいて華東京劇実験劇団は上海市内の他の劇団の上位に位置していたが、上海市内の人気俳優が結集していたわけでは決してなく、むしろ「海派京劇」の継承という意識は他の劇団以上に希薄であった。上海京劇界の一元化は、1955年3月に華東京劇実験劇団と上海市人民京劇団が合併して上海京劇院が設立され、その後次々と実力俳優たちを糾合することによって実現の運びとなったのであり、華東京劇実験劇団時期は複数の劇団による競合状況にあったのである。

　これと対照的なのが華東越劇実験劇団である。華東越劇実験劇団の前身が1944年設立の、袁雪芬を座頭とする雪声劇団であることは前述した通りである。袁雪芬は当時から既に実力と人気の両面において上海越劇界を代表する俳優の1人であり、彼女が率いる雪声劇団も人気劇団であった。つまり文工団をその

前身とする華東京劇実験劇団のように、如何に大都市へ上手く進出を果たすかという課題は越劇の場合、建団以前から解決済みであったのである。

また、華東越劇実験劇団が華東戯曲研究院附属となった1951年には、東山越芸社を率いる范瑞娟（1924-）と傅全香（1923-）、1954年には中央軍事委員会総政治部文工団越劇隊を率いる徐玉蘭（1921-）と王文娟（1926-）がそれぞれ劇団単位で加入している。華東越劇実験劇団にはこの他、張桂鳳（1922-2012）、陸錦花（1927-）、金采鳳（1930-）、呂瑞英（1933-）ら越劇流派創始者13名の内9名が同劇団に所属しており、1955年に同劇団が上海越劇院に移行する以前から既に上海越劇界の頂点に位置する陣容を誇っていた。つまり華東越劇実験劇団は行政上の地位のみならず、実力や人気の面でも市内の他の劇団を圧倒しており、その点においても複数の劇団と競合関係にあった華東京劇実験劇団とは異なる環境にあったということになる。[31]

養成所

養成所として当初設立されたのは華東京劇実験学校のみであった。同校は1951年9月に開校され、在校生は80名、その内半数の40名は第三団の若い俳優から選出されて残りの40名は上海と北京で募集した児童であった。しかし同校は開校から1年も満たない1952年5月3日に閉校となり、学生たちは東北戯曲研究院と中国戯曲研究院の各京劇実験学校、及び蘇州市少年児童京劇団と華東京劇実験劇団にそれぞれ派遣されることとなった。[32]

その後第3期に入り、伝統演劇芸術の伝統を基礎にして科学的表現方法、社会主義リアリズムの芸術理論、品性訓練と科学や文化に関する知識によって新しい伝統演劇の俳優を養成する機関として1954年3月に「昆曲演員訓練班」が開学となり、1期生60名が入学した。[33]学生の内、男子学生が34名、女子学生が26名である。「班主任」には華東戯曲研究院副秘書長であった周璣璋が就いた。[34]学生たちは1955年に華東戯曲研究院が解体され、名称が「上海市戯曲学校昆劇演員班」と変更した後も班内に残り修行を続け、1961年7月に卒業した。この「昆大班」と称されるクラスからは、劉異龍（1940-）、方洋（1940-）、岳美緹（1941-）、華文漪（1941-）、蔡正仁（1941-）、王芝泉（1941-）、張洵澎（1941-）、梁谷音（1942-）、張銘栄（1942-）、計鎮華（1943-）ら1980年代以降の上海昆劇団を

支えた名優たちを輩出している。長らく存亡の危機に直面してきた昆劇を公的に救出したという意味において、華東戯曲研究院の功績は決して小さくない。

また同年9月には「越劇演員訓練班」も開学され、男子学生40名、女子学生20名の計60名が入学している(35)。この男子学生の募集は、当時越劇が演劇改革を推進する上で課題とされていた、「男女合演」と現代劇上演の条件を整えるためのものであり、実際に張国華（1937-）、劉覚（1940-）、史済華（1940-）ら、後に上海越劇院で活躍する男性俳優の育成に成功している。

劇　　場

表2にある通り、華東戯曲研究院付属の劇場は、「華東大衆劇場」と「公私合営長江劇場」の2つであった。華東大衆劇場は1951年3月に「黄金大戯院」が改名されたもので、座席数1493の大劇場である(36)。この黄金大戯院は、中華民国期上海における黒幕の1人であった黄金栄（1868-1953）が旧仏租界に所有していたもので、1931年に設立された。同劇場は1944年から1948年にかけ、華東京劇実験劇団団長である周信芳が公演の拠点とした劇場であり、また同劇団の上海戯劇学校出身者たちが在学時代にしばしば公演を行うなど、上海における京劇の代表的劇場の1つであった(37)。黄金大戯院は上海が共産党統治下となった直後の1949年6月16日に早々と接収管理されている。華東大衆劇場は、華東戯曲研究院附属の2劇団の公演拠点となった。

もう1つの「公私合営長江劇場」は第3期の1954年2月に、主として華東越劇実験劇団の公演拠点となった劇場である。中華民国期は「卡爾登大戯院」という名称で、1923年12月に設立された。1935年から1937年にかけては、上海における話劇公演の「大本営」とも称されていた。人民共和国成立以降は華東越劇実験劇団二団の前身である「玉蘭劇団」の公演拠点であった(38)。つまり華東大衆劇場であれ長江劇場であれ、何れも華東京劇実験劇団並びに華東越劇実験劇団とは以前から関係の深く、しかも上海市中心部に位置する名門劇場であった、ということになる(39)。

以上、組織とその変遷の紹介を通じて、華東戯曲研究院が劇団や俳優養成所に加え、文化行政機関や演劇研究所を兼ね備えるようになったのは設立から2年後の1953年3月以降のことであり、同じ附属劇団の京劇団と越劇団であるが

上海演劇界における実力や人気には大きな差異が見られ、また俳優養成所からは１期の卒業生さえも輩出されることなく解体された、ということが明らかになった。

第３節　附属劇団、コンクール、出版物

附属劇団の活動記録

　華東戯曲研究院が果たすべき任務として、第３期より同院の秘書長として運営を担った伊兵は以下の５点を挙げている。

　　一、作家、演劇関係者、音楽家と伝統演劇俳優との共同作業を組織化
　　二、華東地区における各劇種の歴史と現状に関する調査
　　三、華東地区における主要劇種に改革の重点を置く
　　四、伝統演劇俳優学校の設立
　　五、華東地区各地の伝統演劇改革関係者との密接な連携[40]

　以下、上記の任務が実際どのように遂行されたのかについて検討してみたい。表３は、設立から解体までの華東戯曲研究院全体と附属の京劇団及び越劇団の主な活動を列挙したものである。[41]

　表３の越劇団の項目で「懐仁堂」における公演が散見されるが、これは北京の中南海における中央政府の要人及び海外からの国賓が鑑賞するための公演を指す。表３から附属劇団の活動に関してまず目を引くのが、越劇団の華々しさとそれと対照的な京劇団の地味さである。公演回数自体は越劇団が４年間で1245回に対し、京劇団が1377回と上回っているにもかかわらず、全国レベルの[42]コンクールへの参加と受賞、中央政府の要人のための公演、更に代表作の映画化など、華東戯曲研究院附属の劇団として相応しい実績を上げているのは専ら越劇団の方である。[43]特に1952年開催の「第一届全国戯曲観摩演出大会」と1954年開催の「華東区戯曲観摩演出大会」という２大コンクールにおける両劇団の受賞の違いは顕著であり、政府及び華東戯曲研究院指導部の越劇団に対する期待と評価の高さが窺える。前者に関しては上海代表団の委員７名の内、華東戯

表3　華東戯曲研究院主要活動記録

時期	研究院	京劇団	越劇団
1951.3.5	設立		
1951.3.15		『信陵君』が大衆劇場にて初演	
1951.5			華東区、第三野戦軍文芸体育検閲大会に参加（南京）、上演演目『父子争先』、『断橋』
1951.9.23			国慶節2周年記念公演に参加（北京）、上演演目『梁山伯与祝英台』、『父子争先』、『宝蓮灯』
1952.5.3	華東京劇実験学校解散		
1952.9-11		第一届全国戯曲観摩演出大会にて周信芳が大会栄誉奨	第一届全国戯曲観摩演出大会にて『梁山伯与祝英台』が劇本奨と演出一等奨、『白蛇伝』が演出二等奨、袁雪芬が大会栄誉奨、范瑞娟と傅全香が演員一等奨
1952.10.7,14,15			懐仁堂（北京）にて毛沢東、周恩来らに『梁山伯与祝英台』、『宝蓮灯』上演
1953.3.28-8.1		朝鮮へ慰問公演	
1953.10			映画版『梁山伯与祝英台』が完成
1953.11.23			懐仁堂（北京）にて周恩来、金日成らに『西廂記』上演
1954.2		福建及び浙江、越劇実験劇団二団が福建の人民解放軍へ慰問公演	
1954.3	昆劇演員訓練班開学		
1954.7			范瑞娟がチェコスロバキアで開催の第8回国際映画祭に参加、スイスも訪問

1954.8		李玉茹が上海市第一届人民代表大会代表に選出	范瑞娟、徐玉蘭が上海市第一届人民代表大会代表に選出
1954.9	越劇演員訓練班開学		
1954.9.15		第一届全国人民代表大会にて周信芳が全国人民代表に選出	第一届全国人民代表大会にて袁雪芬が全国人民代表に選出
1954.9.25-11.6	華東区戯曲観摩演出大会開催	『秦香蓮』が優秀演出奨と二等劇本奨、『鋳剣』が演出奨と二等劇本奨、6名が一等演員奨、4名が二等演員奨	『西廂記』と『春香伝』が一等劇本奨と優秀演出奨、『打金枝』と『盤夫索夫』が演出奨、7名が一等演員奨、6名が二等演員奨
1954.9.29			一団、国慶節5周年記念のため懐徳堂（北京）にて『西廂記』上演
1954.10.22			一団、インド総理や周恩来らに『西廂記』上演
1954.11-1955.9	『華東地方戯曲叢刊』（全30集）出版		
1954.12.13			二団、ミャンマー総理らに『春香伝』上演
1954.12.17		張美娟ら5名が中国文化芸術団の一員としてインド、ミャンマーを訪問、『盗仙草』、『泗州城』等を上演	
1954.12			二団、山東及び北京に招かれ公演、上演演目『春香伝』
1955初		江西省と湖南省各文化局に招かれ南昌と長沙で公演、上演演目『文天祥』、『四進士』、『鳳凰山』、『独木関』、『戦長沙』等	
1955.3.24	解体		
1955.6-12	『華東戯曲劇種介紹』出版（全5集）		

図2-3　華東越劇実験劇団『梁山伯与祝英台』
(第一届全国戯曲観摩演出大会) パンフレット、
筆者蔵

曲研究院から4名が選ばれてい
るが、上海の越劇界で受賞した
3作品と俳優は全て華東越劇実
験劇団所属であり、後者の場合
も「劇本奨」においては一等と
二等を含めて2作品を独占、
「演出奨」では6作品中5作品、
「演員奨」においても一等では
9名中7名、二等では8名中6
名、三等では7名中5名が華東
越劇実験劇団によって占められ
ている。コンクールにおける受
賞状況からも、華東越劇実験劇
団の実力並びに評価が上海市内
の他の劇団を圧倒していること
は明らかとなる。

　これに対し京劇団の方は、前
者においては周信芳が「栄誉奨」
を受賞したのみであって受賞作品はなく、また後者においては「劇本奨」と
「演出奨」の何れも、京劇3作品の内、2作品が華東京劇実験劇団受賞である
が、「劇本奨」の一等は上海市人民京劇団の演目で、華東京劇実験劇団の演目
は二等に止まっている。更に「演員奨」において、一等で同劇団所属の6名が
受賞しているが、上海市内の他の京劇団所属の俳優で受賞者は合計すると9名
に達しており、華東京劇実験劇団を上回っている。この点からも、越劇団とは
対照的に、華東京劇実験劇団が上海市内の他の京劇団に比して群を抜いていた
わけではなかったことが確認できる。

　表3で明らかな華東京劇実験劇団の一見地味に見える活動には実は背景があっ
た。華東戯曲研究院の設立直後に上演された同劇団の新作『信陵君』に対する
否定的評価である。この演目は中国の朝鮮戦争への参加を、戦国時代、秦に包
囲された趙を救った魏の公子信陵君の故事になぞらえて創作された。華東戯曲

研究院の周璣璋、呂君樵らが脚本を執筆し、団長周信芳自らが主役の信陵君を演じる、という劇団を挙げて取り組んだ演目であった。[48] 上演当初から信陵君に対する歴史的評価に関して賛否が大きく分かれ、当時『戯曲報』の主編であった伊兵のように、「信陵君が割符を盗み出して趙を救った行為が当時の歴史において当時の人民の最高利益に合致していたことは、全く疑いないことである」とする肯定的な評価がある一方で、[49] 信陵君の行為を秦による国家統一を阻むものとして否定的に評価する指摘も見られた。[50] そして最終的に、反歴史主義的傾向があるという理由

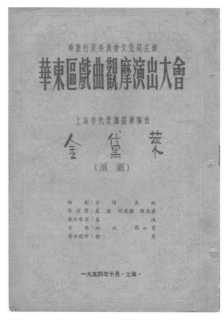

図2-4　受賞演目である滬劇『金黛萊』（華東区戯曲観摩演出大会）パンフレット、筆者蔵

で年内には上演が停止されてしまったのである。もしこの『信陵君』に対する高評価が確定されていれば、恐らく翌1952年開催の「第一届全国戯曲観摩演出大会」の参加演目となり、『梁山伯与祝英台』で全国的に注目された越劇団と同等か或いはそれ以上の脚光を浴びたと予想できる。しかし現実は逆に、京劇団にとって初動を鈍らせる大きな躓きとなり、越劇団から大きく出遅れる結果となってしまったのである。

２つのコンクールと出版物

　伊兵が提示した５つの任務の内、「三　華東地区における主要劇種に改革の重点を置く」及び「四　伝統演劇俳優学校の設立」に関しては、表３から着実に実行されたことが確認できる。「一　作家、演劇関係者、音楽家と伝統演劇俳優との共同作業を組織化」及び「五　華東地区各地の伝統演劇改革関係者との密接な連携」に関しては表３にある、1954年９月から１か月以上開催された

図2-5 華東戯曲研究会主催『紹興大班観摩演出会』パンフレット、1953年、筆者蔵

「華東区戯曲観摩演出大会」において実現されたといえよう。

このコンクールは話劇と同時期に開催され、華東区という規模で開催された唯一の演劇コンクール(51)である。華東戯曲研究院は華東区各省及び上海市と共に代表団を結成して参加しており、団長には秘書長の伊兵、副団長に弁公室主任の張成之、京劇実験劇団の呉文堅、越劇実験劇団の胡野檎がそれぞれ就任した。(52)華東戯曲研究院は代表団を参加させただけでなく、華東行政委員会文化局、上海市文化事業管理局、中央戯劇学院華東分院、中央音楽学院華東分院、華東話劇団、華東実験歌劇団、上海人民芸術劇院及び華東区各省の文化局とともに主催団体にも名を連ねており、特に伝統演劇部門において指導的役割を果たした。設立準備委員会の委員18名の中に華東戯曲研究院から院長の周信芳、副院長の袁雪芬、秘書長の伊兵が選出され、更に「弁公室」副主任に同院副秘書長の周璣璋、参加演目の選定を行う「輔導処」主任に伊兵、副主任に同院編審室主任の陶雄(1911-1999)がそれぞれ就任している。(53)開催時にも、例えば周信芳と袁雪芬が大会主席団に名を連ね、伊兵は大会主席団副秘書長、評奨委員会委員、常任委員会委員兼秘書、劇目組組長等を兼任するなど、華東戯曲研究院はその運営に院全体で関与していた。(54)

華東区戯曲観摩演出大会には1か月を超す大会期間中に華東区各地から35の劇種が参加し、(55)演目は審査対象となるものが111、審査対象外が47の合計158に達した。(56)この内華東戯曲研究院は越劇団が5、京劇団が5、更に審査対象外の「展覧劇目」として昆劇が10の計20演目を上演している。これは全体の12%強を占めており、上海市代表団の15演目をも上回っていた。(57)

華東戯曲研究院の伊兵が主任、陶雄が副主任を務めた「輔導処」は各代表団の参加演目選定のため、山東、安徽、江蘇、浙江、福建の各省に2名ずつ輔導員を派遣しており、伊兵が掲げた「五　華東地区各地の伝統演劇改革関係者との密接な連携を図る」は本コンクール準備過程で一定程度達成された。コンクール関連以外にも、華東区内の浙江省の地方劇「婺劇」の上海公演に際しては院内で座談会を開催し、院外の文化人を招いて婺劇関係者と交流の場を、更には同じく華東区内の江蘇省の地方劇「錫劇」関係者のための座談会を設けるなども「五」の任務に含まれる活動である。

図2-6　華東戯曲研究院編輯『華東戯曲劇種介紹』第四集表紙、新文芸出版社、1955年

そして伊兵が掲げた任務の「二　華東地区における各劇種の歴史と現状に関する調査」に関しては、華東戯曲研究院の第3期に入ってから着手されており、その一部は華東区戯曲観摩演出大会に際して華東区の劇種を紹介するという形式で発表された。更にその成果は、表3にあるように、1955年6月から12月にかけて『華東戯曲劇種介紹』（以下『介紹』と略記）全5集として刊行された。刊行は華東戯曲研究院解体から9か月後に完結したことになる。表4は『介紹』に収録された各省と劇種をまとめたものである。

『介紹』で紹介された劇種は32で、「華東区戯曲観摩演出大会」に参加した35劇種とほぼ同数であるが、両者が一致しているのは21劇種に止まる。各地方の劇種の総数と収録された劇種の数も一致しておらず、劇種総数が最多の福建省よりも、それに次ぐ山東省の方が多く収録されている。表4では市場としては最大規模の上海市の劇種が未収録である点が目につくが、それには京劇や越劇を始め移民都市上海の芸能は他の地方から流入して定着するようになったもの

表4 『介紹』収録の劇種一覧

地方（括弧内は劇種総数）	劇種（括弧内は収録集）
山東省（23）	莱蕪梆子（1）、柳腔（1）、茂腔（1）、呂劇（2）、山東梆子（2）、五音戯（3）、二夾絃（3）、柳子戯（4）、山西梆子（5）
江蘇省（12）	揚劇（1）、柳琴戯（2）、錫劇（3）、蘇劇（4）、昆曲（昆劇）（5）
上海市（10）	
安徽省（19）	黄梅戯（1）、皖南花鼓戯（2）、徽戯（3）、泗州戯（4）、廬劇（倒七戯）（5）
浙江省（16）	紹興乱弾（紹劇）（1）、婺劇（2）、睦劇（3）、杭劇（4）、甬劇（4）、越劇（5）、調腔（餘姚腔）（5）
福建省（24）	梨園戯（1）、莆仙戯（2）、薌劇（3）、閩劇（4）、高甲戯（5）、法事戯（5）

がほとんどであるという経緯があり、また数少ない上海土着の地方劇である滬劇が未刊に終わった『介紹』第6集に収録予定であったという事情による。この各地の劇種に対する調査期間はそれぞれ、安徽省（21日、23日）、山東省（39日）、福建省（39日）、浙江省（30日）となっており、大掛かりな調査であったことがわかる。その内容についてであるが、上海に定着した劇種を中心に次節で詳しく検討したい。

『介紹』と共に華東戯曲研究院が中心となって刊行したもう1つのものが『華東地方戯曲叢刊』（以下『叢刊』と略記）全30集である。これは1954年11月から解体後の1955年9月にかけ、華東戯曲研究院が中国戯劇家協会及び華東行政委員会文化局から委託されて刊行した一大事業である。『叢刊』には華東区の20の劇種から51演目が収録されている。収録されたものは、「全国第一届戯曲観摩演出大会」と「華東区戯曲観摩演出大会」の2大コンクールでの受賞演目が中心となっている。表5は『叢刊』に収録された演目を劇種別に分類したものである。

表5でまず興味深いのは、整理や修正が間に合わなかったという理由から越劇『屈原』、『技術員来了』、滬劇『白毛女』、『劉胡蘭』、淮劇『王貴与李香香』、閩劇『釵頭鳳』など2大コンクールの何れかにおいて受賞したにも関わらず未収録の演目がある一方で、編集部の選定により、越劇『劈山救母』、『織錦記』、『柳毅伝書』、『二堂放子』、錫劇『打麺缸』、『送茶』などのように2大コンクー

第2章　華東戯曲研究院と上海演劇界

表5　『叢刊』劇種別分類

劇種（収録数）	作品（収録集）（波線は現代を題材としたもの）
越劇（11）	梁山伯与祝英台（1）、西廂記（2）、春香伝（4）、庵堂認母（5）、盤夫索夫（5）、織錦記（22）、白蛇伝（23）、二堂放子（26）、打金枝（26）、柳毅伝書（29）、劈山救母（30）
呂劇（5）	李二嫂改嫁（12）、光明大道（13）、王定保借当（15）、双生赶船（15）、小姑賢（27）
揚劇（5）	八姐打店（14）、上金山（14）、鴻雁伝書（17）、挑女婿（17）、袁樵擺渡（17）
錫劇（5）	双推磨（3）、庵堂相会（3）、走上新路（20）、打麺缸（24）、送茶（24）
黄梅戯（3）	天仙配（10）、打猪草（16）、夫婦観灯（16）
閩劇（3）	煉印（7）、漁船花燭（7）、荔枝換絳桃（8）
倒七戯（2）	討学銭（16）、借羅衣（27）
泗州戯（2）	結婚之前（18）、拾棉花（21）
淮劇（2）	藍橋会（14）、千里送京娘（14）
滬劇（2）	金黛萊（11）、羅漢銭（25）
梨園戯（2）	陳三、五娘（19）、入窯（28）
山東梆子（1）	両狼山（15）
柳琴戯（1）	喝麺葉（21）
梆子戯（1）	寇準揹靴（21）
蘇劇（1）	竇公送子（9）
昆劇（1）	擋馬（9）
紹劇（1）	蘆花記（3）
甬劇（1）	両兄弟（6）
高甲戯（1）	桃花搭渡（28）
薌劇（1）	三家福（28）

ル未受賞の演目が収録されている点である。この選定基準の1つとして挙げられるのは、現代の生活を題材にした演目である。表5で波線のある6演目がそれにあたり、現代を題材とした新作の奨励という当時の演劇政策に沿った選定である。ただし『叢刊』に収録されている51演目の中でわずか6演目に止まり、割合としては決して多いとはいえない。

　次に、風刺劇と喜劇に分類される演目を積極的に収録している。呂劇『王定保借当』、梆子戯『寇準揹靴』、錫劇『打麺缸』、『送茶』、揚劇『挑女婿』、柳琴戯『喝麺葉』、倒七戯『討学銭』、『借羅衣』、閩劇『煉印』、梨園戯『入窯』、薌劇『三家福』など11演目がそれに相当し、収録数では現代を題材とした演目の

約2倍となっている。1954年の「華東区戯曲観摩演出大会」において、中国伝統演劇における風刺劇と喜劇の優れた演目の存在に気付かされ、社会主義リアリズムの風刺劇と喜劇を創作するための有益な基礎となることを企図したことから選定された。ただし、その後の1960年代までの中国演劇の辿った道筋が伊兵ら編集部の希望する方向に沿うものでなかったことは歴史的に証明されている。

表5からは更に、劇種ごとの収録数において越劇が11演目と、他の劇種に比して圧倒的に多いことも見て取れる。越劇に次いで多い呂劇、揚劇、常錫劇が何れも5演目に過ぎず、その多さは群を抜いている。越劇と同じく上海市内に一定の市場と人気を有し、越劇ほどではないにせよ当局から支援を受け、しかも2大コンクールで受賞経験のある滬劇や淮劇が『叢刊』にそれぞれ2演目しか収録されていないという状況を鑑みると、越劇の突出した多さは一層顕著となるであろう。しかも越劇で『叢刊』に収録された11演目の内、浙江省越劇団の集団討論による『庵堂認母』を除く10演目は全て華東戯曲研究院編審室及び華東越劇実験劇団とその所属俳優が改編ないし整理に関与しているのである。つまり『叢刊』に収録された越劇演目のほぼ全てが華東戯曲研究院の演目ということになる。表5からは、越劇が上海を中心とする華東区の伝統演劇界の改革の主軸であり、その越劇の主軸が華東戯曲研究院附属の華東越劇実験劇団であることが改めて確認できる。

一方の華東戯曲研究院附属の京劇団であるが、『叢刊』は地方劇のみという方針のため一切収録されていない。華東区の代表的京劇演目に関しては、『叢刊』刊行以前の1953年から1954年にかけて刊行された中国戯曲研究院編輯『京劇叢刊』全32集に収録されている。収録された全89演目の内、華東戯曲研究院編審室のスタッフがその整理に協力した演目は華東戯曲研究院院長の周信芳の代表演目8、華東京劇実験劇団所属の劉斌崑の代表演目2、華東区京劇界を代表する名優蓋叫天の代表演目3の計13演目となっている。

以上、華東戯曲研究院の活動を附属劇団と院全体からそれぞれ検討してきた。院全体に関しては第3期を境にして組織的な活動が本格化し、俳優養成所の開設や刊行物を始め目に見える成果を上げるようになったことがわかる。第3期

以降、秘書長として同院運営の中心を担ったのが伊兵であり、「華東区戯曲観摩演出大会」の準備や『介紹』と『叢刊』の刊行に際しても大きな役割を果たしていた。華東戯曲研究院の活動の中で特筆すべき成果のほとんどは伊兵主導によるものであったといっても過言ではない。その伊兵の出身地が越劇の起源である浙江省嵊県であることと、華東区の伝統演劇界の中であれ華東戯曲研究院内においてであれ、越劇が他の劇種に比べて特に優遇されてきたことを、関連性の弱い単なる偶然と断定してしまうことには些かの困難が伴う。

第4節　演劇史の整理と演劇界の再編―越劇を例に

　『介紹』及び『叢刊』の刊行により、華東戯曲研究院はその研究機関としての役割を全うした。前述のように、劇団、俳優養成所、劇場のそれぞれの機能は院解体後も名称を変えて継承されていったのであるが、この研究機関としての機能は上海市文化局や上海京劇院、上海越劇院などに職員が移動することによって一部が引き継がれただけで中断されてしまった[77]。華東戯曲研究院の研究部門の充実に力を注いだ秘書長の伊兵自身も同院の解体を機に上海を離れ、中国戯劇家協会副秘書長として北京に転属となっている[78]。しかし華東戯曲研究院が華東区全体の伝統演劇改革を主導するに際して模範的で一流の附属劇団を有することと、華東区各地の劇種に対する調査と研究できる部門を有することはいわば車の両輪のように重要なものであった。それは単なる調査や研究の範疇を超えて１つの劇種の現状をも規定する威光を持っていたのである。本節では、華東戯曲研究院による劇種の研究と整理がその劇種の現状を如何に規定していったのかについて同院と所縁の深い越劇を例に検討していきたい。
　越劇の歴史の中で特に画期となったのは1924年の上海における女優のみの一座による公演の開始と、1940年代の上海における越劇改良運動である。本節では特に後者の1940年代の上海における越劇改良運動に関する各時期の記述を比較することを通じ、華東戯曲研究院の果たした役割について考察したい。ＡとＢは1952年と1954年に華東文化部芸術事業管理処及び華東戯曲研究院が編集を行った、いわば公的な越劇紹介文における1940年代の越劇改良運動に関する記述部分である。

A　呂仲「越劇的成長及其発展」(79)

　1942年、袁雪芬らは芸術上の不断の努力により越劇の観衆から更に多くの支持を受けた。越劇は客観的環境の影響から次第に越劇の内容と形式を高めることを求めるようになった。袁雪芬はまず知識人たちを脚本家や演出家に招き入れ、上演に際しても話劇の舞台セットや照明、道具などを取り入れ、衣裳やメイクにおいても新たな改革をした。これにより越劇の状況も一新されて当時は一定程度の模範的効果をもたらした。

　1943年、袁雪芬は「雪声劇団」を設立した。范瑞娟が同劇団に加入することにより公演に新たな力が加わった。「新越劇」はより大きな劇場に進出を始め、公演演目は改編した『梁祝哀史』、『趙五娘』、『碧玉簪』の他は古い演目をほぼ全て放棄し、90％以上が新作であった。更に音楽や節回しにおいても新たな創造が行われ、「新越劇」はすでに無数の地方劇の中でも突出した劇種となっていた。

　1945年に日中戦争に勝利した後、一部の越劇俳優は共産党や進歩的文化人と接触を開始し、反帝反封建を内容とする演目を頻繁に上演するようになった。このため次第に反動統治階級からの注意と妬みを受けるようになった。1947年夏、袁雪芬をリーダーとする越劇界の俳優たちは旧来の一座における不合理な独占と束縛から抜け出すため、資金を集めて自分たちの劇場と次世代の越劇俳優を養成する学校の設立を企図し、『山河恋』の慈善公演を挙行しようとしたところ反動派の妨害と打撃を受けた。この事件を通じて越劇界の政治的自覚は高まり、彼らを更に緊密に団結させて反動統治階級との不撓不屈の闘争を展開させるよう促した。

B　戴不凡「越劇」(80)

　日中戦争勃発後、越劇は更に発展を遂げていた。1943年から1945年にかけ、毛沢東の文芸方針による指導の下、浙東解放区の民主政府では現地の越劇に対し改革を行い、当時の闘争に合わせた演目を制作、上演して群衆の熱烈な歓迎を受けていた。

　それと同時期に上海の越劇界でも改革が進行していた。著名俳優袁雪芬を座頭とする雪声劇団は新文芸関係者らの協力により、戦時下に民族意識

を有して人民闘争を讃える歴史ものを上演していた。新しい演目をよりよく表現するために、上演に際して話劇の作劇法を取り入れ、本来の語り物芸能の痕跡を留めた作劇法を廃止した。更に机と椅子だけで表現することを止め、舞台セット、照明や道具などを採用するようになった。音楽、衣裳、メイクなどにおいても相応しい改革を行った。

　日中戦争勝利後、上海越劇界の袁雪芬をリーダーとする俳優たちは現地の共産党組織の影響の下、越劇における人民性とリアリズムの伝統を継承発揚させて改革を経た斬新な芸術的武器により反動統治に対し闘争を行った。例えば舞台上で明末農民革命の英雄紅娘子を演じ、孟姜女が泣いて長城を倒した物語を通じ苛政を厳しく責め、更にこれまでの時代劇だけを演じるという制限を大胆に突破し、魯迅の小説を改編した『祥林嫂』を上演した。これらの演目を通じ越劇は大胆に観衆に対し当時の社会の暗黒さと反動統治の必然的滅亡をさらけ出した。このため反動政府は越劇俳優に対し様々な迫害を加えたが、彼女たちはそれに屈したことはなかった。

　AとBでは共に1940年代の上海における越劇改良運動を「袁雪芬をリーダーとする」俳優たち主体によるものと記述し、具体的俳優名としてAでは袁雪芬と范瑞娟、Bでは袁雪芬のみを挙げるに止まっている。AとBからは1940年代における越劇改良運動が袁雪芬1人の功績であるかのような印象を受ける。実際、袁雪芬は他の越劇俳優に比して早い段階から越劇改良運動に取り組んでおり、その先駆的な功績は高く評価すべきと考える。しかしそれと越劇改良運動の功績を袁雪芬1人に帰属させることは別問題である。Aの著者呂仲（1906-1973）は、袁雪芬が率いた劇団「雪声劇団」の劇務部に在籍の経験があり、A執筆時には華東戯曲研究院附属の大衆劇場経理の職にあった。Bは袁雪芬が副院長を務める華東戯曲研究院によって越劇の紹介として相応しいと判断し収録されたものである。つまりAとBは当局によって袁雪芬が越劇界のリーダーと指名されて以後に執筆されたものであり、袁雪芬の越劇界に対する功績を際立たせようという意図が鮮明である。それに対して、Cは中華民国期の1948年に発表された越劇紹介文である。Cを紹介することでAとBの記述を相対化してみたい。

C 「改良的篤班―越劇」(81)

　現代の越劇は話劇の長所を取り入れて、カスを除き精髄の残した舞台芸術となっている。改良越劇が成功した要因はまず越劇俳優の中でも頭がよくてかなり革新的な姚水娟や袁雪芬らが、旧習にとらわれず、好んでよい意見や行いを見習った点である。次に呂仲、呉深、方隼、陳鵬などの優秀な脚本家や演出家が、その一部はそれまでの話劇界での豊富な経験によって現在改良越劇のために奮闘している点である。更に鄭伝鑑といった昆劇の素養があり、昆劇の舞踊に対し造詣の深いものが越劇団において現在指導している点も挙げられる。また越劇俳優について言及すると、張雲霞が上海女中を卒業しているように、知識のある女性が参加している点も挙げられる。越劇が上海において赫々たる勢力を築いたのには実は越劇自らによる進歩という要因もあったのである。

　1947年、上海越劇界には10名の人気俳優がいる。筱丹桂、徐玉蘭、竺水招、徐天紅、呉筱楼、傅全香、范瑞娟、袁雪芬、張桂鳳、尹桂芳らである。彼女たちは確かに完璧な技芸と集客力を備えている。出演している劇場に皇后、国泰、明星、龍門、恩派亜、中華、同孚、九星、同楽などの劇場がある。夏には越劇学校設立の基金を集めるため、上海の越劇人気俳優10名が合同慈善公演で『山河恋』を上演した。場所は上海一流の劇場である黄金大戯院を借用した。

　CはAとBに比して言及している俳優及びスタッフの名前が多く、当時の上海越劇界全体に目を配った記述といえよう。とりわけ改良に熱心であった俳優として袁雪芬の他に姚水娟（1916-1976）を挙げている点に注目したい。実際、文化人をスタッフに招いて多数の新作を上演する改良運動は袁雪芬よりも先に1938年に姚水娟が始めていたのである。(82)これだけでも袁雪芬の功績は多分に相対化されている。更にCで言及されたスタッフのうち、呂仲、陳鵬（1923-2009）、鄭伝鑑（1910-1996）は「雪声劇団」に在籍経験があるが、呉琛（1912-1988）と方隼（銭英郁）（1918-）は徐玉蘭の「玉蘭劇団」（1947年設立）及び陸錦花の「少壮劇団」（1947年設立）と、「雪声劇団」以外の越劇団に所属するスタッフであり、雪声劇団以外の劇団の改良運動に対する取り組みにも言及している。

そもそもAとBでは改良運動に大きく寄与したスタッフたちの名前を挙げていない。これも袁雪芬に功績を独占させるための配慮であろう。また1940年代に「雪声劇団」を始めとする複数の越劇団にブレーンとして参与して改良運動に大いに貢献し、第3期の1953年2月より華東戯曲研究院所属となった南薇(1921-1989)と韓義（1922-2006）の2人が在籍期間中にその思想や態度が問題となり強い批判を受けたため、2人を始めとする文化人スタッフらが1940年代の上海越劇界に果たした貢献を特記し難くなったことも背景として考えられる。何れにせよ、AとBのような執筆当時の劇界のヒエラルヒーからそれ以前の演劇史を修正し、それを定説として確立させるという点で華東戯曲研究院が関与した劇種に関する刊行物は大きな役割を果たしたと位置付けられる。

歴史、とりわけ「正史」は勝者の立場から編纂されるものであり、敗者や弱者は歴史書が編纂されることによって却ってその存在や功績が歴史から忘却されてしまいがちである。華東戯曲研究院とその関係者が関与したAとBの場合も執筆当時の越劇界における最高の指導者で最大の成功者であった袁雪芬の立場から越劇の歩みが整理されている。越劇のみならず、演劇としての歴史が浅く、学術界からも低く評価されていた地方劇の場合、本来その歴史的経緯にまで言及したものが希少なために、たとえ短い紹介文であってもその影響力は長期に及んでしまう。

おわりに

華東戯曲研究院は1954年に華東区単位で開催された唯一の伝統演劇のコンクール「華東戯曲観摩演出大会」に際し、各地の地方劇の参加演目の選定やその前提となる各地方劇の歴史と現状に関する調査を行うなど大きく関与し、また『介紹』と『叢刊』を刊行することによって華東区内の代表的地方劇の歴史と現状及び代表演目を文書として残した。音楽方面も含めてこれほど体系的に華東区各地の地方劇を調査研究したものはこれが初めてであり、以後各地の地方劇研究における基本資料となった。現在から見れば『介紹』には当時の劇界の構図を反映した形でそれまでの歴史を再構成した傾向がある、或いは『叢刊』では方言を用いず、標準語による表記のために実際の舞台をそのまま文字化し

たものではないといった問題が目に付く。しかしながら1980年代より国家プロジェクトとして着手された省ごとの『中国戯曲志』刊行以前に地方劇に関してこれほど体系的な資料は存在しなかった。

　華東戯曲研究院は京劇と越劇の附属劇団を設立することで、京劇と越劇を華東区における伝統演劇改革の核とすべく指導した。京劇団の方はまだ上海京劇界の統合が果たせない時期でもあり、また「文工団」組織の再編という課題を抱えており、加えて中華民国期以来上海で親しまれてきた「海派京劇」に対する態度を鮮明にしなかったため、劇団としては上海京劇院の前身としての過渡的な役割を果たしたに過ぎなかった。それに対し越劇団の方は華東戯曲研究院時期に上海及び全国の越劇を代表する越劇団となり、全国の地方劇を代表する１つとなる地位を築き上げることに成功した。華東戯曲研究院による全面的支援が越劇の現在における地位を確立する上で重要な役割を果たしたことは本章における検討を通じて明らかである。

　1954年、中央政府は第１次五ヵ年計画開始に合わせて、東北、華北、西北、華東、中南、西南の６大行政区の廃止を決定した。華東戯曲研究院の解体は、６大行政区廃止に伴うものである。この６大行政区廃止の契機となったのは、1954年２月に起こった「高崗・饒漱石事件」である。事件の首謀者の１人である饒漱石（1903-1975）は華東行政委員会の前身である華東軍政委員会の主席を務めており、この事件によって1955年には党籍を剥奪された。同じ1955年には当時上海市副市長を務め、日中戦争時期には上海を中心に統一戦線工作に従事していた潘漢年（1906-1977）と、当時上海市公安局長であった楊帆（1912-1999）が反革命罪の嫌疑により逮捕される「潘漢年・楊帆事件」が発生している。この「潘漢年・楊帆事件」では、当時上海市文化局長で劇作家の于伶（1907-1997）にも嫌疑が及び、1956年には文化局長の地位を追われた。また于伶の前任局長であった劇作家夏衍（1900-1995）も1954年には中央政府の文化部副部長に任じられて上海を離れている。つまり華東戯曲研究院の解体が決定された1954年前後より、上海の演劇界を含めた文化界を指導し、華東戯曲研究院の直属の上司でもあった人物が相次いで第一線から姿を消し、制度的にも陣容的にも上海に大きな変動が生じるようになったのである。華東戯曲研究院の解体は完全に行政上の要因であって、同院自身に何か問題があったためでない。その解体は

1950年代における政治の動向と連動するものであった。

注
（1） 陳望道「華東文化部華東戯曲研究院成立大会開幕辞」『戯曲報』第4巻第3期、1951年、89頁。陳望道は華東軍政委員会文化部部長。
（2） 同委員会は1950年1月27日から1952年12月31日まで存続し、1953年1月1日より「華東行政委員会」と改称した。またここでいう「華東区」とは、現在の山東、安徽、江蘇、浙江、福建の各省、及び上海市と台湾までを含む区域を指す。
（3） 前掲「華東文化部華東戯曲研究院成立大会開幕辞」では京劇と越劇の劇団のみ設立された理由として、華東地区で最も流行し、影響力が広範囲であること、及び中国伝統演劇の中で京劇を「大戯」の、越劇を「民間小戯」の各代表として選出したと述べている（89頁）。
（4） 京劇と越劇の実験劇団は、華東戯曲研究院に編入される1年前の1950年4月に設立されており、その時点で既に京劇と越劇が当局によって演劇改革の主軸に選定されていた。
（5） 中国戯曲志編輯委員会・《中国戯曲志・上海巻》編輯委員会編『中国戯曲志・上海巻』中国ISBN出版、1996年では華東戯曲研究院を「戯曲研究機構」と位置付けている（605頁）。
（6） 華東戯曲研究院や華東区を含む、1950年代中国における伝統演劇改革に関しては以下の研究を参照。張庚『当代中国戯曲』当代中国出版社、1994年、特に朱穎輝「第一章 "改戯、改人、改制"（1949-1952）」「第二章 "一出戯救活了一個劇種"（1953-1957）」「第三章 従"以現代劇目為綱"到"三並挙"（1958-1965）」（24-67頁）、傅謹『新中国戯劇史（1949-2000）』湖南美術出版社、特に「第一章 百花斉放、推陳出新（1949-1956）」「第二章 歌頌大躍進、回憶革命史（1957-1962）」（1-104頁）、2002年、張煉紅『歴煉精魂―新中国戯曲改造考論』上海人民出版社、2013年。
（7） 華東戯曲研究院編、1955年3月。なお本書では上海市档案館に所蔵のものを参照した（B172-4-397-25～128）。ただし以下頁数は档案号ではなく、『彙編』本来のもので表記する。
（8） 「華東戯曲研究院院史」、呉石堅・許俊「京劇実験劇団工作総結」『彙編』、6-7、86頁、江淮流「上海京劇院的由来」『上海戯曲史料薈萃』第3集、1987年、24-26頁、をもとに筆者作成。

（9）「第三団」はその前身の名称が「娃娃劇団」であることからも分かるように、当時18、19歳の北京の芸能関係者の子弟を集めて設立されたものであって、職業俳優の劇団とは言い難かった（厳樸「戦闘中成長的三野文工三団」『戯曲報』三巻二期、1950年、306頁）。

（10）　越劇団の方も1954年1月に「中央軍事委員会総政治部文工団越劇隊」が加入して同劇団二団となっており、最初からではないが文工団の流れを引き継いでいると言える。

（11）　文工団に関しては、松浦恆雄「革命宣伝と文工団」『未名』第18号、2000年、119-142頁を参照。

（12）　牧陽一・松浦恆雄・川田進『中国のプロパガンダ芸術—毛沢東様式に見る革命の記憶』岩波書店、2000年、44頁、を参照。

（13）　「加強文芸工作団発展人民新芸術」『人民戯劇』第3巻第4期、1951年8月、5頁。初出は『人民日報』1951年7月8日の社説。

（14）　張庚「文工団工作中的幾個問題—在『全国文工団工作会議』上的発言」『人民戯劇』第3巻第4期、1951年8月、7頁。

（15）　周璣璋「華東京劇団的沿革及其旧芸人改造工作」『戯曲報』第3巻第1期、1950年8月、270頁。

（16）　丁志剛「華東行政区的文工団工作」『人民戯劇』第3巻第5期、1951年9月、27頁。

（17）　伊兵「華東戯曲研究院四年来的工作総結」『彙編』23-24頁。ここでは第2期の開始時期が1952年とされて詳細な開始時期は明確ではない。しかし、「華東戯曲研究院院史」『彙編』では、「三反・五反運動」は1952年春までに終結し、「文芸整風運動」は1952年5月から開始される、と指摘されており（9頁）、本書では第2期の開始時期を1952年5月と考える。また、胡野檎「越劇実験劇団工作総結」では同劇団を、建団から文芸整風まで（1950-1952.5）、文芸整風から全国伝統演劇コンクールまで（1952.5-1952.10）、全国伝統演劇コンクール以降（1952.10-1954.12）の3時期に区分している（『彙編』、78頁）。

（18）　「華東戯曲研究院的方針任務、組織規程和編制」、「華東戯曲研究院院史」『彙編』1-16頁をもとに筆者作成。

（19）　同上「華東戯曲研究院的方針任務、組織規程和編制」、2頁。

（20）　張成之「弁公室工作総結」『彙編』、35頁。ただし解体時の人数に各訓練班の学生は含まれていない。

（21）　弁公室に関しては、同上、35頁。

（22）　同上、32頁。

(23) 同上、32頁。
(24) 「華東戯曲研究院院史」『彙編』、10頁。
(25) 陶雄「編審室工作総結」『彙編』、44頁。
(26) 前掲「弁公室工作総結」『彙編』、33頁。
(27) 前掲「編審室工作総結」『彙編』、50頁。
(28) 徐幸捷・蔡世成主編『上海京劇志』上海文化出版社、1999年、69-70頁。
(29) 上海戯劇学校は1939年11月8日に京劇人材の育成を目的に設立され、1945年に資金難により閉校となった。この間、上海での公演は1,000回を超えた。校長は陳承陰(前掲『上海京劇志』、63頁)。
(30) 『黒旋風李逵』は脚本王征夫、演出李仲林、主演王正屛で、1952年5月1日に初演(前掲『上海京劇志』、129-130頁)。
(31) 華東京劇実験劇団と華東越劇実験劇団は華東戯曲研究院解体後、それぞれ「上海京劇院」と「上海越劇院」になるが、前者が上海市文化局の管轄となるのに対し、後者は中央政府の文化部の管轄となるのである(上海市文化局「文化部、上海市文化局関於撤銷華東戯曲研究院成立上海越劇院、上海京劇院的批復」、1955年、上海市档案館蔵、B172-1-737-5)。この点でも両劇団に対する当局の扱いに違いが見られる。
(32) 「華東戯曲研究院的方針任務、組織規程和編制」『彙編』、8頁。
(33) 同上、11頁。
(34) 《上海昆劇志》編輯部編『上海昆劇志』上海文化出版社、1998年、43-44頁。
(35) 「華東戯曲研究院的方針任務、組織規程和編制」『彙編』、12頁。
(36) 王春茂・馬成「華東大衆劇院工作総結」『彙編』、107頁。
(37) 《上海文化娯楽場所志》編輯部編『上海文化娯楽場所志』内部資料、2000年、93頁。
(38) 同上、89頁。
(39) ちなみに、華東大衆劇場と長江劇場は華東戯曲研究院解体後の1955年に市文化局の管轄となり、何れも1993年に解体された(同上、89、93頁)。
(40) 伊兵「華東戯曲研究院四年来的工作総結」『彙編』、21-22頁。
(41) 「華東戯曲研究院院史」、同上「華東戯曲研究院四年来的工作総結」『彙編』6-16、21-30頁、徐幸捷・蔡世成主編『上海京劇志』上海文化出版社、1999年、26-29頁、『華東区戯曲観摩演出大会紀念刊』、1954年、574-582頁、をもとに筆者作成。
(42) 胡野檎「越劇実験劇団工作総結」、呉石堅・許俊「京劇実験劇団工作総結」、『彙編』、85頁、98頁。その内訳は、越劇団の方が劇場公演705、工場公演229、

招待公演350となっている（胡野檎「越劇実験劇団工作総結」、85頁）。一方の京劇団は観客層の分類であるが、労働者495000人、兵士548410人、農民73826人、その他338064人で兵士に対する慰問や劇場公演の多さが特徴的である（呉石堅・許俊「京劇実験劇団工作総結」、89頁）。

(43) 京劇団も2回懐仁堂へ招かれて公演を行っているが、時期や演目については不明（呉石堅・許俊「京劇実験劇団工作総結」、『彙編』、88頁）。

(44) 正副院長の周信芳と袁雪芬、正副秘書長の伊兵と周璣璋の4名である。ちなみに他の3名は、于伶（団長）、劉厚生（副団長）、蓋叫天である（上海市文化局「第一届全国戯曲観摩演出大会華東区演出代表団工作総結」、1952年、上海市档案館蔵、B172-1-70-27）。

(45) 但し、3作品の内、『西廂記』は「中央軍事委員会総政治部文工団越劇隊」名義で受賞している。同劇団は1954年1月より華東越劇実験劇団二団となった。

(46) 「中華人民共和国成立後歴次戯曲滙演上海獲奨名単」《中国戯曲志・上海巻》編輯委員会編『中国戯曲志・上海巻』中国ISBN中心出版、1996年、959-962頁、及び盧時俊・高義龍主編『上海越劇志』中国戯劇出版社、1997年、407-408頁。

(47) 同上『中国戯曲志・上海巻』959-962頁。ちなみに、華東京劇実験劇団所属の俳優で「演員奨」の二等、三等受賞者はいない。

(48) 前掲『上海京劇志』上海文化出版社、1999年、129頁。

(49) 伊兵「略談歴史劇的問題」『戯曲報』四巻四期、1951年、130-131頁。なお同期では「信陵君特集」が組まれている（132-137頁）。

(50) 梅朶・丘沙・汪培・左弦「対于信陵君問題的再認識」『文匯報』1951年9月10日。なおこの記事では京劇『信陵君』だけでなく、同じく信陵君の故事を題材とした越劇『信陵公子』（1951年初演、玉蘭劇団）及び郭沫若の話劇『虎符』（年初演）も批判の俎上に挙げている。

(51) コンクールの開催には、各劇種が相互学習し、その表現力を高めること、及び優秀な劇種、演目、俳優を見出し奨励するなどの意義があると考えられ、1950年代から1960年代にかけ全国並びに各地で盛んに開催された。この時期のコンクールに関しては、大野陽介「ポリティクスとしてのコンクール―建国初期の伝統劇コンクールをめぐって」『現代中国』86号、2012年、67-79頁、を参照。

(52) 「各代表団名単」『華東区戯曲観摩演出大会紀念刊』、1955年、594-595頁。

(53) 「華東行政院会文化局関於挙行華東区話劇、戯曲観摩演出工作的支持」『華東区戯曲観摩演出大会紀念刊』、1955年、5頁。

(54) 「華東区戯曲観摩演出大会組織機構与工作人員名単」同上、584-589頁。

(55)「華東区戯曲観摩演出大会参加演出劇種統計表」『華東区戯曲観摩演出大会紀念刊』、1955年、511頁。ちなみに華東区における劇種の総数は77であるから5割弱の劇種が本コンクールに参加したことになる（「継承、革新和発展戯曲芸術—為祖国社会主義建設服務」『華東区戯曲観摩演出大会紀念刊』、67頁）。
(56)「華東行政委員会文化部関於華東区話劇観摩演出暨華東区戯曲観摩演出大会工作報告」同上、1955年、11頁。
(57)「劇目統計表」同上、1955年、559頁。
(58)「華東区話劇観摩演出暨華東区戯曲観摩演出大会籌備輔導処工作総結」同上、1955年、95頁。
(59)「華東戯曲研究院挙行娭劇座談会」『新民晩報』1953年9月1日。
(60)「文芸界座談江蘇省錫劇団的演出劇目」『新民晩報』1953年12月21日。
(61)「華東戯曲研究院調査小組出発」『新民晩報』1953年10月23日、では山東省へ、「派員赴福建調査戯曲」『新民晩報』1954年2月13日、では福建省へ、それぞれ調査団が組織され派遣されたことが確認できる。この山東省と福建省における調査は、「山東省地方戯調査報告」と「福建省地方戯調査報告」として『彙編』に収録されている（169-177、178-203頁）。
(62)「劇種介紹」『華東区戯曲観摩演出大会紀念刊』、1955年、407-510頁。
(63) 華東区の劇種を体系的に紹介したものとして、『介紹』刊行以前に『華東地方戯曲介紹』（新文芸出版社、1952年）があり、『介紹』はその増補・修正版といえる（伊兵「序」『介紹』第1集、1955年、Ⅱ-Ⅲ頁）。
(64) 華東戯曲研究院「関於報送院務会議討論結果有関京劇、越劇建院後分家問題的請示」、1955年、上海市档案館蔵、B172-4-397-2、によると、『介紹』の編集責任者であった蒋星煜が華東戯曲研究院解体後も刊行までの間、新しい所属機関に移らず編集業務を遂行できるよう申請している。
(65)『介紹』全5集の目次をもとに筆者作成。劇種の呼称は『介紹』に準拠。各地方の劇種総数は「華東戯曲劇種分布図及説明」『介紹』第1集、1955年、161-168頁を参照。
(66) 伊兵「序」『介紹』第1集、1955年、Ⅲ頁。第6集には滬劇の他、淮劇も収録予定であった。
(67) 華東戯曲研究院編審室資料調査組「地方戯曲調査研究工作的一些体会」『介紹』第5集、1955年、129-132頁。
(68) 伊兵「華東地方戯曲叢刊編後記」『叢刊』第三十集、1955年、67頁。
(69) 同上、67-68頁。
(70)「華東地方戯曲叢刊索引」『叢刊』第三十集、1955年、76-78頁をもとに筆

作成。なお現在の呼称に合わせて、「常錫劇」は「錫劇」、「昆曲」は「昆劇」、「紹興乱弾」は「紹劇」とそれぞれ表記。

(71) 伊兵「華東地方戯曲叢刊編後記」『叢刊』第三十集、1955年、67-68頁。

(72) 同上、69頁。

(73) 同上、71-72頁。

(74) 越劇の代表演目として現在挙げられるのは、『梁山伯与祝英台』、『西廂記』、『紅楼夢』、『祥林嫂』であろう。この内、後2演目が『叢刊』に未収録なのは、『紅楼夢』の場合は改編版の初演が1958年、『祥林嫂』の場合は改編されたのが魯迅逝去20年にあたる1956年で、何れも『叢刊』刊行後のためである。ちなみに越劇代表演目の選集として1962年に『越劇叢刊』全2集、上海文芸出版社、が刊行されている。同書には『梁山伯与祝英台』、『西廂記』、『紅楼夢』を含む全9演目が収録されているが、『祥林嫂』は収録されていない。

(75) 俳優が整理に名を連ねている演目は、張桂鳳、弘英整理『二堂放子』のみであとは全て華東戯曲研究院編審室の改編もしくは整理となっている。

(76) 収録された演目は以下の通り。周信芳の代表演目『蕭何月下追韓信』（5―収録集、以下略記）、『徐策跑城』（5）、『四進士』（19）、『鴻門宴』（20）、『描容上路』（22）、『掃松下書』（22）、『打嚴松』（24）、『清風亭』（29）、劉斌崑の代表演目『寶公送子』（31）、『瘋僧掃秦』（31）、蓋叫天の代表演目『劈山救母』（22）、『武松』（23）、『一箭仇』（24）。

(77) 1979年に「上海芸術研究所」が開設されることで、1955年の華東戯曲研究院解体後、上海に芸術研究機関が復活した。

(78) 「伊兵簡歴」周健爾選編『伊兵与戯劇』中国戯劇出版社、2004年、433頁。伊兵はその後1958年4月から1962年5月にかけ、中国戯劇家協会の機関誌『戯劇報』の主編を兼任している。

(79) 華東文化部芸術事業管理処『華東地方戯曲介紹』新文芸出版社、1953年（初版は1952年）、56-57頁。原文は以下の通り。「一九四二年，由於袁雪芬等在藝術上不斷的努力，取得更多越劇觀眾的擁護，越劇受了客觀環境的影響，也逐步要求提高越劇的內容和形式。袁雪芬首先邀請一批知識分子參加了編劇導演工作，在演出形式上又採用了話劇的舞台裝置、燈光和道具，在服裝、化妝方面也都有了新的改革，從此越劇面貌一新，當時曾起了一定的典型示範作用。一九四三年春，袁雪芬同志成立了「雪聲劇團」，范瑞娟參加合作，演出上又增加了新的力量。「新越劇」開始向較大的劇場發展，演出的劇目除改編了的「梁祝哀史」「趙五娘」「碧玉簪」等以外，其他舊劇目幾乎全部放棄，百分之九十以上是新編的劇本，其間對於音樂唱腔方面也有些新的創造，「新越劇」已經成為無數地方戯

曲中凸出的一個劇種。一九四五年抗日戰爭勝利以後、部分越劇藝人開始接近了
黨和進步人士、經常演出的大都是以反帝反封建為内容的劇本、因此漸漸引起反
動統治階級的注意和嫉視。一九四七年夏季、以袁雪芬為首的越劇界藝人們、為
了要掙脱舊戲班中不合理的把持和束縛、企圖籌集一筆款子自建劇場及設立越劇
學校培養下一代演員、舉行「山河戀」義演、受到了反動派的阻撓和打撃、通過
這一次事件的教訓、越劇界的政治覺悟有了提高、促使他們更緊密地團結在一起
和反動統治階級繼續展開了不屈不撓的鬥爭。」。なお引用文を含む全文は、上海
市文化局「第一屆全國戲曲觀摩演出大会華東区演出団工作総結」上海市档案館
蔵、　B 172-1-70-33〜34、1952年、にそのまま収録されている。

(80)　華東戲曲研究院『華東戲曲劇種介紹』第五集、新文芸出版社、1955年、42-
43頁。原文は以下の通り。「抗日戰爭爆發以後、越劇有了進一步的發展。在一
九四三―四五年間、在毛澤東文藝方針指導下、浙東解放區的民主政府、曾對當
地的越劇藝術進行了改革、並編演了一批配合當時現實鬥爭的劇本、受到群眾的
熱烈歡迎。　在同一時期、上海越劇界也進行了一些改革工作。以著名演員袁雪
芬為首的雪聲劇團和一些新文藝工作者合作、在敵偽統治下、排演了許多具有民
族意識和歌頌古代人民鬥爭的歷史故事。為了更好地表達這些新的内容、她們在
舞台藝術上、採用話劇的編劇手法、分幕分場、廢除了原來帶有説唱敘事痕跡的
編劇方法。它也不再用一桌兩椅來象徵一切、而開始採用了一些舞台裝置、燈光
道具。在音樂、服裝、化妝上也都作了相應的改進。　抗戰勝利後、上海越劇界
以袁雪芬為首的演員們、在當地中國共產黨組織影響之下、繼承和發揚了越劇中
的人民性和現實主義傳統、以這個經過改革的嶄新的藝術武器、來向反動統治作
鬥爭。例如、她們在舞台上歌頌了明末農民革命中的英雄紅娘子；通過孟姜女哭
倒長城的故事、斥責了苛政；她們還大膽突破越劇只演古裝戲的限制、演出了魯
迅先生的小説改編的劇本"祥林嫂"。通過這些劇目、越劇大膽地向觀眾揭露了
當時社會的黑暗、以及反動統治的必然滅亡。這樣、反動政府就對越劇演員加以
種種迫害、可是她們從來不曾屈服。」。なお初出は『人民中国』第 8 期、1955年
で、それを大幅に加筆修正したものである。

(81)　「第二十七章　上海的娛楽事業」屠詩聘『上海市大観』中国図書編訳館、1948
年、下篇60頁。原文は以下の通り。「現代的越劇、是取話劇之長、去蕪存青的
劇藝。改良越劇的成功、第一由於越劇演員中、有頭腦比較前進的如姚水娟、袁
雪芬之流。能夠不扭於舊習、知道從善如流。同時、有一批編劇與導演的人才、
如呂仲、吳深、方隼、陳鵬等、有的曾在話劇的劇壇上、得到了相當經驗、現在
都在為改良越劇而努力。還有如鄭傳鑑等、本是素習崑曲的、對於崑曲上的舞藝、
尤有研究、現在也在越劇團中、指導她們了。再就越劇演員本身上講、也有了知

識婦女的參加，如張雲霞就是在上海女中畢業的。越劇造成在上海的喧赫勢力，也實在有其本身上進步的因子。 民國三十六年，在上海越劇壇中，有十大名伶，為：筱丹桂、徐玉蘭、竺水招、徐天紅、吳筱樓、傅全香、范瑞娟、袁雪芬、張桂鳳、尹桂芳等。她們也確具有精湛劇藝，能號召觀眾。出演的場地有；皇后、國泰、明星、龍門、恩派亞、中華、同孚、九星、同樂等幾個劇院。在夏季裏，曾一度為募集越劇學校基金，由全滬越劇十大名伶，合串義演「山河戀」，場地卻租用了上海第一流的劇場─黃金大戲院。」。

(82) 姚水娟の改良運動に関しては、中山文「姚水娟と樊迪民の越劇改良運動：『姚水娟専集』と『越謳』から」『人文学部紀要』（神戸学院大学）25号、2005年、69-86頁、を参照。

(83) 呉琛「芸術室工作総結」『彙編』、69頁。その後南薇は1958年に寧夏回族自治区越劇団に、韓義は1956年に西安市越劇団にそれぞれ転属となり上海から離れていった（前掲『上海越劇志』中国戯劇出版社、1997年、407-408頁）。

(84) 上海人民広播電台戯曲組編『越劇小戯考』上海文芸出版社、1982年に所収の、呉兆芬「越劇簡介」でも1940年代の越劇改良運動に関しては袁雪芬の名前を挙げるのみであり、その歴史観は1980年代初頭まで引き継がれていたことが分かる（1-2頁）。

第3章　淮劇とアマチュア演劇

はじめに

　現在、上海で活動中の職業劇団を有する伝統演劇に、京劇、昆劇、越劇、滬劇、淮劇、滑稽戯の各劇がある(1)。この内、「国劇」というべき京劇、無形文化遺産に指定されて現存する中国最古の演劇である昆劇、全国的知名度と人気を誇る越劇、及び上海で誕生した滬劇や滑稽戯と並んで、江蘇省北部を起源とする淮劇が上海の演劇界の一角を占めていることに対してはその理解に些か困難が伴う。というのも、民国時代に近郊の各地から陸続と上海に流れ込んできた地方芸能は、大都市上海の興行界に適応していく過程で舞台芸術として大きく変貌、発展する機会を得たが、そのほとんどが民国時期は苛烈な競争による淘汰のために、人民共和国時期は演劇改革に伴う整理統合、及び文化大革命による断絶などによって、次第にその存立基盤を失い、上海から撤退或いは消滅していったからである。上海に流れ込んできた地方劇の中で現在まで職業劇団が存続しているのは、わずか越劇と淮劇の２つに過ぎない。何故越劇と淮劇のみ現在まで定着に成功しているのであろうか。

　越劇の上海への定着に関しては、1940年代に進められた諸改革を通じて、そのメロディーと方言を自身の故郷のものとしない各階層、各出身地の女性にまで幅広く支持されることに成功し、また人民共和国成立以降は上海における地方劇改革の旗手として政府及び文化界から注目され、重点的に保護を受けてきたという歴史的経緯が比較的明確である。しかしもう一方の淮劇の上海への定着の経緯に関しては、それだけを対象とした専論は管見の限りなく、実証的な説明がなされていない状況にある(2)。

　本章は淮劇が上海演劇界の一角にその位置を占めるに至った経緯を、1949年の人民共和国成立から1966年の文化大革命開始までの期間に推進された労働者

図3-1 文化大革命終結後開催の「上海戯劇節」(1981年) に参加したアマチュア話劇団「上海市工人文化宮業余話劇隊」『路』パンフレット、筆者蔵

アマチュア演劇活動との関係を通じて考察することを課題としている(3)。演劇の娯楽的側面よりも思想的側面を重視する「近代劇」が中国に紹介されてより、演劇の革新運動は演劇界とはそれまで縁の薄かった素人やアマチュアによって牽引されるようになった。20世紀中国における演劇の革新運動として特筆されるべき清末民初期の文明戯と1920-30年代の話劇の提唱、及び日中戦争期の延安における伝統演劇の改革は、何れも演劇界の外部から参入してきた多数のアマチュアたちによって推進されたものである。

そして本章が対象とする人民共和国成立後の1950-1960年代こそアマチュア演劇がもっとも熱心に推進された時期であり、その活動の中心を担ったのは労働者、農民、兵士であった。日中戦争下の1942年、延安において発表された毛沢東の「文芸講話」では、政治基準が芸術基準に優先するという方針と共に演劇を含む文芸は労働者、農民、兵士に奉仕するものと規定された。これより労働者、農民、兵士たちは主たる観客であると同時にアマチュアの俳優や脚本家として演劇活動そのものに積極的に参入することが求められ、プロの演劇界と共に演劇を通じての大衆教育という任務を担うようになる。人民共和国成立から文化大革命開始までの期間におけるアマチュア演劇は労働者、農民、兵士らの単なる余暇活動ではなく、政治宣伝や文芸革新の一翼を担う政治運動の一環でもあり、この時期の演劇史においてプロ側と同列に扱って論及すべき対象でもある(4)。そしてこの時期、工場労働者が圧倒的多数を占めていた上海においては彼らの演劇活動がアマチュア演劇の中でも特に活発であった。

第1節　1949年までの淮劇

　中国最大の文化、経済都市であった民国時期の上海には各地から様々な芸能が流入し、その一部は固定観客層と興行拠点を獲得して遅くとも1940年代には舞台芸術に発展して上海に根を下ろしていった。上海で誕生した滬劇（当時の通称は「申曲」、以下同じ）と滑稽戯（滑稽）を除く、江蘇省の蘇劇（蘇灘）、錫劇（常錫文戯）、揚劇（維揚戯）、淮劇（江淮戯）、浙江省の越劇（紹興文戯）、紹劇（紹興大班）、甬劇（四明文戯）、更には広東省の粵劇や河北省の評劇（蹦蹦戯）といった地方劇がこれにあたる。本章で採り上げる淮劇の上海初進出は清末の1906年であり、19世紀に既に進出していた粵劇や蘇劇等には遅れるものの他の地方劇と比べ時期的に決して後れを取っていない。

　淮劇は江蘇省北部の塩城、阜寧、淮陰一帯の民謡、農村の収穫祭等で行われた宗教儀式「香火戯」や門付け芸などを起源として清朝同治年間（1862-1874）までに成立したとされる。起源が宗教儀式の芸能化したものと民謡であり、農閑期に農民たちによって始められたという点は、上海近郊の他の地方劇の多くと共通するものである。淮劇の誕生した江蘇省北部は水害多発地域として有名であり、その難を逃れて上海へ向かうものが多くいた。上海で江蘇省北部出身者たちの多くが従事したのが、人力車夫、港湾労働者、工場労働者といったいわゆる下層の労働に属する職業であり、その中で以前芸人であった者が同郷者たちの前で唱い出したのが上海における淮劇公演の始まりとされる。1953年に「淮劇」と名称が統一されるまでは「江淮戯」が通称であった。

　淮劇が地方劇として発展するに際し大きな影響を受けたのが徽劇と京劇である。清末より既にその劇界の中心たる地位を京劇に取って代わられ、人気も下火となっていた徽劇の役者で江蘇省北部の出身者が淮劇公演に参入するようになり、また1920年代には淮劇単独では公演が成り立たず、京劇公演の前座や間に挟まるなどして公演を続けていた。これらの過程で徽劇や京劇の演目、仕草、音楽、衣裳、背景などを吸収し、1920年代には既に上海で数劇団が結成されるに至っている。京劇等、既に舞台芸術として完成された伝統演劇から多くを吸収した点は淮劇ほど直接的ではないにせよ他の地方劇も同様である。1930年代

表1 「上海市淮劇同人聯誼会」役員一覧

役職	氏名	所属等
理事長	駱宏彦	民楽戯院経理
理事	何叫天	俳優（聯誼劇団）
理事	馬麟童	俳優（麟童劇団）
理事	筱文艶	俳優（聯誼劇団）
理事	孫東昇	俳優（東昇劇団）
理事	武旭東	俳優（武劇団）
理事	陳為翰	俳優（聯誼劇団）
理事	劉学奎	高陞大戯院経理
理事	何益山	俳優（東昇劇団）
監事	徐桂芳	俳優（麟童劇団）
監事	張洪仕	高陞大戯院経理主任
監事	武鵬程	編輯（武劇団）

にはそれまで男優だけであった公演にも女優が登場し、当時上海の演劇界で大流行していた続き物「連台本戯」も淮劇の舞台で上演されるようになった。上海への定着及び演劇界における地位の確立を証明するものに同業者組合の結成があるが、上海の淮劇界は第二次世界大戦後の1946年5月には12の団体が加入し、会員267名を数える「上海市淮劇同人聯誼会」を結成している。表1はその役員12名の一覧である。

表1からは、人民共和国成立当初、上海淮劇界のリーダーであった馬麟童（1912-1952）、更には1953年に設立された国営劇団「上海市人民淮劇団」（現在の上海淮劇団）を率いた何叫天（1919-2004）、筱文艶（1922-2013）ら名優が、1946年の時点で既に上海淮劇界の幹部であったことが確認できる。つまり上海淮劇界の構図は、人民共和国成立を挟んでも大きな変動は見られなかったということになる。

確かに淮劇の上海への定着の過程においては、淮劇と他の地方劇と間に共通点が多かった。しかしその一方で他の地方劇と大きく異なる点も存する。それは上海における芸能の殿堂であった総合娯楽施設「遊楽場」に進出しなかった（できなかった）ことに象徴されるが、淮劇が上海の主流メディア及び興行界に参入できなかった点である。上海近郊の地方芸能が上海で地方劇として発展するに際しては、淮劇と同じく江蘇省北部よりやってきた揚劇を含め、何れも遊楽場での公演を通じて上海の観衆並びに興行関係者に認められ、その定着の足掛かりを摑んできた。当時上海には規模最大の「大世界」を始め、上海随一の繁華街南京路にある四大百貨店にもそれぞれ遊楽場が設置されており、まずこれらの何れかで評判を得てから他の遊楽場や杭州、蘇州等近郊の娯楽施設に引き抜かれたり、或いはその人気や名声によってラジオ放送、レコード、「堂会」（個人宅での公演）といった他の興行拠点にも進出したりする道が開けたのである。

これに反し、淮劇のみは蘇州河以南（租界のあった地域）の遊楽場に進出して公演することなく、その結果ラジオ放送、レコード、堂会などにもほとんど進出できなかった。この背景には淮劇の観客が遊楽場やラジオ放送を利用しない下層労働者が多いという点と、この地域出身者に対する上海でのマイナスイメージが考えられる。淮劇の興行拠点となったのは江蘇省北部出身の下層労働者が集中する市周辺部の中小劇場であり、閘北の滬北大戯院、閘北大戯院、復興大戯院、虹口の公平大戯院、南市の南市大戯院、静安の昌平大戯院、盧湾の民楽大戯院、普陀の滬西大舞台、楊浦の朝陽大戯院、楚成大戯院、東新大戯院などが1940年代の代表的な淮劇の劇場であった。特に閘北、楊浦、普陀などは上海中心部と接点の少ない、まさに郊外である。蘇州河以南の市中心部にある劇場での淮劇公演は第二次世界大戦後においても、慈善公演や演劇祭といった特別番組の場合に限られている。例えば1947年刊行の上海ガイドブック『大上海指南』には、京劇、話劇、越劇、滬劇、滑稽戯、評弾の各劇場や書場は紹介されているが、淮劇に関しては全く言及されていない。民国期上海の市中心部における文化界や興行界の人々にとって淮劇は目に触れることのない、市周辺部における下層階級の芸能であった。

　淮劇は民国時期を通じて下層労働者を主たる観客とし、彼らの多くが居住する市周辺部の中小劇場を拠点としてきたことにより、他の地方劇のように上海の主要娯楽産業に進出して消費される過程で都市化、洗練化する機会を得ることがほとんどなかった。そしてそれに江蘇省北部に対するマイナスイメージが加わることにより、上海における淮劇は京劇に比べ芸術的程度の低いものと見られていた地方劇の中でも特に低いものという扱いを受けることとなったのである。しかしこの民国期上海演劇界における淮劇の周辺的地位が、それまでの価値基準を反転させた人民共和国成立によって、淮劇に却って有利な状況をもたらすこととなった。「淮劇は労働者の観客を最も多く擁する劇種である。労働者階級の政治意識に高さに影響を受けたため、淮劇は人民共和国成立以降飛躍的な進歩を遂げている」や、「淮劇は終始労働者の観客に依存してきたため、旧社会では通用しなかったが、現在まで農民の純朴な生活を保持し続けており、資産階級の派手さに全く染まってこなかった」という指摘からも明らかなように、淮劇は人民共和国の主人公の1人である労働者たちの地方劇であるという

表2　人民共和国成立直後における上海の主な芸能の状況

劇種	劇場	劇団	人数	説　　明
京劇	11	11	1008	
越劇	29	23	983	内6劇団が公演停止
淮劇	11	12	523	内2劇団が合同公演
滬劇	13	14	462	内2劇団が合同公演
評弾	32		292	公演団体はおよそ50組
滑稽戯	7	8	215	内2劇団が合同公演

位置付けがなされ、淮劇の上海演劇界における地位を押し上げることとなったのである。

人民共和国が成立した1949年時点で上海では話劇や通俗話劇を除いて、京劇、越劇、滬劇、淮劇、揚劇、錫劇、蘇劇、滑稽戯、甬劇、紹劇等の各劇が公演活動を行っていた。「如何なる都市も及ばない、劇場と劇種、及び演劇関係者の雑多さ」が上海演劇界の特徴として挙げられている。表2は人民共和国成立直後の上海の主な芸能の状況を表したものである。

表2から明らかなように、人民共和国成立直後の時点で専属劇場数や劇団数、従事者数が特に多かったのが、京劇、越劇、淮劇、滬劇、滑稽戯及び語り物芸能の評弾であり、これらが上海の現時点における最も主要な芸能であった。淮劇は上位の京劇と越劇に比べるとその半分程度の規模に過ぎないが、上海土着の地方劇である滬劇とは同程度の規模を有していたことがわかる。つまりこの時点で淮劇は、確かに興行的商業的価値の高い市中心部の大劇場を拠点とすることはなかったが、市周辺部の中小劇場を含めた数量としての規模は京劇や越劇に次ぐ位置にあったのである。淮劇は演劇の興行的商業的価値よりも政治的教育的役割を重視し、市中心部と周辺部、大劇場と中小劇場の間にそれぞれ存する質的優劣よりも労働者、農民、兵士との関係性の濃淡の方を重視する人民共和国の文芸政策下では却ってその存在感を増すことができるようになった。

そして表2を反映するかのように、1950年代初期の段階で京劇（1951年成立の華東戯曲研究院所属京劇実験劇団と上海市人民京劇団、1955年に両劇団が合併して上海京劇院）、越劇（1951年成立の華東戯曲研究院所属越劇実験劇団、1955年に上海越劇院）、滬劇（1953年成立の上海市人民滬劇団）、淮劇（1953年成立の上海市人民淮劇団）の各劇及び評弾（1951年成立の上海市人民評弾工作団）からそれぞれ国営劇団が誕生している。これ以外の地方劇も1956年に一斉に国営化されるが、それは公私合営化に伴い私営劇団が衣替えしたに過ぎず、それ以前の国営劇団とは条件等

表3　上海市内伝統演劇コンクール受賞状況

劇種	1950年				1951年				計
	栄誉奨	一等奨	二等奨	三等奨	栄誉奨	一等奨	二等奨	三等奨	
越劇	1	2	7	6		5	4	8	33
滑稽戯		1		2		4	4	6	17
淮劇		3	1	1	2	1	3	4	15
京劇	1	2	2		1	1	2	1	10
滬劇	2			2	1	3	1	1	10
揚劇			3	2			4	1	10
錫劇		1	1			1	4	1	8
甬劇		1				2			3
紹劇			1						1

が大きく異なっていた。とすれば前述した、現在上海で活動中の職業劇団を有する京劇、崑劇、越劇、滬劇、淮劇、滑稽戯の内、崑劇を除けば何れも1950年代初頭に当局から最も重要な劇と認定されていたものであり、更にその中から滑稽戯を除けば、1950年代初期の段階で国営劇団を成立させていたことになる。つまり淮劇は人民共和国成立直後より当局によって上海における重要な地方劇の１つと認定され、それにより上海演劇界でその一角を占めるに至ったわけである。

　1950年代初期に上海において国営劇団の設立がかなわなかった地方劇のその後を見てみると、粤劇は既に1940年代より上海に専属劇団はなく、広東省の劇団による巡業公演のみとなり、蘇劇は1951年に結成された民峰蘇劇団が数ヶ月後に蘇州に移り、紹劇は1953年に同春と同興の２劇団が紹興に戻って以降上海に専属劇団は存在しなくなった。それ以外の揚劇、錫劇、甬劇は文化大革命中に解散させられるまで専属劇団が活動していたが、文化大革命終結後、一時的に復活した錫劇を除きこれらの地方劇の劇団は復活されず今日に至っている。つまり崑劇と滑稽戯を除いて1950年代初期に国営劇団が結成されなかった地方劇は全て現在上海から姿を消してしまっているということになる。

　では淮劇はただその規模が大きく労働者と深い関係があったため当局から重要な地方劇の１つに選定されたかというと、決してそうではない。表3は1950、1951の両年に上海市内で開催された伝統演劇コンクールにおける各劇の受賞状況を多い順に一覧にしたものである。

受賞にも栄誉賞から三等賞まであるので、受賞の総計だけで各劇の優劣を論じることはできない。しかし、最高の栄誉賞だけを見ても1951年には越劇も獲得していない栄誉賞を淮劇が2つも受賞しており、参加した劇種の中で最多となっている。更に総数を見ると規模としては上の京劇、同規模の滬劇、更に同じ江蘇省北部を起源とする揚劇とそれぞれ比べても、淮劇の方が1.5倍の受賞数となっており、その芸術性においても高い評価を受けていたことがわかる。この他、1952年に開催された「第一届全国戯曲観摩演出大会」においても、越劇や滬劇と共に劇本奨を獲得し、演出奨や演員奨においても越劇や滬劇と並ぶ数の受賞をしている。以上のことから、上海において淮劇が当局から重視された要因としてその規模だけでなく舞台芸術としての優秀さの側面もあった点を強調しておきたい。何れにせよ、上海のメディアや興行界の主流から全く相手にされてこなかった淮劇が、そのわずか1、2年後には上海を代表する地方劇の1つとして表舞台に登場するというのは人民共和国成立に伴う大転換を象徴するものであり、上海の演劇界でこれほど劇的な変化を見せたものは淮劇をおいて他にない。

第2節　1950年代上海におけるアマチュア演劇

　前節で上海における淮劇が1950年代初期にその地位を確立したことに触れたが、本節では同時期の上海におけるアマチュア演劇活動について紹介したい。そして1950年代の上海におけるアマチュア演劇運動について論じるに際しては、日中戦争期のアマチュア演劇にまで遡る必要がある。というのはそれまでアマチュア演劇運動の担い手は、伝統演劇の場合は企業家や文化人等の有産階級、話劇の場合は学生が中心であったのに対し、日中戦争勃発後は一般大衆にまで拡大して演劇活動の目的も演劇の革新や趣味教養といったものから抗戦宣伝の手段という側面が鮮明となっていったからである。つまり、日中戦争期のアマチュア演劇運動が人民共和国期以降のアマチュア演劇運動の起源と考えられるのである。

　上海では1937年の第二次上海事変勃発後、「上海市銭業同人聯誼会」（1936年設立）に代表される各業種別の、或いは共産党地下組織が指導し、店員が主体

第3章　淮劇とアマチュア演劇　　85

で業種横断的に1937年に結成された「益友社」のような、各アマチュア文芸団体が合唱、舞踊、話劇各隊の公演活動を通じて積極的に愛国と抗戦の宣伝に従事するようになった。一方上海以外の、とりわけ延安等共産党軍の駐屯する地域では軍隊とその駐屯先の民衆に対して「各種の文芸形式」を用いて抗戦宣伝活動を行う文工団が組織されていた。「文芸講話」発表以降は、文工団による演劇活動が「労働者、農民、兵士のための」演劇の典型とみなされ、人民共和国成立以降のモデルとなった。また延安で試みられた話劇、京劇及び秦腔や秧歌劇等の地方劇に対する諸改革も人民共和国成立以降、全国的に展開されていくことになる。

　この日中戦争期に抗戦宣伝の重要な手段として一般大衆までを巻き込んだアマチュア演劇活動は人民共和国成立以後に常態化された。演劇は「民主と国の精神で大衆を教育する重要な武器」として、「人民の新たな愛国主義精神を発揚して人民の革命闘争と生産労働における英雄主義の鼓舞を第一の任務とする」と再定義された。またアマチュア演劇を含むアマチュア文化活動も「大衆を教育する最も有効な手段の一つ」と認定されるなど、大衆教育を第一の任務とする点においてプロの演劇界とアマチュア演劇の境界は曖昧になっていった。

　上海におけるアマチュア演劇の主たる担い手は、農民や兵士以上に労働者であった。この労働者アマチュア演劇に関しては、1950年7月に共産党上海市委員会宣伝部の指導の下、上海総工会文教部を中心にして市政府文化局及び市文聯（上海市文学芸術界聯合会）の上海工人文芸工作委員会が協力するという指導体制が整えられている。また演劇活動を含むアマチュア文芸活動の拠点として1950年9月30日、市中心部に位置する西蔵路に「労働者の学校と楽園」と称された「上海市工人文化宮」（以下、工人文化宮と略記）が開設された。この工人文化宮内には合唱、話劇、舞踏、器楽の4隊を擁する文化宮文工団も設立されている。工人文化宮には更に内部に図書館、囲碁将棋室、卓球場、劇場や労働運動資料館等が設置され、映画も上映されるなど、これまでの遊楽場に代わる機能を果たす新たな総合娯楽施設となった。工人文化宮と相前後して開設された、滬西工人倶楽部（のち静安区工人倶楽部）や滬東工人倶楽部（のち楊浦区工人倶楽部）を始め、1950年代を通じて市内各区や地域単位において工人倶楽部が設置され、工人文化宮と同様、各地の労働者のために劇場、映画館、体育館、

図3-2　上海市工人文化宮（中国人民対外文化協会上海市分会編『上海画冊』1958年）

図書館、講演会場としての機能を果たしていくこととなる。各工人倶楽部や各区の文化館の設置はこれまでの市中心部に集中していた娯楽施設並びに娯楽空間を市周辺部にまで分散させる上で大きな役割を果たした。

労働者アマチュア演劇は、文芸、美術、音楽、体育などとともに労働者アマチュア文化活動の中の1つとして推進されたものであり、これらの中で演劇のみが特に重視されたわけではない。ただ多くの文盲を含む労働者に文化活動を普及させる上で、また日中戦争期以来の活動という点で演劇活動が他の文化活動に比べ1950年代初期より活溌だったことは確かである。ある行政単位におけるアマチュア文化活動の状況を端的に現すものに行政単位レベルのコンクール開催があるが、演劇の場合は早くも1950年12月より翌年1月にかけて「第一次上海工人戯劇観摩演出」が、1951年5月には「第二次上海工人戯劇観摩演出」がそれぞれ開催されたのに対し、体育と舞踏の場合は1951年11月に「上海市工人体育、舞踏観摩大会」、美術の場合は1952年5月と1953年5月にそれぞれ「上海市工人紅五月美術展覧会」を開催しており、体育や美術の活動に比して演劇のそれが先行していたことがわかる。[29]

そしてこの2度の労働者演劇コンクール開催は1950年代の労働者アマチュア演劇の方向を定めた点で大きな意味を持っていた。上海総工会文教部、上海文聯工人文芸工作委員会、上海人民広播電台の共催による第1回コンクールには48の団体から63演目が参加し、その劇種の内訳は話劇30、越劇9、淮劇7、京劇5、舞劇4、方言話劇4、啞劇2、滑稽戯2で話劇が半数を占めている。ま

た労働者自らが創作した作品は42作と全体の3分の2を超えており、一等5作品は話劇2作、淮劇、京劇、歌劇各1作である。その評価基準は労働者の実生活と朝鮮戦争問題に結びついた内容であるか、また形式が短小且つ力強くて工場での上演に適した条件を備え、労

図3-3　各区に設置された工人俱楽部（中国人民対外文化協会上海市分会編『上海画冊』1958年）

働者に受け入れられやすいものであるか、及び政治と芸術が上手く結びついたものであるかの3点であった。第1回の開催から半年も満たずに開催された第2回コンクールでも同様の基準が貫かれ、参加した154作品の内訳も前回同様に話劇と伝統演劇がそれぞれ半数となっている。

　この両コンクールは朝鮮戦争に対する宣伝活動の一環として開催され、労働者の朝鮮戦争に対する意識を高めることが主眼にあった。第1回の観衆は420000人に達し、「420000人の観衆というこのような厖大な宣伝力は上海の職業文芸団体に決して劣らない」と総括され、アマチュア演劇による政治宣伝がプロによるそれに引けを取らぬ効力を発揮するものであることを当局に再認識させている。

　第1回コンクール開催以前の労働者たちによる伝統演劇のアマチュア公演では、例えば滬西工人俱楽部開設祝賀会で上演された演目のほぼ全てが時代劇の大作であり、しかも上演に3、4時間を要したため観衆の支持を得られぬ結果となり、その上本業にも差し障り経費の無駄遣いが生じるといった問題点が指摘されていた。そのような傾向を2度のコンクールを通じ、労働者自身の創作で

身の回りや朝鮮戦争等時局に関するものを題材にして、上演時間も短く、背景や衣裳等の経費があまり掛からなくて済む作品を評価することで是正しようとしたのである。労働者アマチュア演劇は決して労働者が自らの芸術的才能を最大限披露するためではなく、演じる側及び観客である労働者が上演を通じて自らの意識を高め政治問題に対する理解を深める手段でなければならないことをコンクール参加者並びに観客に伝えた。(34)

更にこのような方針を明文化したものが1953年5月に上海市委員会宣伝部より出された「労働者群衆文化娯楽活動強化に関する指示」である。そこでは労働者の余暇における文化娯楽活動は「余暇、普及、志願」の原則の下、政治宣伝と生産活動とに密接に歩調を合わせて労働者を鼓舞教育し、労働意欲を高め、彼らの生産に対する自覚と積極性の向上に努めることが規定された。そしてその遂行に際しては労働に差し障る大作の上演や形式に拘るやり方は否定され、「短小、精悍、生動、活溌」で労働者に喜ばれる中国固有の芸能であること、及び健康的で労働者を愉快にさせ労働意欲と生産効率を高めるような内容であることが求められている。(35)これにより労働者アマチュア演劇は労働者自らが職務に差し障りの生じない範囲内で、政治上の任務に関連させた題材を身の回りの中から選び、プロの演劇人のような高度な技術や華美な形式を追求せずに職場の人間にも簡単に且つリアリティを与えながら理解してもらえるような演劇活動を行うことが理想であると規定された。

そしてこの「労働者群衆文化娯楽活動強化に関する指示」は労働者アマチュア演劇の在り方を規定するのと同時に、各区や各工場の幹部に労働者アマチュア演劇活動に対する積極的支援を要請することとなった。これまで同じ規模の工場や業種であっても工場幹部のアマチュア演劇に対する態度によって活動の活溌さに不均衡が生じていたが、今後は指導者の個人的嗜好や経営上の観点如何を問わず積極的に活動団体設立や活動推進のための条件整備に協力していくことが半ば義務付けられるようになったわけである。

1958年は大躍進運動に伴い、前述の朝鮮戦争期と並んで1950年代においてとりわけ労働者アマチュア演劇活動が積極的に展開された高潮期に当たるが、市内には1300以上の労働者アマチュア劇団が結成されていた。(36)しかし各工場単位のアマチュア演劇活動を推進していくにはある程度の経験と知識を有する指導

者が不可欠であり、工人文化宮や各区の工人倶楽部は各工場から選抜された労働者に対し、演劇に関する基本的知識から作劇、演技、音楽等にまで専門家を講師に迎えて受講させるクラスを次々と設置していった。その一方でプロの国営劇団から俳優や脚本家等が直接工場に出向き指導することも奨励された。

ここで確認すべきは労働者アマチュア演劇で目指された作品や在り方、即ち大衆に教育的効果があり、現在を舞台に政治問題に結びついた作品を積極的に創作していくという方針は同時期のプロの演劇界に対しても要請されていたものであったということである。こ

図3-4　アマチュア芸能団体のコンクール「全国職工文芸会演」上海市代表団のパンフレット、1960年、著者蔵

の点でプロとアマチュアに大きな違いはなく、プロ側は技術を伝授していくことで、アマチュアの方は題材を提供していくことを通じ相互に助け合いながら与えられた任務を遂行していく関係となっていった。労働者たちを題材にした新作を上演するに際しては演劇関係者が積極的に労働者たちの意見を聴取するようになった。[37]1950年代から1960年代の間の演劇界において、労働者は観客であると同時に共に演劇を通じて大衆を教育していく同志であり、また現代劇上演が奨励される状況下で題材を提供してくれる協力者でもあったのである。

第3節　淮劇と労働者

人民共和国成立以前、淮劇が市中心部の大劇場やラジオ放送などの主たるメディアに進出することができずに下層労働者が集まる市周辺部の中小劇場を拠

点にしていた点は既に述べてきた通りである。一方上海のアマチュア演劇活動では工場労働者が中心となり、工人文化宮や各区の工人倶楽部の指導の下、自らを含めた観衆を教育することを目的に本業に支障の生じない範囲内での活動が積極的に奨励されていた。本節では上海の労働者アマチュア演劇における淮劇の活動情況、及び淮劇の職業劇団側と観客であると同時にアマチュア演劇活動においては俳優、脚本家、演出家でもある労働者側との関係について、上海市内の淮劇団の中でも国営劇団である上海市人民淮劇団を中心に考察していく。

多数の地方劇が共存していた上海演劇界の中で、当局が演劇改革の中心として重点的に力を注いだのは京劇以上に越劇であった。実態としても表2で示した如く、従事者数では京劇に若干劣るものの劇場及び劇団数では京劇の倍に達し、当時の上海において最大の規模を有していた。それと同時に越劇は改革が急務であった中国各地の地方劇の代表、職業を有する女性の地位向上の代表という二重の象徴的存在として当局及び文芸界から注視されてきた。従って国営劇団の設立、人民共和国における演劇改革の指導者を養成する「第一届地方戯劇研究班」への参加、及び1950年開催の「首届上海市春節戯曲演唱競賽」での受賞等、1950年代初期に当局が行った演劇改革のための施策の中で越劇は常に優先的扱いを受けてきた。

しかしその一方で越劇が抱える問題点も存していた。それは「地方劇は民族歌舞劇の方向へと発展し、深厚なる人民の土壌から鉱石とすべきものを掘り出すべきであり、無理に西洋演劇の枠に自らをはめ込むべきではない」とする当局の方針に反し、「越劇や滬劇は話劇の影響を受け明らかに貧弱となっている」という現状であり、更に演劇は労働者、農民、兵士に奉仕すべきという大原則の中で「越劇や滬劇の観衆は本来多くが小市民家庭の婦女である」という状況である。[38]つまり都市に進出して都市住民の嗜好に適応していく過程で地方劇が本来有していた素朴さや土着性が洗い落とされてしまい、人民共和国の主人公たる労働者、農民、兵士に却って相応しくない要素が多くなっているというのである。

地方劇が演劇改革の中で当局に重視されたのはそれが京劇に比して「民衆の生活に密接で、その形式も比較的自由であるため現代における人民の生活や闘争を表現するのに適している」からであり、[39]またアマチュアが演じ易くまた現

代を題材にし易い点を評価したためであった。にもかかわらず模範を示すべきプロの側で越劇は「時代劇上演が圧倒的割合を占め」ており、滬劇も一時期は「比較的有名な劇団では９割が時代劇を上演している」という状況にあった(40)。加えて越劇のように女性が男性役を演じる場合、「工業や農業の第一線に立つ先進的人物像を演じられないだけでなく、様子も大変不自然で思想的にも感情的にも説得力がない」と指摘されるなど(41)、当局及び演劇界が提唱するアマチュア演劇で演じられるべき地方劇の在り方に上海を代表する地方劇であった越劇には不適応な部分が目立っていたのである。

　公演数として時代劇が圧倒的である点は淮劇の場合も大きな違いはなかったが都市芸能化という点では大きく落伍しており、しかもその観客の中心は労働者で「上海の電車、麻袋、港湾等の労働者たちはほぼ全て淮劇の観客であり、この点で淮劇は注意に値する劇」(42)、「滬西の工場地帯で淮劇は非常に労働者の受けがよい」(43)という指摘に見られるように、淮劇が労働者の演劇であるという位置付けが人民共和国成立直後から既に形成されていた。1950年前後は市中心部にいた興行関係者の多くが上海を離れ、また上海興行界自体が不景気であったが、その中で市中心部の興行界と縁の薄かった淮劇は義捐公演においても京劇、越劇に次ぐ義捐金を集め、一般公演での営業成績もそれ程落ち込まなかった。この要因に関しては、淮劇の観客が労働者であること、労働者たちのアマチュア演劇活動を熱心に指導していること、都市の資本主義的な華美さに汚染されることなく農民の純朴な生活を保持していること、経営上の困難に懸命に耐えながら公演を行っていることなどが挙げられている(44)。ここで言及された４点はまさにこの時期の演劇界が目指した労働者、農民、兵士に奉仕する演劇に適うものであり、不景気の興行界の中で淮劇が比較的安定しているのもこの方向に忠実であるがゆえとされた。つまり繰り返しになるが、淮劇の民国期の周辺的地位が却って利点となり、労働者の演劇であるという印象を上海の演劇関係者に強くアピールすることに成功したのである。

　しかしだからといって淮劇が労働者の観客を最も多く擁する演劇であるというわけではない。「労働者たちは地方劇を観るのが好きで毎日おびただしい数の労働者たちが劇場に足を運んでいる。中でも越劇と淮劇の観客が一番多い」とあるように(45)、労働者の好む演劇の上位に位置しているものの決して最上位で

表4　春節及び国慶節における工人倶楽部公演一覧

工人倶楽部	1954年正月（1月）	1954年国慶節（10月）
静安区	華東越劇実験劇団（1-3日）、上海市人民滬劇団（15-21日）	上海市人民滬劇団総団（8-11日）奮闘越劇団（15-18日）
蓬莱区	華東越劇実験劇団（4-6日）	上海市人民滬劇団二団（1-3日）上海市人民淮劇団（16-19日）
滬東	華東越劇実験劇団（7-9日）	上海市人民淮劇団（12-15日）奮闘越劇団（19-22日）
滬西	上海市人民淮劇団（8-14日）	上海市人民淮劇団（7-10日）
滬南	上海市人民滬劇団（1-7日）	
北站区	上海市人民淮劇団（8-14日）	聯誼淮劇団（2-3日）
浦東区	上海市人民淮劇団（1-7日）	奮闘越劇団（2-3日）上海市人民滬劇団二団（6-10日）上海市人民淮劇団（21-24日）
店員	和平越劇団（1-16日）	
海員	音楽晩会（1-3日）	
曹楊新村文化館		奮闘越劇団（7-10日）聯誼淮劇団（4-6日）

はない。表4は正月（1953年）と国慶節（1954年）という観客が特に多い期間の各工人倶楽部における公演の一覧である。

　工人倶楽部の劇場に来る観客は労働者とその家族がそのほとんどである。表4からはその工人倶楽部の祝日公演を淮劇が越劇や滬劇と共に担当していたことが分かる。とりわけ滬西と北站区の各工人倶楽部では正月と国慶節ともに淮劇公演のみとなっており、民国期から淮劇の劇場が多かった普陀と閘北においては相変わらず淮劇の観客が多かったことが分かる。

　淮劇が労働者の好む演劇の上位に位置しているものの決して最上位ではない点は、アマチュア劇団数から見てもそれは明瞭である。上海における労働者アマチュア劇団の代表というべき上海市工人業余芸術団（工人文化宮所属）の場合、1954年9月成立時点で結成されたのは話劇、曲芸、合唱、器楽、舞踏の各隊に止まり、1960年に新たに加わった隊も演劇では越劇と滬劇であって淮劇は含まれていない。各区レベルで見てみると、例えば江蘇省北部出身者が多く居住する閘北区の工人倶楽部で1958年に結成された工人業余芸術団には話劇、京劇、越劇、滬劇、黄梅戯の各隊と共に淮劇隊が確認できるが、その一方で、工場労働者が多い普陀区にある滬西工人文化宮で1956年に結成された工人業余芸術団

には少なくとも成立初期の段階では越劇、滬劇、黄梅戯等の隊はあっても淮劇隊は確認できない。つまり市、区といった各行政単位ごとのアマチュア劇団として話劇、京劇、越劇、滬劇の各劇団はほぼ一律に結成されているのに対し、淮劇の場合は決してそうではないのである。

　工場単位で見てみると1952年9月の段階で上海市内の654の工場（規模の内訳として、工員1000人以上が83、500人以上が66、500人以下が505となっている）の中で結成されたアマチュア劇団数として多い順に、話劇が153、京劇が133、越劇が112、滬劇が51、淮劇が39となっており、劇団数として淮劇は京劇や越劇の3分の1に満たない。しかしながら、市内654全ての工場にアマチュア劇団が結成されたわけではなく、工場の規模が大きくなければ複数の劇団を結成することはできず、更に工場内で結成されたのが1劇団のみであれば話劇か京劇、若しくは劇種に拘らない劇団という形態が一般的であった状況を考慮すれば淮劇団39という数は決して少ないとはいえないであろう。先ほど淮劇と労働者との関係を強調する言説が1950年代初期に既に形成されていたと述べたが、それは労働者が最も好んで観客数の最も多いのが淮劇であることを意味せず、ただ数量としては淮劇を凌ぐ京劇や越劇、滬劇の場合は観客層が労働者以外の商人、知識人、農民、学生、小市民、婦女一般の各階層にまで渡っているのに対し、淮劇の場合は観客が江蘇省北部出身の労働者とその家族によって大多数を占められており、観客層が労働者階級に特化している点でその結びつきの強さが強調されているということである。そして行政単位や工場を問わず、上海の労働者アマチュア演劇活動の中で淮劇が話劇、京劇、越劇、滬劇に次ぐ位置を占めていることはそのまま同時期上海のプロの演劇界における淮劇の位置とも連動していた。

　工場レベルにおける淮劇アマチュア劇団を業種別に見ると、紡績工場に淮劇アマチュア劇団が圧倒的に多く、更に冶金、造船、運輸、港湾など、江蘇省北部出身者が多い業種に集中している。人民共和国成立以前に結成された工場レベルの淮劇アマチュア劇団に、英商電車公司（人民共和国成立以後電車一場、以下同じ）、法商電車公司（電車三場）、日華紡廠（棉紡六廠）、宝成紡廠（棉紡七廠）等があるが、上海淮劇界を代表する名優筱文艶と何叫天は英商電車公司、馬麟童と武旭東（1888-1956）は法商電車公司の各アマチュア劇団に直接指導に出向

くなど、実は戦後内戦期より既に人民共和国成立以降積極的に奨励されたプロとアマチュアとの交流は始まっていた。民国時期より、無名のではなく劇界を代表する俳優たちが工場に出向いて直接指導するという点も京劇、越劇には見られず、工場労働者と淮劇との深いつながりを物語るものである。人民共和国成立直前に開催された「淮劇聯誼会」には、何と淮劇俳優たちが直接指導していた英商電車公司や法商電車公司からも文教股の労働者たちが参加し、淮劇関係者たちに提言を行っている。1950年代初期に開催された2回の労働者アマチュア演劇コンクールで受賞を受けた劇団に英商電車公司、申新六廠、国営第二毛紡廠、国棉六廠、国棉十廠、上棉十七廠等がある。

上海市内の淮劇団は表1にあるように人民共和国成立当初12劇団、1952年末で8劇団、1958年に市内の各劇団が整理統合された時点で国営の上海市人民淮劇団及び各区管轄の志成（静安区）、浦光（楊浦区）、烽火（閘北区）の4劇団となったが、これら4劇団は何れも各工人倶楽部や工場内で結成された淮劇アマチュア劇団の活動に対し積極的に援助や指導を行い、また春節等祝日期間中は越劇、滬劇らと共に滬西工人劇場や各区の工人倶楽部や各工場に直接出向いての公演も多い。1950年代には大世界に隣接する共舞台でも淮劇の公演が行われるようになり、1957年には市中心部の北京東路に淮劇の専属劇場として黄浦劇場が開設されるなど、市中心部でも淮劇の公演が常時観られるようになった。しかし市中心部の劇場や遊楽場の整理統合、並びに各区の工人倶楽部や文化館の設置に伴い娯楽空間が市中心部から周辺部へと拡散し、周辺部に集中する大工場や市郊外の農村での慰問公演も常態化されていく中で市中心部に専属劇場を有することは淮劇の上海演劇界における地位確立を象徴するに止まり、上海における淮劇の拠点があくまで工人倶楽部や中小劇場、及び各工場が集中する市周辺部にあることに変わりはなかった点は表4からも明らかである。

上海における淮劇と労働者アマチュア演劇との結びつきは、1956年「上海市先進生産単位」に認定された国営劇団である上海市人民淮劇団が「勤勉節約して劇団を運営し、労働者・農民・兵士に奉仕する良き模範」として全国的に紹介されていることからも証明される。それによれば、上海市人民淮劇団は1957年に劇場での公演が155に対し、工場労働者のために228、農民に101、部隊に9の公演をそれぞれ行っている。1958年から1959年の間には、工場での公演だ

けで800を超えた。そしてこれら劇場以外の公演に際しては劇場公演と同様の設備や待遇を居丈高に要求することなく、観客である労働者、農民、兵士の立場に立って勤勉節約に励み、各地のアマチュア劇団及び職業劇団に対し助言や指導

図3-5　1963年に工場労働者へ演技指導をする淮劇俳優筱文艶（『上海淮劇志』1998年）

を熱心に行って相互に向上し合い、また農村の公演では農民の政治意識と労働意欲を奮起させる効果もあげている。実際1960年には、上海市人民淮劇団の俳優たちがアマチュア淮劇団の関係者を直接指導する「群衆業余淮劇師資訓練班」も開設している。このクラスには上海市内の工場などから75名が参加した。更に何叫天のように市内工場での公演に際して同工場内のアマチュア淮劇団の団員と共演する俳優もおり、上海市人民淮劇団とアマチュア演劇との密接な関係が窺える。

　上海市人民淮劇団がこのような「文芸講話」の方針に則った活動を実践できているのは、劇団員たちが労働者や農民たちと親密な関係を保持しているため労働者たちの有する比較的純粋な感情や態度を身につけている、巡業に際し政治意識を高めている、各地の政府幹部から強力な支持を取り付けているといった原因が考えられる。当然、現代劇の比重をもっと増やすべきといった課題も存在しているが、「上海の工場労働者を観客としてしっかりと摑み、彼らを自らが奉仕すべき対象として厚い友情を築き上げた点」は「大都市の劇団の在り方として注視に値する」と称讃されている。

　もちろん、「文芸講話」の精神を重視して郊外の工場や農村へ直接出向いて公演を行う、或いはその際に観客である労働者や農民と積極的に交流する、そ

して各地のアマチュア劇団に助言、指導を行うといったことに対し、上海における話劇、京劇及び他の地方劇の各国営劇団が消極的であったわけではない。また農村を含む中小の都市における各国営劇団の劇場以外での公演活動に比すれば、当然上海市人民淮劇団のそれが決して多いとは言えないであろう。ただ上海市人民淮劇団が大都市の職業劇団としてはこの方面において非常に熱心であり、観客への影響力という点で優勢にある大都市の職業劇団による工場や農村公演を奨励する意味で、上海市人民淮劇団が特に採り上げられているわけである。

　淮劇は市中心部に進出できなかったことで民国時期上海の演劇界において濃厚であった都市芸能の華美さや興行界の商業主義的傾向にあまり強く染まることなく、しかも工場労働者を主たる観客としていた点で演劇改革を進める1950年代の上海演劇界において貴重な存在であった。加えて上海の淮劇界自身が演劇改革の方向に沿って積極的に工場での公演やアマチュア劇団に対する支援や指導を行うなど努力し、「文芸講話」の方針に忠実な地方劇、劇団として評価されるようになった。自ら歌い演じる必要があるアマチュア演劇活動において、修練や技巧をそれ程必要とせず、比較的演じやすい地方劇は奨励され、その結果上海の労働者アマチュア演劇において淮劇は、話劇、京劇、越劇や滬劇に次ぐ規模で一定の位置を占めることができた。つまり上海における淮劇は、プロとアマチュアの何れの演劇においても、人民共和国成立から文化大革命が始まるまでの期間の演劇界が進むべき方向にほぼ完全に沿って展開したために上海演劇界にその地位を確保できたのであり、現在に至る淮劇の上海定着はこの時期に形成されたのである。

おわりに

　人民共和国成立から文化大革命が開始されるまでの17年間は労働者、農民、兵士が文化及び政治運動の担い手の中心となってアマチュア演劇活動が積極的に推進され、また淮劇は中でも工場労働者を主たる観客とし労働者に密接な地方劇の1つと認定されることで上海演劇界の一角に地位を確立するという、まさに上海のアマチュア演劇と淮劇にとっての黄金、蜜月時代であった。[61] もちろ

第3章　淮劇とアマチュア演劇　　97

んこの期間の淮劇の代表作として映画化された『藍橋会』（1953年、監督謝晋、主演筱文艶、楊占魁）や『女審』（1960年、監督徐蘇霊、呂君樵、主演筱文艶、何叫天）は何れも時代劇であり、劇場公演においても他の地方劇同様、時代劇の方が現代劇より多かった。しかし、元来淮劇はその演目、メロディー、所作の何れをとっても、「たおやめぶり」や優雅さが圧倒的主流であった上海の伝統演劇の中で、「ますらおぶり」や素朴さを感じさせる数少ない地方劇であり、当時の演劇改革の中で目指された労働者や農民の素朴さと勇敢さを上手く表現する上で、とりわけ上海では有利な条件を備えていたと言えるであろう。1952年の「第一届全国戯曲観摩演出大会」において上海淮劇団（上海市人民淮劇団の前身）の参加演目となり、その直後に中南海にて毛沢東らを前に上演された淮劇が農民夫婦を主人公とした『種大麦』であり、1964年に上海市人民淮劇団によって初演された当時の港湾労働者を主人公にした淮劇『海港的早晨』（脚本李暁民、演出石漂川）が文化大革命時期に革命模範劇「様板戯」の１つとして京劇『海港』に改編されたことは、上海伝統演劇界において農民と労働者を描くことに積極的な地方劇としての淮劇の位置を象徴するものである。またそれは同時に上海市人民淮劇団が江蘇省を含めた淮劇界全体をリードする劇団であったことも意味している。(62)

　上海における淮劇を論じる場合、上海における江蘇省北部（蘇北）とその出身者（蘇北人）に対するマイナスイメージという問題を避けることはできない。実際1990年代に「都市新淮劇」と称された話題作『金龍与蜉蝣』や『西楚覇王』を発表し、一時期自らも淮劇の俳優であった劇作家羅懐臻（1956-）は淮劇と上海との関係はとりもなおさず蘇北出身者と上海という都市との関係であると言い切っている。(63)本章でこの問題を故意に避けたわけでは決してない。ただ本章が考察の対象とした1950年代においては、蘇北人たちは彼らの多くが従事する工場労働者という階級に分類され、淮劇も蘇北人の地方劇としてではなく工場労働者の好む地方劇という認識の方が強かったために、上海における出身地域間の差別意識という問題が後景に退いて論及する必要がなかったからに過ぎない。そしてこの問題は文化大革命終結後、労働者アマチュア演劇活動が以前ほど活潑でなくなり、各地方劇がそれを故郷のメロディーとする観客層だけを対象にしていては上海における存立が危ぶまれるようになっていく過程で再び前

景に登場することになるのである。1980年代以降再び「蘇北」と「工人」に対するマイナスイメージが強まる中で、その両方と密接な関係にある淮劇が上海演劇界で一定の位置を維持するために抜本的改善が急務となった。

1990年代以降伝統演劇界全体が低調期に入り、江蘇省北部出身者も第1世代に替わって第2、第3世代が中心となって実際の故郷を知らぬ世代が増えていく中で、淮劇は上海ではマイナスイメージのある地域の地方劇であり、しかもアマチュア演劇活動が停滞して自ら歌うことも演じることもなくひたすら観るだけの観客を相手に彼らの鑑賞に堪えうる作品を上演していかなければ上海の演劇界から淘汰されてしまうという状況に直面することとなった。「都市新淮劇」と称される作品群が淮劇から発表され出してきた背景がここにある。越劇や滬劇が人民共和国成立以前に既に試みて一定の成功を収めてきた、都市の芸能として都市の住人に受け入れられるよう洗練化、芸術化させるという課題を越劇や滬劇らより50年近く遅れて淮劇も漸く自らの課題としなければならなくなったのである。

注
（1）　伝統演劇以外では、話劇、歌劇、人形劇、バレエ、児童劇、などの職業劇団がある。
（2）　上海の地方劇としての淮劇を対象とした先行研究に、上海市文化局史志弁公室・『上海淮劇志』編集部主編『上海淮劇志』内部資料、1998年がある。しかしそこでも人民共和国成立以降の淮劇の上海定着に関しては、共産党の指導や援助と観衆からの支持、及び上海淮劇界の努力など一般的要因を挙げて説明するに止まっており（5-7頁）、それらの諸点では淮劇と大差がないにも関わらず上海から消滅していった他の地方劇との比較や、定着の歴史的契機には言及していない。一方、上海における淮劇を対象とした博士論文に劉艶『上海淮劇研究』上海戯劇学院提出、2007年、がある。淮劇の上海への定着に関しては、淮劇の主たる観客である労働者階級の地位が向上した点と、淮劇の起源である江蘇省北部出身者が大量に上海にやってきた点を挙げている（23頁）。ただし実際の観客層や淮劇支援者たちを実証することはなく、指摘に止まっている。個別研究としては、江蘇省の地方劇としての淮劇に関するものだけである。中国における研究状況については唐振華「建国以来淮劇研究状況簡述」『芸術探索』（広西芸術学院学報）第20巻第6期、2005年、7-8頁がある。また日本で淮劇を

対象とした論考に、松浦恆雄「海上勾欄夜話（四）淮劇老芸人」『東方』70号、1987年、20-26頁がある。
（3）　淮劇が工場労働者と密接な関係にあり、彼らのアマチュア演劇活動に対しても熱心に指導した点に関しては、上海における淮劇の特徴の一つとして前掲『上海淮劇志』でも指摘している（7頁）。しかし本章のように、それを淮劇の上海演劇界における地位確立及び上海定着の契機と結びつけ強調していない。
（4）　上海演劇史の基本書である、中国戯曲志編輯委員会・《中国戯曲志・上海巻》編輯委員会『中国戯曲志・上海巻』中国ISBN中心出版、1996年、《上海文化芸術志》編纂委員会編『上海文化芸術志』上海社会科学院出版社、2001年、周鞏平、茅林龍、曹凌燕、高義龍「上海戯曲史」高春明主編『上海芸術史』上海人民美術出版社、2002年、37-210頁、及び『上海京劇志』上海文化出版社、1999年、『上海越劇志』中国戯劇出版社、1997年、等における各劇に関する記述においては、専らこの時期のプロ側が積極的に行った改革の成果を記述するばかりであり、アマチュア側は観客としてしか扱われず、アマチュア演劇が当時の演劇界全体に果たした役割には言及していない。淮劇の前掲『上海淮劇志』や滬劇の『上海滬劇志』上海文化出版社、1999年においてもこの時期のアマチュア演劇活動に関しては、団体名や活動の軌跡を簡単に記述するに止まっている。
（5）　前掲『上海淮劇志』、1頁。
（6）　節回し以外の、立ち回りや台詞回しなどは京劇と同じであったという指摘もある（駱宏彦「解放前後的江淮戯」『戯曲報』二巻十二期、1950年、233頁）。
（7）　上海市社会局「指導人民団体改選総報告表」、1947年、上海市档案館所蔵、Q6-5-595-34。
（8）　同上、をもとに筆者作成。
（9）　淮劇のラジオ放送への進出状況に関しては、人民共和国成立以後においても大きな変化は見られない。「上海市各電台戯曲節目時間一覧表」『大衆戯曲』第一巻第一期、1951年3月、頁数なし、に拠れば、滬劇、越劇、揚劇、甬劇、粤劇等の地方劇の番組が放送されている中で淮劇は固定番組を有していない。
（10）　淮劇の誕生した江蘇省塩城、阜寧、淮陰を含む江蘇省の長江以北の地域は「蘇北」もしくは「江北」と称され、上海を含む長江以南の「江南」地方の人々から蔑視されてきた。上海における「蘇北人」に関しては、Emily Honig, *"Creating Chinese Ethnicity; Subei People in Shanghai, 1850-1980"*, Yale University Press, 1992、及び羅蘇文『高郎橋紀事―近代上海一個棉紡織工業区的興起与終結』上海人民出版社、2011で詳細に論じられている。上海における淮劇を語るにおいて、上海における蘇北及び蘇北人に対するマイナスイメージの問題を避けることは

できない。しかし淮劇が市中心部に進出できなかった理由としてただ蘇北に対するマイナスイメージだけを取り上げるのは、同じく蘇北地方の地方劇である揚劇は遊楽場並び市中心部で公演をしている以上、説明として不十分である。揚劇が淮劇と異なり遊楽場を含める市中心部に進出できた背景に関しては、上海淮劇界を代表する名優何叫天（1919-2004）が、揚劇の発祥地である揚州出身者が従事する主たる職業（理髪師、調理師、足美容師）は市中心部に多く、しかも上海文化界や教育界に一定の影響力を有する揚州出身者がいたこと、及び柔らかい揚劇のメロディーが文化水準の高い人々にも受け入れられたことを挙げている（何叫天口述、瑋敏・朱鰻記録整理「淮劇在上海」『上海戯曲資料薈萃』第1集、上海芸術研究所、1986年、21-29頁）。

(11) 《上海文化芸術志》編纂委員会・《上海文化娯楽場所志》編輯部『上海文化娯楽場所志』内部資料、2000年、151-190頁、及び前掲『上海淮劇志』、197-199頁を参照。

(12) 東南文化服務社、201-202、206-211頁。また屠詩聘『上海市大観』中国図書編訳館、1948年、でも京劇、話劇、越劇、滬劇、滑稽戯、評弾は紹介されているが、淮劇のみ言及されていない。

(13) 星南「漫談上海的淮劇」『新民晩報』1946年10月21日では、娯楽税が重く課せられた上海の地方劇の多くが扇情的な演目で観客を呼び込む中、淮劇はその潮流に乗らずに本来の路線を堅持している点を評価している。

(14) 「在人民政府積極幇助下淮光淮劇団今成立」『文滙報』1951年5月9日。

(15) 洪荒「江淮戯為什麼吃得開？」『戯曲報』一巻九期、1950年、7頁。

(16) 伊兵「一年来戯曲改革工作的総結」『戯曲報』二巻十一期、1950年、203頁。

(17) 同上をもとに筆者作成。

(18) 劉厚生「全国戯曲工作会議上　上海市戯曲改革工作報告（1949.5-1950.10）」『戯曲報』四巻一期、1951年2月、11頁。

(19) 滑稽戯はこれらに比して国営劇団誕生は大幅に遅れ、1960年に蜜蜂滑稽劇団が朝陽通俗話劇団と共に上海人民芸術劇院に編入されることで京劇、越劇、滬劇、淮劇の各劇と同条件での国営劇団が誕生している。詳細は第1章、第6章を参照。

(20) この時期の上海における私営劇団の国営化に関しては、姜進「断裂与延続：1950年代上海的文化改造」『社会科学』（上海社会科学院）2005年第6期、95-103頁を参照。

(21) 昆劇は1950年代に上海においてプロの劇団はなく、1954年より学校にて後継者養成を図り、その卒業生によって1962年に上海青年京昆団が結成された。そ

の後文化大革命の中断を挟んで1978年に上海昆劇団として復活し、現在に至るという経緯をたどっており、1950年代の上海演劇界の中では特異な位置にあった。詳細は第2章を参照。
(22)　正式名称はそれぞれ、「一九五〇年上海市戯曲改造運動春節演唱競賽」と「一九五一年上海市春節戯曲競賽」である。
(23)　「中華人民共和国成立後歴次戯曲滙演上海獲奨名単」前掲『中国戯曲志・上海巻』中国ISBN出版中心、1996年、955-960頁をもとに筆者作成。
(24)　戦中、戦後の上海におけるアマチュア文芸団体の実状に関しては、岩間一弘「戦時上海の聯誼会―娯楽に見る俸給生活者層の組織化と市民性」髙綱博文編『戦時上海　1937～45年』研文出版、2005年、198-230頁、同「戦後上海における俸給生活者層の社会・文化活動」『千葉商大紀要』第43巻第3号、2005年、123-140頁を参照。
(25)　文工団の成立とその人民共和国成立以降の大衆文化に果たした役割に関しては、松浦恆雄「革命宣伝と文工団」『未名』第18号、2000年、119-142頁で詳細に考察されている。
(26)　延安における各劇の改革に関しては、松浦恆雄「延安における伝統劇の改革－京劇の場合について」『未名』第6号、1987年、46-75頁を参照。
(27)　中央人民政府政務院「関於戯曲改革工作的指示」『戯曲報』四巻七期、1951年、247頁。
(28)　市委宣伝部「関於加強工人群衆文化娯楽活動的指示（草案）」、1953年、上海市档案館所蔵、A71-2-947-37。
(29)　上海市文化局「一九五〇年下半年上海工人文芸運動総結報告」、1951年、上海市档案館所蔵 B172-4-20-23ではこの一年の上海工人文芸運動の中では演劇と美術が最も活潑であったと述べている。
(30)　市委員会「工人文娯工作観摩演出初歩総結」、1951年、上海市档案館所蔵、A22-2-64-25。
(31)　魏照風「一年来上海工人戯劇運動演出的経験」『人民戯劇』第三巻第八期、1951年、24頁。
(32)　前掲「工人文娯工作観摩演出初歩総結」、A22-2-64-26。
(33)　康健「上海市工人戯曲活動的蓬勃展開」『戯曲報』四巻十一期、1951年、412-413頁。
(34)　徐月娥・陸佩芳口述、惟民記録「我們初演越劇」『大衆戯曲』第一巻第九期、1951年11月、32頁では国棉十六廠の女工である口述者が、時代劇をそれに相応しい衣裳で上演したかったが、出演することは目立つため（為出風頭）ではな

く、観衆を教育し自己を高めるためにするものであることを理解し、現代劇上演に同意するまでを告白している。しかしプロのような大掛かりな芝居を演じたがる傾向は1950年代後期においても減少することはなく、しばしば警告が発せられている（沈如春「不要盲目排大戯」『労動報』1958年2月4日を参照）。

(35) 前掲「関於加強工人群衆文化娯楽活動的指示（草案）」、A71-2-947-36。

(36) 「上海工人戯劇活動放出巨大光彩」『戯劇報』1958年16期、3頁。

(37) 林陽「工人観衆座談"黄浦怒潮"」『戯劇介紹』1958年5月下。

(38) 前掲「全国戯曲工作会議上　上海市戯曲改革工作報告（1949.5-1950.10）」、14頁。

(39) 「全国戯曲工作会議閉幕」『戯曲報』三巻八・九期、1950年、535頁。

(40) 張志鐃「地方戯應該向現代劇発展」『戯曲報』五巻二期、1951年、50頁。

(41) 邵慕水「談越劇的男女合演」『労動報』1955年6月15日。

(42) 前掲「全国戯曲工作会議上　上海市戯曲改革工作報告（1949.5-1950.10）」、14頁。

(43) 寒英「訪問春節競賽得栄誉奨的劇団」『大衆戯曲』第一巻第二期、1951年、12頁。

(44) 前掲「江淮戯為什麼吃得開？」、7頁。

(45) 阿秀「我們工人自己演出」『大衆戯曲』第一巻第一期、1951年、26頁。

(46) 「各工人倶楽部新年演出節目拝定」『新民晩報』1953年12月31日、及び「専業劇団輪流在工人倶楽部演出」『新民晩報』1954年9月30日、をもとに筆者作成。

(47) 習文・季金安主編『上海群衆文化志』上海文化出版社、1999年、78頁。

(48) 上海市閘北区志編纂委員会編『閘北区志』上海社会科学院出版社、1998年、1013頁。

(49) 上海市普陀区志編纂委員会編『普陀区志』上海社会科学院出版社、1994年、805頁。ただ同じ普陀区内の曹楊新村のような、労働模範が集まるニュータウン内で結成された住人たちのアマチュア劇団は初期の段階では越劇と淮劇の2団体であり、工場労働者と淮劇との密接な関係が示されている（「曹楊新村大力展開文娯活動」『上海新民報晩刊』1953年10月23日）。

(50) 前掲『上海群衆文化志』179、189、192、197、200頁。ちなみに1959年は市内の淮劇アマチュア劇団が最も多く結成された年で163劇団に達したが（前掲『上海淮劇志』225頁）、他の劇の同時期の状況が不明のためそれが淮劇特有の現象であるとは断定できない。

(51) 前掲「淮劇在上海」『上海戯曲資料薈萃』第1集、24頁。

(52) 「新淮劇已抬起了頭」『文滙報』1949年9月22日。

(53) 前掲『上海群衆文化志』、200-201頁。ちなみに第1回労働者演劇コンクールで一等を受賞した淮劇の受賞作『血債』は英商電車公司淮劇組の創作、演出によるものであり（『上海工人首届戯劇観摩演出劇選』労働出版社、1951年に収録）、第2回で二等賞を受賞した淮劇『打鉄趁熱』は労働者による創作を国営第二毛紡廠が演出と、何れも当局が奨励した労働者自身による創作、上演となっている。
(54) 1958年の時点で上海市人民淮劇団所属の俳優37名の内、半数以上の20数名がアマチュア俳優を指導できるという指摘がある（聞聆「工唱工　工教工」『労働報』1958年5月2日）。
(55) 「一年来深入工廠八百多次」『新民晩報』1959年11月6日。
(56) 方赤「勤倹弁劇団為工農兵服務的好榜様」『戯劇報』1958年2期、3-6頁。
(57) 呉愛林「人民淮劇団培養業余演員」『文匯報』1960年9月19日。
(58) 「工人和演員聯合登台」『新民晩報』1961年10月4日。ちなみにアマチュア劇団は上鋼三廠所属で、演目は時代劇の『白虎堂』であった。
(59) 前掲「勤倹弁劇団為工農兵服務的好榜様」、3-6頁。
(60) 同上、3頁。
(61) 「淮劇団と我々労働者は長年一緒にやってきた、いわば一家のようなものであり、劇団の抱える問題には一家の問題として我々も協力する」（聞聆「家郷水、甜又甜！」『労働報』1958年3月19日）という発言ほど工場労働者との深い結びつきを表現するものはなく、その点で淮劇は上海演劇界でも特異な位置を占めていたと言えるであろう。
(62) 本章で言及した時期において、江蘇省と上海では淮劇の位置付けが大きく異なっている。地元江蘇省において淮劇はあくまで一地方の地方劇であって定着という問題が存せず、従って一つの階級や階層に特化するといった傾向も見られなかった。
(63) 羅懐臻「淮劇与上海」『中国戯劇』2003年第8期、48頁。

第4章 「大世界」から「上海人民遊楽場」へ
――遊楽場の社会主義的改造

はじめに

　遊楽場とは映画館、劇場、庭園やビリヤード等様々な遊具及び食堂や喫茶室などを備えた総合娯楽施設を指し、遊戯場とも称された。本章で採り上げる「大世界」は、1917年に開設された上海で最大の規模を誇る遊楽場である。上海随一の繁華街南京路には大世界開設以前にすでに「新世界」があり、また四大百貨店の最上部にもそれぞれ遊楽場が附設されるなど、1910年代から1930年代にかけて上海には共同租界、仏租界、華界を併せて20を超す遊楽場が開設されており、上海の遊楽場は全盛期を迎えていた。それが1949年の人民共和国成立時点で僅か4カ所となり、この内地方国営となったのは大世界のみで、しかも1960年に大新遊楽場が閉鎖されると上海で唯一の遊楽場となった。この点でも大世界が上海を代表する遊楽場であることを示している。

　大世界を開設した黄楚九（1871-1931）は医薬業での成功を手始めに不動産業や金融業などまで幅広く経営した民国期上海を代表する実業家の一人であり、大世界の経営は彼の事業の中でも中心的位置を占めていた。1931年、黄楚九の事業失敗とその死去に伴い、大世界は上海の顔役であった黄金栄（1868-1953）に引き継がれ「栄記大世界」と改称される。歴史的に興行界はアンダーグラウンドの世界と密接不可分な関係にあり、またちんぴら、スリ、私娼といったいかがわしい連中が跋扈するのは大世界に限らず、ダンスホールや劇場など同時期の娯楽施設に普遍的に見られた現象であるのだが、上海を代表する娯楽施設が上海のアンダーグラウンドを代表する人物の傘下となることにより、大世界は上海における興行界の華やかさとそれを支配するアンダーグラウンドの暗黒面を象徴する娯楽施設という位置付けが確立されていった。「人民共和国以前

の大世界は旧上海の縮図であった」などがその典型的表現である(2)。

　1954年7月1日、大世界は当時の上海市文化事業管理局の接収管理の対象となり、翌1955年5月1日には名称を「上海人民遊楽場」と改めた。この接収管理から名称変更の過程に対しては、これまでの経営陣及び場内を跋扈していたいかがわしい連中や祭壇などの迷信的装飾を一掃し、低俗とされた演目の芸術性や思想性を高めるなどの改善が施され、「ゴミの山」（大垃圾堆）が「労働者が遊び憩う場所」に生まれ変わったといった、専ら改善面を強調する評価が現在まで踏襲されている。(3)「新しい上海を見たければ新しい大世界を見ればよい」のように、(4)大世界の改造が旧上海の資本主義的なものの改造を象徴するかのような言説も形成されていった。

図4-1　1930年代の大世界（上海歴史博物館・上海人民美術出版社編『上海百年掠影（1840s-1940s）』上海人民美術出版社、1992年）

　本章では1950年代に進められた大世界に対する改造過程を、上述のような大世界とその改造にまつわる言説から一旦離れ、公文書や新聞、雑誌の記事、更には公演プログラムなどの一次資料を用いて、上演された芸能のジャンルや公演形態の変容を中心に検証し、またそれを同時期に行われた劇場や劇団及び娯楽施設全般に対する変革と関連させることを通じて、大世界の社会主義的改造を上海芸能史の中で再定位し、20世紀前半の上海の都市文化において遊楽場が果たしてきた機能を考察していく。(5)

第1節　大世界の娯楽空間—2つの「大世界巡礼」

　　鏞記大世界は誠に賑やかで、その規模の大きさはこの世に並ぶものが御座いません。（略）入場券僅か2角で、中央には奇妙奇天烈なものが控え、芸人達もそれぞれの腕前を披露致します。（略）毎日お客様で溢れかえっており、皆様ご満悦で郷里のことなどお忘れです。⁽⁶⁾

　民国時代にはこの弾詞開篇『鏞記大世界』のような、大世界の賑やかさや出し物の多様さを宣伝を兼ねつつ語る弾詞や滑稽の作品が幾つか作られている。本章では1940年代と1950年代における大世界内部の様子をそれぞれ紹介した二つの「大世界巡礼」（以下、前者を金武周版「大世界巡礼」、後者を呂薫版「大世界巡礼」と称す）を中心にして本章の主題である社会主義的改造期に入るまでの大世界の一端を紹介していくことにする。⁽⁷⁾

　大世界での代表的な過ごし方に「兜」（一巡り）、「軋」（押し合い圧し合い）、「孵」（居続け）の3種類がある。⁽⁸⁾ 金武周版「大世界巡礼」で入場券を求め入り口付近で溢れかえる人の様子に驚いているように、まず正面入り口においてその「軋」（押し合い圧し合い）を体験することになる。⁽⁹⁾ 大世界は愛多亜路（Edward VII Avenue、後に中正東路、現在の延安東路）と敏体尼蔭路（Boulevard de Montigny、現在の西蔵南路）が交差する角地に位置し、共同租界より風俗的規制の緩い仏租界に属しているものの、愛多亜路は共同租界と仏租界を分かつ境界であり、共同租界側の南京路を中心とする上海随一の繁華街、歓楽街にも接していた。また敏体尼蔭路を挟んで向かい側の「八仙橋」と称された区域には同じく黄金栄傘下の黄金大戯院を始め娯楽施設も多く、また日中戦争以後は難民の大量流入に伴って急速に盛り場と化すなど、大世界は非常に恵まれた立地条件にあった。⁽¹⁰⁾

　入場して中庭に出るまでに大世界の遊具として最も有名な「哈哈鏡」がある。この湾曲した鏡に映る自らの歪んだ姿を楽しむ遊具は1950年代に社会主義的改造を経た後も残された。金武周版「大世界巡礼」では鏡に映る己の姿を見て驚き且つ笑い、あの世にいるかのような気分になったと記している。⁽¹¹⁾ この哈哈鏡

は無料であるが、この他にもエックス線により体内を透視できることが売り物の「X光鏡」、「西洋鏡」（のぞきからくり）、ビリヤード、ゴルフやローラー・スケート等有料の遊具が場内のあちこちに設置されていた。3階の通路に設置された「西洋鏡」を覗いてみた呂蕭版「大世界巡礼」では解放戦争の絵を見せるものとポルノを見せるものが並んでいることに憤っている。[12]

哈哈鏡を抜けて中庭に出れば脇に共和庁がある。民国時代、ここは人気芸妓達が京劇の一節や流行歌を歌う「群芳会」で名を馳せ、またその合間には当時新興の芸能であった滑稽の芸人達が交互に登場していた。金武周版「大世界巡礼」では群芳会に関しては観衆の拍手と声援の大きさが、滑稽に関しては芸人のおかしな格好と内容の奇抜さが印象に残ったようである。[13]実際、この大世界の共和庁は滑稽という新しい芸能を上海に定着させ、数多くの滑稽芸人を育てたスペースであった。[14]その他、共和庁以外のスペースでは弾詞、評話など江南地方の曲芸や京韻大鼓や梨花大鼓など北方の曲芸が公演を行っていた。

大世界に限らず遊楽場は新しい曲芸及び各地の曲芸を上海に紹介し定着させる上で大きな役割を果たしてきたのだが、それは現在地方劇となっている各地の芸能においても同様である。金武周版「大世界巡礼」では紹興文戯（越劇）、呂蕭版「大世界巡礼」では越劇、滑稽戯、通俗話劇、滬劇、維揚戯（揚劇）の各公演に言及しているが、これ以外にも蘇灘（蘇劇）、常錫文戯（錫劇）、四明文戯（甬劇）、蹦蹦戯（評劇）などが上海の各遊楽場に定着し人気を博してから劇場へと進出している。更に南方戯（南方歌劇とも称す）といった上海ならではの新しい演劇の公演拠点ともなった。これらの出し物は座ってじっくり鑑賞する、「孵」（居続け）の観客に供するものであった。

ただ金武周版「大世界巡礼」では紹興方言が分からぬという理由で、越劇公演よりむしろ客席の一角で営業している紙切り芸人の腕前の方に強い興味を示している。[15]この紙切り芸人に限らず客席の一角や場内の通路には軽食類、占い、賭博性の強いゲームなどの露店がひしめき合い、その隙間を物売りが縫って歩くなど、入場者は公演スペースで出し物を鑑賞せずに場内を巡り歩くだけで十分楽しむことができた。別の記事では、場内の露天商や物売りの声の方が舞台の芸人たちよりも大きいと批判されている。[16]大世界におけるもう一つの過ごし方である「兜」（一巡り）がまさにそれである。

図4-2　民国期大世界内の歩道橋（上海歴史博物館・上海人民美術出版社編『上海百年掠影（1840s-1940s）』上海人民美術出版社、1992年）

大世界は1928年の増改築により総面積が14700メートルに達し、10を超す公演スペースを有す鉄筋コンクリート4階建てとなっており、中庭には南北に分かれた各階へと通じる歩道橋が設置されていたが、この歩道橋こそぶらぶらする過ごし方に最も適したスペースであり、そこからは各見せ物を見渡して場内全体の賑やかさを体感することができた。呂蕭版「大世界巡礼」でもここから中庭中央の露天スペースで公演中のマジックや闘牛のショーを見物している。[17]一方この歩道橋は私娼の集合地でもあり、また喫茶室には女給、ダンスホールには女性ダンサーがそれぞれ多数控えるなど、芝居や見せ物の鑑賞を目当てとしない多数の入場者も呼び込んでいた。呂蕭版「大世界巡礼」ではジャズ音楽が流れる中、太腿や腕を露わにしたダンサーたちが踊るタップダンスや、赤いスカートを穿いたダンサーと水兵服の男装したダンサーのペアによるダンスを披露する牡丹歌舞団のダンスショーの様子を紹介している。[18]

更に、別料金を払って1階の乾坤大劇場に入り京劇を観た金武周版「大世界巡礼」ではその立ち回りの激しさが低俗と映ったようであるが、[19]乾坤大劇場の京劇公演は大世界の売り物の1つであり、そこから後の人気役者が輩出されたことや子役達の鍛錬の場としての意義などから上海京劇史においても一定の評価が与えられている。[20]そして2つの「大世界巡礼」とも大世界の大看板である童子団の雑技公演を見てその高度な技に驚嘆しているが、実際、大世界など遊楽場において現在雑技に含まれる出し物が一番人気があった。それは1カ所に長居せず場内を巡り歩いている観衆の方が圧倒的に多い遊楽場の構造からして、公演時間も短く彼らの目を引きやすい見せ物であったからである。

以上は大世界のほんの一部を周遊しただけに過ぎないが、それでも当時の遊楽場の一端を窺うことはできる。遊楽場は低料金で入場でき、しかも開園から閉園まで半日以上居続けることができた。そして何時間居続けても退屈しないような、また入場者に入場料以外の消費をさせるような娯楽に溢れていた。開園中は絶えず何らかの出し物が交互に上演されており、各地から呼び集められた多種多様な芸人達は珍獣や紙切り芸そして占いなどの見せ物、及び女給やダンサーなどと伍して渡り合える奇抜さと、馴染み客にも飽きられない技量が求められていた。滑稽戯俳優張醉地は1960年代に往事の大世界を振り返って、「大世界は芸人にとっての試験場であった。そこで人気を得れば試験に合格したということであり、また上海に定着できるということ」と語っている[21]。これは大世界が「上海芸能の殿堂」として各地の芸能や新しい芸能を上海に呼び込み、その芸能に上海の観衆の嗜好に合うよう洗練させる機会を与え、観衆に対しては多種多様芸能を低料金で提供する機能を果たしてきたことを示すものである。

　ただし、2つの「大世界巡礼」が執筆された時期の大世界は、開設当初のような上海の上流階級が訪れる場所ではなくなっていた。黄金栄がオーナーとなった1930年代には既に「悪所」の様相が強くなり、日中戦争後には「上海に始めてきた御上りさんと貧しい市民にとって手軽な」遊び場となっていたのである[22]。

第2節　人民共和国成立と上海の興行界

　民国期上海における当局の演劇界及び娯楽施設に対する管理は、禁演処分や課税、災害対策上の設備の整備など、部分的な対策に止まるものであった。それが共産党統治下となった1949年5月以降、「改戯、改人、改制」に集約される芸人の社会的地位向上、劇団の機構改革、劇場と劇団の関係及び評価の基準や芸能の目的の転換など広範囲に及ぶ大変革がもたらされることとなった。本節ではこの時期の上海の芸能の変革に関し、遊楽場や劇場などの娯楽施設を中心に時系列に紹介していく[23]。

　まず上海の文芸政策を管轄した機関は1949年5月28日に成立した上海市軍事管制委員会文化教育管理委員会文芸処（処長夏衍）である。翌1950年3月には

上海市人民政府文化局（局長夏衍）が設置され、文芸処を引き継いでいた。[24] 1949年の段階で接収の対象は国民党及び市政府所属の劇場や映画館などに止まり、蘭心大戯院は上海劇影協会によって買収された（1952年に「上海芸術劇場」と改称）。そして1950年2月5日、市公安局より「管理公共娯楽場所暫行規則」が公布され、遊楽場も「遊芸場」として映画館、劇場、音楽庁、歌曲場、書場（評弾の寄席）、ダンスホール、ビリヤード場、球場、ローラー・スケート場、サーカス場、珈琲館、バーなどと共に公共娯楽場所に指定された。同規則では反動分子や特務による娯楽施設の支配や娯楽施設による彼らの隠匿、及び娯楽施設側の出演者や女給を含む従業員に対する搾取及びピンハネ行為などを禁じている。

　1951年に入り、九江路にあった鑫記大舞台を人民政府が買収して地方国営の「人民大舞台」と改名し、同年10月には民国期ドッグ・レース場としても有名であった逸園も文化局に買収された（1952年に「文化広場」と改称）。大世界向かいの黄金大戯院は1951年3月に成立した華東戯曲研究院に借り受けられて「華東大衆劇院」となり、同じく卡爾登大戯院も同研究院附属の「長江劇場」とそれぞれ改称された。[25] 民国期の代表的ダンスホールであった百楽門舞庁は経営難により越劇公演を主とする「百楽門大戯院」となった。

　1951年は更に、前年中央より出された「関於鎮圧反革命活動的指示」と、2月21日公布の「中華人民共和国懲治反革命条例」に基づく反革命分子逮捕があった。民国期から大世界の経営責任者であった丁永昌、越劇女優筱丹桂を死に追いやった元国泰戯院経理張春帆、金門大戯院経理馬祥生らが「戯覇」に認定され、興行界でも多数の逮捕者・処刑者を出している。この他、1951年には上海市人民評弾工作団、人民雑技団、人民京劇団ら各公営劇団や団体が誕生し、同時に上芸滬劇団と淮光淮劇団が民弁公助劇団に認定され、両劇団はそれぞれ「民主的改革」を経て1953年に公営の上海人民滬劇団、上海人民淮劇団となった。1952年末の時点で上海には劇場が97、うち地方国営が7、公私合営が1に止まり、その他は全て私営であった。また100余りある書場及び4カ所の遊楽場、8カ所の歌庁は全て私営であった。[26]

　1953年1月より「人民大舞台」において始められた、職員の思想水準の引き上げや組合の結成に重点を置いた「民主的改革」は、翌1954年に入り上海の娯

楽施設全体にまで拡大され、1月に文化事業管理局は「上海市劇団劇場影院改革改造弁公室」を設置し、2月8日には「上海市私営劇場、遊楽場及書場管理暫行辦法」が公布された。そこでは各娯楽施設を甲乙丙にランク付けた登録証の発行が規定さ

図 4-3　大新遊楽場プログラム、1950年10月、筆者蔵

れ、また娯楽施設側が出演団体内部の問題への干渉や、良からぬ演目上演の強要が禁じられている。(27) そしてこの登録に際し行われた審査に基づき、1954年5月に共舞台、6月に金都大戯院（翌年瑞金劇場と改称）と天蟾舞台、7月に大世界（翌年人民遊楽場と改称）、9月に美琪大戯院と麗都劇場、11月に中国大戯院がそれぞれ市文化局に接収管理された。この内、共舞台と天蟾舞台が同年中に、中国大戯院が翌年1955年にそれぞれ専属劇団（前台）と劇場側（後台）との経営管理の分離に着手している。上海中心部の代表的劇場は1954年の接収管理によって、ほぼ当局の管理下に入って改革に着手されており、大世界への接収管理も1953年により開始され1954年に本格化した当局の劇場等娯楽施設に対する改革の一環であったことがわかる。

　1956年はまず劇団に大きな変革が見られた。1月20日に上海市の69の民間劇団が新国営劇団に認定され、26が民弁公助の劇団となった。そして私営であった72の劇場、26の書場及び先施、大新、福安の3遊楽場がそれぞれ公私合営となっている。続く6月21日には人民遊楽場、人民大舞台、上海芸術劇場及び文化広場が市文化局直轄となり、それ以外の劇場は各区の所属とする決定がなされている。(28) 1958年1月には新国営劇団、民弁公助と民間の各劇団も各区管轄と

表1　上海新設の文化、娯楽施設一覧

開設時期	施設名
1949.9	上海市滬南群衆文化館
	上海市滬西群衆文化館
1950.4	滬西工人倶楽部
1950.5	滬東工人倶楽部
	浦東工人倶楽部
	工人文化宮
1951	盧湾区工人倶楽部
1953.2	曹楊文化館
	徐滙文化館
1953.6	中国福利会少年宮
1956.12	上海市群衆芸術館
1957	普陀区少年宮
1958.2	上海青年宮
1960	滬東工人文化宮
	滬西工人文化宮
	北虹工人倶楽部
	提籃橋区工人倶楽部
	長寧区工人倶楽部
	蓬莱工人倶楽部
	閘北区工人倶楽部
	徐滙区工人倶楽部

なり、この過程で180の劇団が50あまりに整理統合された。

　以上、1949年から1958年までの変革の流れを見ると、当局の対応が公演団体である劇団側と興行主である劇場、施設側とで二分されていることがわかる。劇団に対しては玉石混淆であった劇団を整理統合してそれぞれの精鋭を公営劇団に集め、劇団の制度化や組織化を図りその地位を向上させるなど、とりわけ地方劇にとっては1940年代から個別に進められてきた諸改革を公的に助長する効果をあげた。[29]一方の劇場や娯楽施設に対しては経営者を処分し、名称を変更させ、公営劇団の所属とし、演目の決定や出演料の取り分などで劇団側の意向を主とするなど、旧来からの大転換を行っている。

　この大変革は市中心部と郊外における劇場数の比率にも現れており、1950年に110あった市中心部の劇場は1960年には76と減少して郊外の劇場数69とほぼ並び、1970年には僅か33まで減少している。その一方で郊外の劇場は109に増加しており、[30]劇場が市中心部の盛り場に自然発生的に集中するのを当局がコントロールし、市内各区域にバランスよく配置されるようになった。表1は1950年代から1960年代にかけ上海市内に新たに開設された主な文化、娯楽施設である。[31]

　表1の「群衆文化館」、「群衆芸術館」、「文化館」は各地域の住民、「工人倶楽部」や「工人文化宮」は労働者、「少年之家」や「少年宮」は少年、「青年宮」は青年を、それぞれ対象にした施設となっている。各施設には図書室や運動施設の他に、映画の放映や芸能の上演が可能なスペースもあり、美術や音楽、演劇などのサークルも活動していた。つまりこれら文化的娯楽施設のおかげで多

くの市民は市中心部にわざわざ出向く必要がなくなり、またこれらの施設ではただ鑑賞するだけでなく、自ら実演することができるなど、新しい機能も加わっていた。

既に太平洋戦争期より休業状態にあった旧共同租界の競馬場は人民広場、旧仏租界の逸園ドッグ・レース場は文化広場となっていた。ダンスホールは1950年代前期に姿を消し、遊楽場も大世界を除いて福安が1957年、先施が1958年、大新が1960年に閉鎖され、残された劇場や映画館も多くが名称を変更している。民国期の娯楽施設の多くが社会の表面から消えたのに対し、工人文化宮、区文化館や工人倶楽部などの新たな娯楽施設が設置されていった。

図4-4　1920年代の福安遊楽場（上海歴史博物館・上海人民美術出版社編『上海百年掠影（1840s-1940s）』上海美術出版社、1992年）

第3節　「人民遊楽場」の誕生

接管まで

戦後内戦期において、遊楽場という娯楽施設は既に往時の輝きを失っており、前述の如く人民共和国成立時点で大世界、先施楽園、大新遊楽場と福安遊楽場の4遊楽場を残すのみであった。しかもこれら4遊楽場は当局によって、「政治状況は更に深刻で、先施、大新、福安は皆「把頭」（ボス）の支配下にあり、大世界には各部門の責任者の中に中統特務がいて末端の労組すら悪質分子に握られている」と認定される施設であった。この1945年から接収管理された1954年までの大世界において特筆すべきは、1952年の総支配人丁永昌の逮捕と、

図4-5　上海人民遊楽場（中国人民対外文化協会
　　　　上海市分会編『上海画冊』1958年）

翌1953年のオーナー黄金栄の死である。これらは1931年以来大世界を支配してきた体制の崩壊を意味している。

　大世界を始めとする遊楽場に対しては、人民共和国成立を契機に「現在の大世界は過去の大世界ではない。過去には封建的で人目につかなかった場所にも、現在は陽光が降り注いでいる」と状況が大きく改善されたという指摘が見られる。その一方で「遊楽場の改革は猶予を許さない大事である」とその旧態依然たる状況に警鐘も鳴らされている。1951年4月には大世界関係者950人が総出で大掃除を行い、35トンものごみを出したとの報道があるが、ハード面の清潔さはソフト面のそれと一致するわけではない。1952年の段階でも、17歳の学生が大世界の男娼たちに悪の道へと誘い込まれて男娼の仲間に加わるという事件が発生している。人民共和国になっても、接収管理以前にはオーナーの黄金栄に対し500万元の月給が支給されていた。当時最高の報酬を大世界で得ていた芸人は、「乾坤京劇団」と「天声滑稽劇団」に所属していたが、彼らでも月に300万元であるからその額の多さは群を抜いている。つまり前節で紹介した1943年と1951年の二つ「大世界巡礼」で記された内部の様子に大きな違いがないことからも、1954年に接管管理されるまでは民国期以来の経営形態と公演がほぼ踏襲されてきたと考える。本節では黄金栄死去前後から接管までの大世界内部の様子を、大世界が当局に提出した報告書を中心に紹介していく。

　1952年12月20日の時点で栄記大世界遊楽場には、出資人黄金栄と「資方代理人」杭石君、龔天健、陳福康ら経営陣を除き、総務担当、劇場担当、入場担

などを合わせて職員が180名、専属劇団の団員が482名、非専属劇団の団員が141名、施設内の場所を借りて商売する露天商は72名、その他348名の、合計で1100を超える職員が大世界で働いていた。大世界所属の芸人数は、上海市で活躍する芸人全体の約10分の1に相当するという指摘もあるほどの大所帯であった。専属劇団として、群聯京劇団（97名）、群声通俗話劇団（73名）、群芸滬劇団（71名）、友誼揚劇団（43名）、永楽越劇団（38名）、三聯滑稽京劇劇団（44名）、八聯滑稽劇団（39名）、張稚児滑稽（2名）、建新歌舞劇団（29名）、沈易書三絃技術（5名）、潘家班雑技団（10名）、于少亭技術団（1名）、南洋魔術団（12名）、合作魔術団（7名）、

図4-6 大世界遊楽場プログラム、1955年4月、筆者蔵

新声魔術団（11名）、非専属劇団として鄞風甬劇団（48名）、民芸常錫劇団（45名）、青年団古彩戯法団（4名）、葉鳴飛雑技団（10名）、鷹雑技団（9名）、□勝雑技団（□は判読不能、14名）、亜洲魔術団（11名）の各団体と個人が記されている。表2は大世界が接収管理後であるが改称される以前の1955年4月に発行された大世界の公演プログラムである。

表2と上記の1952年に所属の団体を比較すると、専属では張稚児を除く全て（表2の童子団が潘家班雑技団）、非専属でも半数以上が接収管理後もそのまま出演を続けていることがわかる。1955年4月の段階では接収管理されたといっても、公演をしている劇種は多様であり、また民国期以来大世界を根城にしてきた沈易書のような芸人も舞台に上がっており、どの階も午後から夜にかけ出し物が途切れることはなかった。それが大きく変更するのは、表2のプログラムから1か月後の1955年5月に「人民遊楽場」と改称してからである。

経営状況に関し報告書では、無計画で浪費的な支出が多く資金繰りに喘いで

表2　大世界遊楽場プログラム

	劇場名	出演団体、個人	演目	時間
一階	電影場		大音楽会	14:30/17:00/20:30
	京劇場	群聯京劇団	後部武松	13:30-17:15/19:00-23:00
	滑稽京劇場	三聯滑稽京劇団	借羅衣、三不願	14:45-17:45/19:45-22:45
		紅星木偶京劇団	投軍別窰、取洛陽	13:15-14:45/17:45-19:45
	中央場		雑技歌舞	
二階	滬劇場	群芸滬劇団	柳樹井、売紅菱、婦女代表	13:45-17:15/19:00-22:30
		南洋魔術団	魔術	18:00-19:00
	揚劇場	友誼揚劇団	袁樵擺渡、王定保借当	14:00-17:15/19:00-22:15
		于少亭	踢毽	18:00-18:15
		神州技術団	技術	18:15-19:00
		上海市人民評弾工作団	評弾	14:00-/19:20-
三階	歌舞雑技場	建新歌舞劇団	買毛驢等	15:15-16:15/20:45-22:15
		沈易書	拉戯	14:00-14:30
		合作魔術団	魔術	14:30-15:15
		新声魔術団	魔術	16:15-17:15/19:00-20:00
		鷹球技術団	技術	18:00-19:00
		童子団	技術	20:00-20:30
	甬劇場	鄞風甬劇団	李二嫂改嫁	14:00-17:15/19:00-22:15
		于少亭	踢毽	18:45-19:00
		合作魔術団	魔術	18:00-18:45
四階	越劇場	永楽越劇団	庵堂認母、蘆花期、小姑賢	13:45-17:15/18:30-22:00
	滑話劇場	群声通俗話劇団	南山小鳳	13:15-16:00/18:00-20:15
		八聯滑稽劇団	烤鴨	16:00-18:00/20:15-22:15
	常錫劇場	民芸常錫劇団	走上新路	14:00-17:15/18:45-22:00
		沈易書	拉戯	18:15-18:45

いる経営状況が述べられ、その浪費の一つに専属劇団が抱える余剰人員の問題が挙げられている。労働者側優位の労資関係のために専属契約を解消することや、同種の劇団が複数在籍する状況を調整することもできず、また団体交渉においては労働者側が話し合いや正規の方法を採らずに悪罵や威嚇、手を出す行為にまで及ぶといった指摘も見られる。(45)経営陣はこの時期、諸経費や出演料の削減或いは専属契約を解消して新たな団体や個人を呼び入れるなどといった、

民国期であれば鶴の一声でできたことができず、旧来通りの座組みを続けていかざるを得なかった。

「連合劇場」としての遊楽場

　　大世界、楽しいな、
　　我ら労働者の娯楽場！
　　旧社会の汚れも一掃され、
　　古きを退け新しきを出すのが本当に活発だ。
　　大世界、楽しいな、
　　現在新たなアトラクションが加わった、
　　回転飛行機に我らは乗り、
　　皆で蒋介石をやっつけに台湾へ行こう！
(46)

図4-7　上海人民遊楽場プログラム、1956年2月、筆者蔵

　これは社会主義的改造を経た大世界の様子を称えたものである。1954年6月23日、大世界は市文化局に接管された。その理由は「経営の腐敗と内部の混乱により大衆の文化生活に極大の害を及ぼしているため」である。旧経営陣は一掃され、公安局出身の梁振海が後任の責任者として派遣された。その改造は反革命分子や悪質分子を取締り、職員の階級意識を高め、上演される出し物の芸術性と演出の質的向上を図る等、他の劇場と共通の改革から始められた。1955年5月1日の「上海人民遊楽場」への名称変更はこの約1年に及ぶ改造の一応の達成を示すものである。表3はこの名称変更後のプログラムである。
(48)

　この表3と接収管理後であるが名称変更以前の表2のプログラムを比較すると、名称変更を挟んで大きな変化が生じたことがわかる。まず各公演スペースが1から14までの番号制に変わった。そして大世界に隣接し同じ黄金栄傘下であった共舞台が遊楽場の1号場として吸収され、公営劇団である上海市人民淮劇団の公演拠点となっている。次に、三聯滑稽京劇団、八聯滑稽劇団、群声通
(49)

表3　地方国営上海人民遊楽場プログラム

劇場名	出演及び室名	演目等	時間
1号場（元共舞台）	上海市人民淮劇団	蔵舟、白水灘、唐知県審誥命	14:00-/19:00-
2号場（中央露天舞台）	建新歌舞劇団	歌舞	14:00-15:00
	紅色雑技芸術団	雑技	15:00-17:40
	張慧沖魔術団	魔術	18:00-20:30
3号場	電影	渡江偵察記	13:15/15:30/18:00/20:15
4号場	新民京劇団二隊	野猪林	13:30-/19:00-
5号場	児童遊戯室	ミニジープカー、ミニ三輪車、木馬等	
6号場	文娯室	卓球、空気銃等	
7号場	群芸滬劇団	天羅地網	13:45-/18:45-
8号場	紅星木偶劇団	牧虎関、金銭豹	14:00-/19:00-
	高楽木偶劇団	白虎嶺	15:30-/20:30-
9号場	友誼揚劇団	楊八姐遊春	14:05-/19:05-
	紅色雑技芸術団	雑技、魔術	13:05-14:05/18:05-19:05
10号場	精華越劇団	釵頭鳳	13:40-/18:40-
11号場	観衆休息室	新華書店上海支店による新年画展覧	
12号場	建新歌舞劇団	歌舞	15:40-/20:40-
	紅色雑技芸術団	雑技、魔術	13:40-14:40/14:40-15:40/19:00-19:45
13号場	星光甬劇団	漳河湾	13:55-/18:45-
	紅色雑技芸術団	雑技、魔術	18:00-18:45
14号場	永楽越劇団	相思樹	13:30-/18:30-

俗話劇団、民芸常錫劇団、群聯京劇団と上海市人民評弾工作団の名が消え、童子団など複数の技術団と魔術団の一部が紅色雑技芸術団へと再編成されており、また「踢毽」の于少亭や「拉戯」の沈易書といった民国期から大世界の名物となってきた芸人も姿を消すなど、全部で12の団体及び個人が契約を解除されている。この内京劇だけは代わりの劇団が補充されているが、それ以外の滑稽京劇、滑稽戯、通俗話劇、錫劇と評弾は公演自体がなくなってしまった。そしてその代わりに児童遊戯室、文娯室と観衆休息室が設けられ、また越劇はもう1劇団加入して公演スペースも2つとなっている。つまり名称変更の際に淮劇が加わり、越劇が1団体増えた以外の補充はなされず、この名称変更を挟んで最

終的に26あった公演団体は半数以下の12となったのである。⁽⁵⁰⁾

　この公演団体及び個人の契約解消に際しては、「鍛錬提高、体験生活」を名目に巡回公演に出し、そのまま遊楽場に戻さないというやり方が採られ、外に出されたまま新たな落ち着き先を得られない団体及び個人もあった。一方、巡回公演終了後に復帰できた群聯京劇団の場合は、再契約に際し出演料が大幅に下げられ、これまで遊楽場側が提供してきた道具等も劇団負担となり、休日の特別給金制度も廃止されるなど、待遇面で不利な条件を受け入れざるを得なくなった。これに関しては遊楽場側が経営上の観点から各劇団の事情を考慮せず、手荒な、時には欺くなどの手段を用いて公演団体との交渉にあたったなどのやりすぎが指摘されている。⁽⁵¹⁾ このような、契約解消を通じて同種の公演団体を整理する、或いは余剰人員の削減や出演料を下げるなど強引に見えるやり方によって経営の合理化を図るという、接収管理以前には経営陣が手を付けられなかった課題が社会主義的改造過程の中で速やかに着手されることとなった。

　更に公演形態においても大きな変化が見られる。人民遊楽場に改称される以前も確かに昼夜2公演であったが、昼公演と夜公演の間に同じスペースにおいて雑技や歌舞などの出し物があり、多くの舞台で開園中は何らかの出し物が上演されていた。それが改造後昼夜2公演は変わらぬものの、多くの舞台でその間をつなぐプログラムが組まれておらず、各舞台の開演と終演の時刻もほぼ共通しているため、昼公演の終了から夜公演の開幕までの時間に入場してきた観客に供する出し物が極端に少なくなるという状況が生じるようになった。入場時間が区々な観客に対して、絶えず何らかの娯楽を提供することが特色の遊楽場にとり、これでは対応できない。1961年には12時半の開演から昼公演が開始されるまでの約1時間と昼公演終了から夜公演開始までの約2時間、つまり開園時間10時間の内およそ3時間は映画などを除くと何ら公演がないという報告がなされている。⁽⁵²⁾

　このようなプログラムとなった要因としてまず滑稽京劇や滑稽、雑技等、これまで芝居と芝居の間に挟まって時間つなぎに観客を楽しませてきた多種多様な芸能が少なくなったことが挙げられる。これらの芸能を担当してきた団体や個人は改造の過程で多くの逮捕者や処分者を出し、前述のように人民遊楽場誕生に際して契約を更新されずに姿を消していった。滑稽京劇の小神童、房筱吾

や米一粟、滑稽の費利濱や笑哈哈及び女子四簧の呉妹妹など、民国期から大世界を根城にしてきた芸人達は何れも逮捕や処分の対象となり大世界を去っていった。同じく民国期から大世界の名物となっていた于少亭の「踢毽」や沈易書の「拉戯」などの、見せ物として他の娯楽施設では観られない芸能や芸人たちも、その思想性と芸術性が弱く「没有意思」という理由で契約を解除されている。(53) 民国期の大世界であれば代わりの団体や個人を上海近郊や北方から呼び寄せてまで補充してきたのであるが、1956年の相継ぐ劇団の公私合営により、遊楽場や上海郊外の中小劇場を拠点にしてきた中小劇団の多くが整理統合され劇団数が減少し、また個人で活動してきた芸人も団体に所属し個別活動が制限されるなど、遊楽場の特色である多種多様な公演を支えてきた個人や小団体を中心とした興行の流動性が弱まり、大世界は興行における機動性を失っていった。

次に、1956年の劇団の公私合営により大世界で公演を行う各劇団の運営がより制度化されて、自身の公演計画に基づき演目や公演時間を決め、また休息日を設けるなど、演者側が遊楽場側の意向に左右されなくなったことの影響も大きい。とりわけ一定期間の契約で公演する団体にとっては、人民遊楽場での公演も巡業先の1つであるため、他の劇場と同じような公演スタイルを遊楽場でもそのまま踏襲しようという傾向が強くなった。遊楽場からすれば入場時間の異なる観客がいつから観ても楽しめるように、娯楽性の強くて短い伝統的演目を複数並べた公演を希望するが、劇団とすれば評価を受けやすい長編の新作上演を望むし、また自分たちの公演スペースに所属の違う芸人が挟まって関係のない公演をされることを歓迎しない。(54) この結果、遊楽場の統一性は崩れ、各スペースで各劇団がそれぞれ公演を行う劇場の寄せ集め、「連合劇場」のようになっていった。(55)

しかし「連合劇場」のようになっても以前の大世界であれば様々な遊具で遊び、屋台で軽食類を買い、占いや賭博に興じるなど、芝居を観なくても場内をぶらぶらするだけで楽しむことができた。それらもやはり改造に際して、占い師や賭博的ゲームを商う露天商達は退去させられ、場内の至る所にあった軽食類の屋台は1階京劇場付近に集められてしまった。(56) また遊具に関しても、名物の哈哈鏡は健在だが、1961年の時点でX光鏡、西洋鏡、ビリヤード、剪影、ゴルフ、電動汽車などの遊具が壊れたまま放置されている状態であった。これら

第 4 章 「大世界」から「上海人民遊楽場」へ

の替わりに新設された文娯室や展覧室には、卓球や空気銃及び囲碁将棋などがあるだけで新鮮味に乏しく利用客も少ないとの指摘も見られる。露天商や様々な遊具の消失は、見せ物の多様さと並んで大世界の魅力であった場内の雑多な賑やかさの減少をもたらした。そしてその替わり大世界の標語となったのが、「清潔、素朴、美観」である。結果として、人民遊楽場は他の娯楽施設と大差がなくなり、「他の劇場に比べて入場料が安い以外に遊楽場の特色がない」と評されるに至った。

　1958年の春節を期に「大世界」の名が復活したのだがその理由として、接収管理と改称を経て展開されてきた社会主義的改造が達成されたこと、「大世界」の名称は国の内外にまで知れ渡っておりその呼び名が慣れ親しまれていること、大世界の変化が上海を訪れる外国からの賓客に新旧上海の違いを理解して貰う際の実在するモデルとなることの３点を挙げている。中でも外国からの賓客への配慮に関しては、上海を訪問したフランスのフォール前首相が案内役を務めた栄毅仁上海市副市長に対して発した、「大世界はどこですか？　大世界に行きましょう」という一言が名称復活の決め手になったエピソードとしてよく知られている。そしてこのエピソードは当局が大世界という娯楽施設に対し、上海を訪れる内外の賓客を接待する際に案内する観光地としての役割を何より期待していたことを物語っている。前節で触れたように、1956年６月21日、市文化局により人民遊楽場、人民大舞台、上海芸術劇場、文化広場を市直轄の娯楽施設とし、その他は各区の管轄下に置く決定がなされている。この内、上海芸術劇場が上海を訪れる内外の賓客が宿泊する錦江飯店の向かいにあって彼らに鑑賞を供する劇場であったように、これらの施設が市直轄となったのは政治的任務が多いからであり、人民遊楽場にとっての政治的任務とは、即ち観光地であった。他の遊楽場が相継いで閉鎖されていく中で大世界のみが存続できたのも、上海市民の需要と同時に、上海を訪れる賓客の観光地としての必要性という要因を軽視することはできない。そこでその改造に際しても、新上海の観光地として相応しい場所へ生まれ変わることが第一の目標となり、長時間居続ける観衆より、短時間見学するだけの賓客への配慮が重要な基準となるのは自明のことであった。

おわりに

　大世界の社会主義的改造は、「上海人民遊楽場」への名称変更を経て一応達成され、その改造完了を内外に知らしめるかのように「大世界」の名称が復活した。この期間、大世界の公演形態は京劇や地方劇の各劇団がそれぞれ大型の芝居を昼夜2公演行うことが中心の「連合劇場」式に変わり、場内の様々なスペースにおいて短い公演時間で次々に繰り出されたマジックなどの雑技や歌唱、ダンス、見せ物、そして多種多様な芸能の団体と個人の多くが居場所を失っていった。そしてそれは、少人数で短時間の公演によってこそ芸の魅力を発揮できた、「双簧」や京劇のパロディーである「滑稽京劇」、及び一人一芸の芸能や中国各地の雑多な芸能を上海で気軽に鑑賞する場所の喪失を意味していた。更に、場内のあちこちにいた大道芸人や露天商も退去し、数多くの遊具が壊れたまま放置されて入場者に供する娯楽の種類と数が大幅に減少した。つまり大世界は社会主義的改造を経て「上海芸能の殿堂」である総合娯楽施設ではなくなり、主に映画館と劇場の複合施設となったのである。

　このため遊楽場の特色であった豊富な出し物や見せ物は激減してしまい、開園中でも入場者に供する出し物が殆ど無くなる時間まで生じるようになる。しかしにもかかわらず上海で唯一の遊楽場となった大世界の入場者数は減少することがなかった。経営陣や管轄機関が問題点を認識し、滑稽や弾詞などの公演を一部復活させながらも全体として大きな改善を施さなかったのは、1950年代を通じて行われた演劇界と興行界への改造の結果、個人や小団体の多くが整理統合され公営団体の所属となるなどにより興行の流動性が失われてしまった要因もあるが、入場者が減少せず改善努力の必要性に迫られなかった点も多分にあるであろう。ただ、入場者数が減少しなかった主たる原因は他にこれだけの低料金で長時間居られる娯楽施設が市中心部になくなったからであるに過ぎない。

　そもそもこの時期、娯楽文化施設として当局が重視したのは劇場や映画館、工人文化宮及び区文化館などであり、遊楽場として唯一大世界が残されたのも上海を訪れる賓客を案内する観光地としての機能を期待した側面が強い。大世

界はその後、文化大革命発生直後の1966年9月に「東方紅劇場」と改称されたが、同年11月には閉鎖されて対外貿易用倉庫となった。そして1974年10月に「上海青年宮」として再開され、1987年1月には大世界の名称が復活するも、2003年、リニューアル・オープンのための改修を理由に再び閉鎖された。しかしこの1974年から2003年までの再開期間において、大世界は上海内外の多種多様な芸能を観衆に提供しその芸能発展の足掛かりとなる「上海芸能の殿堂」としてではなく、主に民国期上海の賑やかさを偲ばせる施設、観光名所として機能してきたといえるであろう。

図4-8 「東方紅劇場」へ改称直前の大世界プログラム、1966年4月、筆者蔵

注
（1） 「綜合性遊楽場一覧表」《上海文化芸術誌》編纂委員会・《上海文化娯楽場所誌》編輯部『上海文化娯楽場所誌』内部資料、2000年、263-264頁。
（2） 馬藍「大世界伝奇」『戯劇報』18期、1959年、42頁。
（3） 蔡咏葵「快楽的"大世界"」『萌芽』1960年3期、16-17頁。また大世界に関する専著である、傅湘源『大世界史話』上海大学出版社、1999年において、1950年代の改造に言及した最終章でも改善面を強調し他の側面に関しては触れていない（142-154頁）。
（4） 曹聚仁「大世界伝奇―《上海春秋》尾語」曹雷・曹憲鏞編『上海春秋』上海人民出版社、1996年、317頁（執筆は1962年）。
（5） 大世界に関しては、王安雲・傅湘源『上海大世界』長江文芸出版社、1987年や前掲『大世界史話』のように、オーナーである黄楚九や黄金栄の事績と関連づけられた記述や事件を主とし、また言及される時期も民国期が中心であって、

その芸能史的意義や人民共和国の変容に関しては簡単に紹介される程度であった。大世界を対象とした博士論文、沈亮『上海大世界』上海戯劇学院提出、2005年、では第1章第1節第2項「"健康"的聯合劇場（1954-1966）」(30-35頁)、及び第5章第2節第4項「狂歓気雰的消失和大世界衰落」(145-149頁)で社会主義的改造期の大世界について検討している。本章と重なる論旨も多いが、上海芸能史の中でその意義を再考するという視点は見られない。一方、清末の個人庭園から遊楽場に至る上海の娯楽施設の変遷及び娯楽空間の中から大世界に触れたものに、三須祐介「海派園林から屋頂花園へ―上海遊楽場史の一断面―」『早稲田大学大学院文学研究科紀要』第44輯第3分冊、1999年、107-118頁、同「清末上海の遊興空間、夜花園―真夏の夜の楽園」『野草』第65号、2002年、1-17頁、同「上海の遊楽場」『アジア遊学』83、2006年、172-175頁がある。

(6) 朱志頻著・王宝慶蔵「鋳記大世界」陳子禎編輯『弾詞開篇集・第二巻』国華電台、1934年、119頁。

(7) 金武周「大世界巡礼」は金武周『上海租界遊戯場調査』上海滬東公社、1943年、10-12頁に所収。同書は上海の滬江大学社会学系の教員である著者が同僚や学生と共に行った上海の遊楽場に対するフィールド・ワークの報告書である。主たる調査対象は永安天韻楼で、大世界を扱った「大世界巡礼」は附論である。全12頁で、当時の遊楽場の実状を記した数少ない史料といえる。一方の呂蕭「大世界巡礼」は『戯曲報』5巻4期（総第52期)、1951年、136-138頁に所収。

(8) 前掲『大世界史話』、144-148頁。

(9) 前掲『上海租界遊戯場調査』、10頁。

(10) 大世界を含む八仙橋一帯に関しては、拙稿「中華民国期上海における盛り場の変遷―八仙橋を中心に」『地図情報』第30巻第1号、2010年、28-31頁を参照。

(11) 前掲『上海租界遊戯場調査』、10頁。

(12) 前掲呂蕭「大世界巡礼」、137頁。

(13) 前掲『上海租界遊戯場調査』、10-11頁。

(14) 滑稽戯俳優呉双芸（1927－）は自著（『呉双芸自説自話』漢語大詞典出版社、2005年、19頁）で共和庁を少年時代に滑稽の教えを受けた教室と回想している。

(15) 前掲『上海租界遊戯場調査』、11頁。

(16) 汪容「遊楽場的悪劣現象必須粛清」『大衆戯曲』第8期、1951年、21頁。

(17) 前掲呂蕭「大世界巡礼」、137-138頁。

(18) 前掲呂蕭「大世界巡礼」137頁。

(19) 前掲『上海租界遊戯場調査』、12頁。

(20) 張古愚「上海劇場変遷紀要」中国戯曲誌上海巻編輯部編『上海戯曲史料薈萃』第 1 集、上海芸術研究所、1986年、94-95頁。
(21) 中共上海市委宣伝部整風弁公室「関於大世界近年来劇目演出和遊芸活動的状況調査」、1961年、上海市档案館所蔵、A22-2-950-21。
(22) 夏其言「白相大世界」『文滙報』1946年9月15日。
(23) 主として参照したのは、中国戯曲誌編輯委員会・《中国戯曲誌・上海巻》編輯委員会『中国戯曲誌・上海巻』中国ISBN中心、1996年、前掲『上海文化娯楽場所誌』、《上海文化芸術誌》編纂委員会『上海文化芸術誌』上海社会科学院出版社、2001年に所収の各大事年表である。
(24) 市文化局は52年8月に市文化事業管理局、更に55年2月より市文化局と改称している。
(25) この2つの劇場に関しては第2章を参照。
(26) 前掲『上海文化娯楽場所誌』、361頁。
(27) 上海市档案館所蔵、S320-4-25。
(28) 人民遊楽場も58年1月に名称を「大世界」に戻した際に黄浦区管轄下となった。
(29) 姜進「断続與延続：1950年代上海的文化改造」『社会科学』（上海社会科学院）2005年第6期、95-103頁は越劇を例に上海の大衆文化における社会主義的改造を論じ、民国期と50年代との連続と断絶の問題に言及している。劇場に関しては、前掲『上海文化娯楽場所誌』、191頁を参照。
(30) 競馬場が人民広場へと生まれ変わる過程に関しては、張寧「従跑馬庁到人民広場：上海跑馬収回運動、1946-1951」『中央研究院近代史研究所集刊』第48期、2005年、97-136頁で詳細に検討されている。
(31) 習文、季金安主編『上海群衆文化志』上海文化出版社、1999年、第一章第一節「機構、団体」（63-77頁）をもとに筆者作成。
(32) 屠詩聘主編『上海市大観』中国図書編訳館、1948年、下編57頁に遊戯場の黄金時代は既に過ぎ去り、上流社会の人々に楽しまれ関心を引くことはなくなったとある。
(33) これら新しい娯楽施設に関しては第3章を参照。
(34) 上海市文化局「関於上海市私営劇団、劇場、影院及遊楽場改革改造工作的意見（草案）」、1953年、上海市档案館所蔵、A22-2-172-2。
(35) 上海市戯劇院商業同業公会「有関栄記大世界遊楽場申請民主改革的材料」、1953年、上海市档案館所蔵、S320-4-27。
(36) 田禾「雑談「大世界」」『戯曲報』第3巻、1950年、16頁。

(37) 前掲汪容「遊楽場的悪劣現象必須粛清」。この他『大衆戯曲』(第8期、1951年)には他にも、于鵬飛「大世界趙奇怪的滑稽幹嗎胡扯乱搞?」(20頁)、葉鈞「我們要求遊楽場改進演出的戯曲」、伍士菁「我們不要看「馬寡婦開店」」(ともに21頁)など、大世界の公演を強く批判する記事が掲載されている。
(38) 牛間燕「"大世界"挙行大掃除」『文滙報』1951年4月8日。
(39) 周天「大世界接管前後」『新民晩報』1955年1月27日。
(40) 袁斯洪「『大世界』的現状和前途」『戯曲報』5巻4期、1951年、132-133頁。
(41) 前掲「有関栄記大世界遊楽場申請民主改革的材料」、上海市档案館所蔵、S320-4-27-121。
(42) 前掲袁斯洪「『大世界』的現状和前途」、135頁。
(43) 前掲「有関栄記大世界遊楽場申請民主改革的材料」、上海市档案館所蔵、S320-4-27-116〜119。
(44) プログラム『大世界遊楽場戯刊』1955年4月、筆者蔵、より作成。
(45) 上海市人民政府「接管本市私営大世界遊楽場的命令」、1955年、上海市档案館所蔵、B1-2-1635-2。
(46) 「大世界 好白相」『文滙報』1958年11月16日。
(47) 1957年には上海市人民淮劇団の公演拠点が黄浦劇場に移り、1958年には1号場も「共舞台」として分離独立している。
(48) プログラム『地方国営上海人民遊楽場』第19期、1956年2月、筆者蔵、より作成。
(49) 上海市文化局「対上海人民遊楽場工作的検査結論」1957年、上海市档案館所蔵、B172-1-230-57。
(50) 同上、上海市档案館所蔵、B172-1-230-57。
(51) 前掲「関於大世界近年来劇目演出和遊芸活動的状況調査」(以下「情況調査」と略す)、上海市档案館所蔵、A22-2-950-25。
(52) 同上、上海市档案館所蔵、A22-2-950-27。
(53) 同上、上海市档案館所蔵、A22-2-950-26。
(54) 「大世界永楽越劇団将演"四川白毛女"」『戯劇介紹』第53期、1958年10月第4期、によれば、永楽越劇団は大世界において『老八路』、『無名英雄』の革命を題材とした演目上演に次いで、今度は川劇から移植した『四川白毛女』を上演するとある。
(55) 前掲「情況調査」、上海市档案館所蔵、A22-2-950-26。
(56) 黄碧「上海大世界」『旅行家』3期、1955年、30頁。
(57) 前掲「状況調査」、上海市档案館所蔵、A22-2-950-24。

(58) 中原「大世界眉清目秀」『新民報晩刊』1958年1月26日。
(59) 前掲「状況調査」、上海市档案館所蔵、A22-2-950-25。
(60) 「「大世界」恢復原称」『解放日報』1958年1月26日。
(61) 黄躍金主編『上海人民広場』上海社会科学院出版社、2000年、238頁。

第5章　北京越劇団の建団と撤退（1960-1961）

　　　　はじめに

　「北京越劇団」は1960年に上海越劇院一団の中核が首都北京に赴いて設立した北京市所属の公営劇団である。幹部俳優に范瑞娟（1924-）、傅全香（1923-）、陸錦花（1927-）、呉小楼（1926-1998）といった各流派の創始者（范、傅、陸）や越劇史に名高い「越劇十姐妹」（范、傅、呉）が名を連ねるという強力な陣容である。しかし建団から1年に満たぬ1961年初め、同劇団は北京を離れて元の上海越劇院一団へと復帰してしまう。建団から撤退までわずか9か月であった。この北京越劇団に関しては、現在の越劇の通史や概説書において以下のように紹介されている。

　　1960年、北京市と上海市の両市共産党委員会による協議の結果、范瑞娟、傅全香、陸錦花、呉小楼を中心とする上海越劇院一団が4月20日に北京へ派遣され、5月7日に北京越劇団を設立した。翌年1月18日、周恩来総理の指示に従い、同劇団は上海越劇院へ復帰した。(1)

一方、北京演劇史の概説書では同劇団に関し、以下のような記述が見られる。

　　上海越劇院一団が1960年5月に北京へ派遣されて建団。代表者は田雨。俳優に范瑞娟、傅全香、陸錦花、呉小楼、呂瑞英らがいる。公演演目に、『劈山救母』、『観景』、『盗金印』、『盤夫』、『陰告・行路』（ママ）及び新作『小忽雷』などがある。建団の年の5月には北京市青年俳優コンクールにも参加している。1961年7月に劇団は上海へ撤退する。北京での公演回数は93回である。(2)

　現在、同劇団に関して知ることができる情報は以上であり、また同劇団を対

第5章　北京越劇団の建団と撤退（1960-1961）

象とした研究も管見の限り存在しない。加えて、同劇団に所属した主力俳優たちからも、傅全香と陸錦花を除いて、同劇団に関する発言は見当たらない。彼女たちの、輝かしく波乱に充ちた俳優人生の中でわずか9ヵ月間の北京体験は特に語るに値しないものであったということなのであろうか。何れにせよ、北京越劇団に関してはその建団に至る経緯、北京での公演状況、及び上海への撤退の原因等が不明なまま、越劇史において言及されることなく、当事者や関係者の減少に伴って今やその存在や記憶が忘却の過程にあるといえる。

　北京越劇団が上海へ撤退した1961年当時、中国全土において越劇の職業劇団は154を数えていた。従って、わずか9ヵ月間しか存続しなかった1劇団に関し、上記程度の情報しか得ることができないということは何ら奇異なことに映らないかもしれない。実際、大都市の大劇団を除いた当時の中小の越劇団に関しては、やはり北京越劇団程度の情報しか入手できないのが現状なのである。

　ただし北京越劇団には、同じく短命に終わったその他凡百の中小越劇団と同じ扱いにして済ますことのできない点が存する。それは同劇団が1955年の設立から現在に至るまで、その規模、実力、人気の何れにおいても越劇界の首位に位置する「上海越劇院」の幹部俳優によって構成されており、しかもその設立された場所が首都北京であったという点である。

　越劇は人民共和国成立以降、全国的に展開された伝統演劇改革の、各地の地方劇を代表する旗手として上海一帯のみならず全国の伝統演劇界及び当局から強い注目を集め、手厚い支援を受けてきた地方劇であった。上海越劇院は全国の越劇を代表する劇団であり、全国有数の職業劇団の1つといえる。

　即ち北京越劇団の建団は単なる1劇団の移動もしくは派遣といった程度に止まらず、上海越劇院という全国的知名度を誇る劇団が首都北京へ当時最高レベルの陣容にて進出し、越劇を全国区の地方劇として印象付ける絶好の契機であり、そのわずか9カ月後の上海への撤退は越劇の中央進出における一定の失敗を意味するとも解釈できるのである。とすれば、これは越劇という地方劇の歴史においてのみならず、1950年代から1960年代中期までの中国演劇史においても特筆に値する事件であるといえる。

　本章は新聞や雑誌における関連記事や公演情報、及び公文書等一次資料を通じ、北京越劇団の建団に至る背景、北京での公演状況とその評価、撤退決定の

過程といった、これまで全く不明であった点を明らかにし、それによって同劇団の建団と撤退を1950年代から1960年代中期までの上海及び全国の越劇史の文脈において再定位することを目指すものである。

第1節　劇団の整理統合と各地への派遣

　越劇の起源は1906年、浙江省嵊県にて創始された「小歌文書班」まで遡ることができる。ただし、その舞台芸術としての発展及び上海等江南地方一帯における人気や中国を代表する地方劇の1つとしての地位の確立といった現在に至る越劇は、1930年代後半から1950年代にかけての上海伝統演劇界において形成されたものである。越劇を論じるにおいては浙江省を起源とする地方劇でありながら浙江省以上に上海との関係、上海における状況をより重視しなければならない理由がそこにある。本節は1950年代における上海越劇界の、とりわけ制度上の諸改革を中心に紹介することを通じ、1960年の北京越劇団建団に至るまでの上海越劇界の状況を明らかにしたい。(6)

　人民共和国成立から間もない1950年代は中国社会のあらゆる領域において大変革がもたらされた。演劇界では演目、演劇人、演劇体制を社会主義国家のそれに相応しく改造する「三改」(改戯、改人、改制)政策が改革の柱とされた。北京や天津と並んで中国最大の規模を有する上海演劇界は、上海が民国期から中国最大の経済都市であったことも関係し、演劇改革において否定されるべき興行界における資本主義的な制度や慣行が濃厚に残存しており、そのため当局の関心も一際大きかった。

　演劇の種類が雑多であった上海演劇界では1950年の段階で、話劇の他に市場に占める割合の高さと従事者の多さから、京劇、越劇、滬劇、淮劇、滑稽戯の各劇を改革の対象として重点的に支援する方針が定まっていた。(7)その結果、1953年までに各劇にて公営劇団が成立していった。(8)

　越劇は1950年代を通じ、上記の上海で重点的に改革と支援の対象となった地方劇の中でも特に重視され、また積極的に旗振り役を担うことになった。その具体例を以下、時系列に列挙していく。

　1949年5月より上海文芸界を指導し管轄する機関となった上海市軍事管制委

員会文化教育管理委員会文芸処(処長夏衍)は同年7月から9月にかけ、上海各劇の関係者を短期集中にて教育する「第一届地方戯曲研究班」を設置した。その際の受講者選定の基準は「越劇に重点を置く」であった。
更に同年9月21日、北京で開催された第1回中国人民政

図5-1　地方戯劇研究班の様子(地方戯劇研究会主催『越劇観摩公演』パンフレット、1949年、筆者蔵

治協商会議の委員として越劇界から袁雪芬(1922-2011)が選ばれたが、他に演劇界から同会議に出席したのは梅蘭芳(1894-1961)、周信芳(1895-1975)、程硯秋(1904-1958)という世代としても上の中国伝統演劇界を代表する京劇俳優3名であり、袁の参加は大抜擢といえる。同年には更に上海市内にある越劇の有力劇団が、これまでの興行主、劇場主、花形役者偏重の興行と給与システムを廃し、端役を含む俳優たちが中心となって自主的に運営を行う「姐妹班」を他の劇に先駆けて開始し、劇団体制の改革モデルを示した。

そして1950年4月12日、華東軍政委員会文化部に属する公営劇団として袁雪芬を団長とする「華東越劇実験劇団」が設立される。同劇団は地方劇において上海を含む華東地区初の公営劇団であり、越劇に「地方劇界全体の先頭に立って模範を示す」役割と期待が強く求められていたことを象徴する出来事であった。同劇団は1955年3月24日より「上海越劇院」に改組され現在に至っている。

以上は1950年代初期に限定した極めて簡単な紹介であるが、それだけでも越劇が上海伝統演劇界、とりわけ地方劇の演劇改革における旗振り役を期待され、制度改革や俳優の地位向上といった諸改革において、越劇にリーダー的役割を

果たすことが求められていたことがわかる。越劇がこのように重視された理由として、当時上海演劇界の中で規模と人気がともに最大であった(13)、及び当局が奨励する文化人や知識人の地方劇への積極的関与において人民共和国成立以前から既に一定の成果を得ていたという2点を挙げておきたい(14)。

　1950年代初期に進められた越劇界に対する諸改革に関しては重点のみを指摘するに止め、以下では本章の課題に直接関連する劇団の整理統合について言及したい。中国社会全体において社会主義的改造と公私合営が展開される中、上海演劇界でも1956年前後に劇団の公営化が最高潮を迎えた。公営化の過程においては、合併や大劇団への吸収及び解散などを通じて中小劇団に対する整理統合が行われ、劇団数が大幅に縮小される結果となった。他市や他省の文化建設を支援するという名目で市内の劇団を他市や他省へ送るというのもその方策の一つである。その結果、上海市では1956年に市内に49あった越劇団を1960年の段階で8にまで減らすことに成功した(15)。本章が対象とする北京越劇団の建団は、必ずしも上海市内にある越劇団の整理統合という文脈から出てきたものではないが、他市や他省の文化建設支援の一環であることは確かである。

　ここで1950年代に上海から他市や他省へ移っていった主たる越劇団について紹介したい。まず1951年に「越劇十姉妹」の一人である竺水招（1923-1968）を中心に設立された「雲華越劇団」が挙げられる。同劇団は1954年11月の南京巡業中、同市にて私営劇団公営化の機会が得られると判断してそのまま市内に残留することを決定、1955年2月南京市において「南京市実験越劇団」（1956年より「南京市越劇団」）を設立している(16)。ただこれは行政による指導や派遣というより劇団側の主体的な選択の要素が強い。

　上海市当局の市内の劇団に対する整理統合政策の一環としての他市や他省の文化建設支援を名目にした越劇団の派遣は、1956年1月に市内34の私営越劇団が公営となり、4劇団が「民弁公助」（半官半民）劇団に移行されたことと連動して本格的に開始された。派遣された地域には何れも当地の都市建設のため上海から既に兵士や技術者及びその家族等が多数移り住んでおり、また劇団も現地にてこれまで全く越劇に触れたことのない観衆以上に上海とその近郊から移り住んだ人たちに供する公演を行うことが主たる任務であった。1956年1月、新新越劇団が西北文化建設を理由に西安市に派遣され、更に同年8月には同じ

理由にて春光越劇団が甘粛省蘭州市に派遣されている。また同年5月には、市内の8劇団が越劇発祥の地である浙江省の8つの県にそれぞれ派遣された。[17]

1958年には、9月に華芸、光芸、紅花の3劇団が統合されて寧夏回族自治区へ、10月には新芸、群力、紅星の3劇団が統合されて青海省へそれぞれ派遣され当地にて公営の越劇団を設立している。翌1959年1月には、永楽越劇団が甘粛省酒泉市へ派遣され、更に同月には「越劇十姉妹」の1人である尹桂芳（1919-2000）の率いる芳華越劇団が福建省福州市へ派遣されて「福州市越劇団」を設立している。

図5-2　西安市越劇団上海公演パンフレット、1958年、筆者蔵

本章で扱う北京越劇団設立とほぼ同時期の1960年4月には、天鵝越劇団が光明、合衆、出新の各劇団の一部を伴って北京に赴き、冶金部文工団越劇団の成員となっている。そしてこれ以降文化大革命が始まる1966年までの間、上海市内の越劇団が他市・他省へ派遣されることはなかった。つまり、越劇団の派遣を通じた整理統合政策は1956年から1960年までの5年間で一応完了したということであり、上海越劇院一団の北京への派遣はその末尾に位置していたということになる。

第2節　北京と上海、劇団と俳優

北京越劇団が建団された1960年の段階で、上海市内の越劇団に対する整理統合がほぼ完了していたのは前節で述べた通りである。それでも当時市内には上海越劇院の他に、区に所属する少壮（設立：1947年、幹部俳優：張雲霞、以下同じ）、

合作（1950年、戚雅仙、畢春芳）、出新（1952年、邵文娟）、青山（1952年、筱一峰）、飛鳴（1953年、陸錦娟）、東風（1958年、竺素娥）、春泥（1960年、焦月娥）の7劇団が活動中であった。[18]

一方、上海越劇院は1960年2月に上海市青年越劇団を吸収し、これまでの一団と二団に加えて三団の上海越劇院青年劇団とした。既に院内には1959年に男女共演の実験劇団を設立しており、4団体を擁する大劇団となっていた。一団には院長の袁雪芬を始め順不同に范瑞娟、傅全香、陸錦花、呉小楼、張桂鳳（1922-2012）、金采鳳（1930-）、呂瑞英（1933-）ら、二団には徐玉蘭（1921-）、王文娟（1926-）、周宝奎（1920-）、丁賽君（1927-1984）ら、三団には陳琦（1932-2006）、張金花ら、実験劇団には史済華（1940-）、張国華（1937-）、劉覚（1940-）、金美芳（1939-）、曹銀娣（1939-）といった越劇各流派の創始者やその後1980年代まで越劇界の主軸を担った俳優が勢揃いしていた。本節では以下、この上海越劇院の一団が北京にて越劇団を建団するまでの経緯を上海と北京のそれぞれの関係者の意向や両者間の交渉を通じて検証していく。

まず北京越劇団建団の発端についてである。北京にて越劇団を設立するという案を始めに提示したのは上海側ではなく北京市当局であった。建団される前年の1959年7月には上海側に対し、市内から北京へ派遣するに相応しい劇団を選定するよう依頼している。[19]北京市側のこの申し出に対し、上海側は以下の3つの案を提示し併せて各劇団に関するコメントを付した。

（一）合作越劇団を派遣する（中核となる俳優は戚雅仙と畢春芳）。同劇団の芸術水準はかなり高く、陣容も整っており、政治的条件も良い方に属す。

（二）青年越劇団を派遣する。同劇団のメンバーは皆若く、従って芸術水準はやや劣るものの、今後の成長には期待が持てる。

（三）上海越劇院一団を派遣する。その際は范瑞娟と傅全香を中核とし、袁雪芬は含まない。同劇団は現在人員が比較的多く、北京へ派遣するのに適当である。[20]

そして実際に派遣されたのは、上海越劇院一団を中心にして三団（1960年2月に上海市青年越劇団は上海越劇院に属し三団となる）が加わるという構成で編成

第5章　北京越劇団の建団と撤退（1960-1961）

されていたのである。つまり、初めに上海側が提示した案に従えば第2と第3を組み合わせたものということになる。ここでは当初必ずしも上海越劇院一団に候補が限定されていたわけではなかった点を確認しておきたい。

ではなぜ北京側は市内に越劇団の設立を望んだのであろうか。「首都人民の文化生活をより豊かなものにさせるため」では余りに抽象的過ぎる。実は北京市は当時、市内に中国各地の代表的地方劇である越劇、秦腔、川劇、豫劇、晋劇の各劇団を設立するという壮大な計画を立て越劇団の建団をその第一歩と考えていたのである。とすれば、越劇の中心地である上海市から人気と実力ともにそれ相応の劇団が派遣されることを望むのも頷ける。ただしこの計画は北京越劇団の建団後の経過が思わしくないことを理由に白紙に戻され、市が管轄する劇団を所有せずに定期的に各地の劇団に北京公演を依頼するという方式が採用されることとなった。その後の市の方針転換をもたらしたという点でも、北京越劇団の建団から撤退までの過程は中国各地の代表的地方劇と中央との関係に大きな影響を与えたのである。

そして遅くとも1960年3月3日の段階で上海側と北京側とで合意が得られ、院長である袁雪芬を除いた上海越劇院一団を北京に派遣することが決定された。実際に上海を出発したのは翌月下旬である。資料的制約によりその最終的な決定に至る過程や背景を明らかにすることは現段階では困難であるが、上海越劇院上層部の間に意見の相違があったことは確認できる。この決定に対し強く異を唱えた1人に上海越劇院院長の袁雪芬がいた。袁雪芬は1960年3月より中国戯曲学院で開催された「表演芸術班」に参加するため北京に滞在中であったが、上海越劇院一団の北京派遣決定の知らせを受けると、嘗て華東戯曲研究院秘書長を務め当時は中国戯劇家協会副秘書長兼『戯劇報』主編として北京にいた元の上司である伊兵（1916-1968）を訪ねている。伊兵も北京での建団に反対であると分かった袁雪芬は直ちに建団に反対する文書を認め、上海の関係者へ送付している。それに対し市文化局及び上海越劇院はこのような袁のやり方は「無組織無規律」であるとして批判した。

袁雪芬の文書は当時の上海越劇院党支部書記胡野檎と院長助手で演出家の呉琛（1912-1988）宛になっていた。文書では、伊兵の見解を示すことで自らの意見の代弁をさせている。「北京に送るべきではない。長期間北京で公演を続け

れば観衆に飽きられてしまうし、団員たちの成長も遅れる。北京に劇団を派遣して劇団を設立せず、毎年一定期間北京に劇団を送って公演を行うという川劇院のやり方を参考にすべきである」⁽²⁷⁾。

上海越劇院一団の北京派遣に対する反対意見は院長のみならず、同劇院の各階層に遍在していた。上海越劇院全体の約3分の1が北京に派遣されることになったのだが、北京組と残留組の中から何れも北京に固定劇団を設けずに従来通り「交替で北京にて公演を行う」方式の方が適当であるという意見が出されている⁽²⁸⁾。しかし、1960年3月28日に院上層部が一団団員に対して市の意向を伝えて説得を行った結果、「団員一同が組織の方針に従うことを表明」して説得工作はほぼ順調に終わった⁽²⁹⁾。しかしながら、この北京派遣に対する反対意見は北京越劇団建団以降も上海越劇院の内外で燻り続け、北京からの撤退決定に大きく影響を及ぼすこととなる。

では、北京越劇団の中核を担った范瑞娟、傅全香、陸錦花、呉小楼ら幹部俳優たちの態度や意見はどうであったのか。少なくとも管見の限り、北京行きの決定過程において彼女たちから発せられたものは確認できず、また前述のように范瑞娟や呉小楼らの回想にはそもそも北京越劇団に関するものが見られない。撤退の過程については能弁な陸錦花の評伝でも北京行きを「光栄ある使命」、「首都北京にて越劇の種を播き、花を咲かせる」という前向きな表現ばかりが目につく⁽³⁰⁾。

以下述べることは未だ推測の域を出ないものであるが、少なくとも范瑞娟と傅全香の2人は北京への派遣に対して大きな期待を抱いたと考えられる。なぜなら、それまでの両人と北京の関係は上海越劇院の幹部俳優の中でも袁雪芬と並んで特に深いものであったからである。

范瑞娟と傅全香は唯一の公営越劇団であった華東越劇実験劇団に加入する以前、まだ東山越芸社を率いていた時分の1950年8月、中央政府文化部の招きに応じて初の北京公演を行っている。その際は『梁山伯与祝英台』と『祥林嫂』を上演し、『梁山伯与祝英台』の方は中南海の懐仁堂でも上演された。これらの公演には毛沢東や周恩来を始めとする政府首脳や、田漢や老舎といった北京文芸界の要人たちも鑑賞して好評を博していた。この公演は人民共和国成立後の越劇の北京公演として非常に早いものに属する。

范瑞娟は華東越劇実験劇団に加入後の1951年にも劇団を率いて上京し、公演と合わせて越劇界を代表して政治協商会議第1回全国委員会第3次会議にも出席している。翌1952年、范瑞娟と傅全香は北京で開催された第1回全国伝統劇コンクールに参加し、中南海の懐仁堂にて『白蛇伝』

図5-3 『梁山伯与祝英台』を上演する越劇俳優范瑞娟（右）と傅全香（左）（中国人民対外文化協会上海市分会編『上海画冊』1958年）

を上演、その後袁雪芬らとともに周恩来の私邸にも招待されている。翌1953年10月には中国初のカラー映画として袁雪芬と范瑞娟が主演した『梁山伯与祝英台』が製作された。更に同年10月には、訪中した金日成のために、范瑞娟と傅全香は袁雪芬らとともに懐仁堂にて『西廂記』を上演している。これら映画化と来賓用公演は、何れも周恩来のお声掛かりであった。その後も外国からの来賓に供する公演を含め北京での公演は定期的になされており、その都度周恩来や田漢を始めとする政界や文芸界の指導層から歓迎を受けている。つまり、范瑞娟と傅全香にとって北京は特に親近感を感じる都市であり、これまでの各界からの反応を通じて北京にて劇団を設立し公演することに一定の自信と期待を有していたのではないかと推測できる。

第3節　建団から撤退まで

北京越劇団の建団

　1960年4月21日、北京越劇団建団のために派遣された上海越劇院一団団員とその家族は北京に到着した。北京駅では北京市副市長王崑崙を始めとする市政府関係者、及び中国京劇院副院長馬少波を始めとする北京演劇界関係者らの出迎えを受けている。(32) ただし、決定から出発までの期間が短かったため、この時点で家族を同伴できた幹部俳優は范瑞娟のみであり、他は家族の北京への転職手続を待っている状況にあった。(33) この家族の移転問題は、転職とそれに伴う都市間の移動が制約されていた当時の状況下において速やかに解決されることは難しく、団員たちの現状に対する不満の一つとなり、撤退問題にも大きく影響を与えることとなった。

　北京に派遣された団員の構成は、俳優26名、楽隊13名、製作スタッフ6名、見習い俳優（学員）12名であり、一方の上海越劇院に残留したのは、俳優46名、楽隊26名、製作スタッフ49名、見習い俳優12名である。つまり、北京へは俳優と楽隊に関しては全体の3分の1、見習い俳優に関しては半数が派遣されたのに対し、製作スタッフはわずか9分の1のみということになる。しかも脚本家、演出家、作曲家の各1名は半年後に上海へ戻る約束になっていた。(34) この製作スタッフの圧倒的な不足も新作の量産が求められる風潮の中で団員たちに大きなプレッシャーを与えることとなった。

　伝統演劇の場合、「行当」（役柄）の配分にも十分な配慮が必要となる。北京越劇団では「小生」が范瑞娟、陸錦花、陳琦の3名に対し、「花旦」が傅全香、「老生」が呉小楼、「老旦」が金艶芳の各1名、「小丑」が2名、「花臉」がなし、「二肩生旦」が1名という構成となっていた。花旦を除いて上海越劇院と折半されており、(35) 配分のバランスという点では特に大きな問題はないといえる。(36)

　1960年5月7日、北京越劇団は正式に建団された。建団式には中国京劇院院長の梅蘭芳、中国評劇院院長の薛恩厚を始め、馬連良や譚富英など北京演劇界の大物や北京市の文化担当部門の関係者が多数出席した。挨拶に立った文化部副部長の斉燕銘は、「越劇という芸術が、この首都の百花繚乱たる芸術界に更

第5章　北京越劇団の建団と撤退（1960-1961）

に色鮮やかな花を添えることを期待する」と祝辞を述べ、それに対し団員を代表して范瑞娟は期待に添えるよう努力すると答えている。(37)
建団公演は5月10日、場所は民族宮礼堂、演目は傅全香と陸錦花主演の『劈山救母』であった。

北京での上演状況

北京越劇団の北京における公演は、1960年5月10日に始まり、翌1961年1月5日を以て終了する。表は同劇団の北京における公演記録である。(38)

表からは北京で同劇団が上演した演目は『劈山救母』、『小忽雷』、『三看御妹』に集中していることが分かる。

図5-4　北京越劇団『劈山救母』パンフレット、1960年、松浦恆雄氏蔵

劇団の統計によれば1960年5月から1961年1月までの9ヵ月間に行われた公演数は93、その内『小忽雷』が51、『劈山救母』が24、『三看御妹』が11で、その他の7公演は見取り公演（折子戯）となっている。(39) つまり北京越劇団では范瑞娟と傅全香コンビの代表作である『梁山伯与祝英台』や『李娃伝』、(40) そして傅全香と陸錦花コンビの代表作で映画化もされた『情探』が上演される機会はなかったことになる。(41)

北京越劇団において上演回数が最多であった『小忽雷』は同劇団唯一の新作である。この演目は清初の劇作家孔尚任（1648-1718）の伝奇『小呼雷』を中国京劇院副院長の馬少波らが改編したものである。題名の「小忽雷」とは唐代の楽器の名称で、主人公である書生梁厚本が許婚の鄭盈盈のために求めたものであった。それを敵から盗品であると誣告され、梁厚本は逃亡する。一方兄の計略によって皇帝の下に差し出された鄭盈盈は言い寄る皇帝にその小忽雷を投げつけて非礼を誇ったために河に投げ捨てられたが、梁厚本に救われる。その後

表　北京越劇団公演記録

期間	演目	劇場	主演
1960.5.10-16	劈山救母	民族宮礼堂	傅全香、陸錦花
1960.5.21	別洞観景、盗金印、盤夫、断橋（北京市戯曲青年演員会演）	人民劇場	張東娟、李月芳、張東珍、陳琦、張金花、包翠玉、魏宏音、徐涵英
1960.7.16-24,29-31	唐代故事劇　小忽雷		范瑞娟、傅全香 脚本：馬少波、陸静岩 演出：田雨、石景山
1960.7.25-28	小忽雷	北京市工人倶楽部	陳琦、葛玉卿、金艶芳、呉天芳、任棣華
1960.8.25-29	唐代故事劇　小忽雷	北京劇場	范瑞娟、傅全香、陳琦、葛玉卿（28日昼）
1960.9.29-10.2	唐代歴史劇　小忽雷	北京市工人倶楽部	
1960.10.4-5	唐代歴史劇　小忽雷	新北京礼堂	
1960.10.8-9	唐代歴史劇　小忽雷	三里河経委礼堂	范瑞娟、傅全香
1960.10.11-18	唐代歴史劇　小忽雷	人民劇場	范瑞娟、傅全香
1960.10.20 1960.10.22-24	劈山救母	人民劇場 民族宮礼堂	陳琦、張金花、呉天芳、任棣華、陳東文 演出：陳鵬、石景山
1960.10.29-31, 1960.11.3-6	三看御妹	長安戯院	陳琦、呉天芳、任棣華、葛玉卿、徐涵英
1960.11.12-15,19-20	劈山救母	北京市工人倶楽部	傅全香、陸錦花、呉小楼
1960.11.26-27	三看御妹	長安戯院	呉小楼、陳琦、任棣華、葛玉卿、徐涵英
1960.12.3-4,10-11	劈山救母	北京劇場	傅全香、陸錦花、呉小楼、任棣華、葛玉卿、陳東文、陳琦、張金花（4日昼）
1961.1.2-3	三看御妹	長安戯院	呉小楼、陳琦、任棣華、葛玉卿、徐涵英
1961.1.4-5	挑女婿・打金枝・盤夫	長安戯院	傅全香、陸錦花、呉小楼、金艶芳

第5章　北京越劇団の建団と撤退（1960-1961）

自らを誣告し追手として現れた敵を討って2人が逃亡するところで終幕となる。主人公の梁厚本と鄭盈盈を、范瑞娟と傅全香がそれぞれ演じた。[42]

この新作に対しては「封建統治階級の罪悪を暴露した典型的作品」、「一般的な才子佳人劇とは異なる」[43]、「首都の観衆がより優れた作品を享受できるだけでなく、北京越劇団の更なる発展にとっても喜ばしい収穫となった」[44]といった肯定的評価が下されている。中でも鄭盈盈に扮した傅全香の演技が「死を恐れず不屈の精神で皇帝の暴行に立ち向かう、何物も恐れぬ精神を持った古代女性のイメージを造り上げた」[45]と高く評価された。一方梁厚本に扮した范瑞娟の演技に対しては「豪胆で剛毅な感じが不十分である」[46]という評価に止まっている。『小忽雷』は北京越劇団が上海に戻って以降も上演の機会があったが、その際には梁厚本役は范瑞娟の弟子で北京にも同行した陳琦が演じていた[47]。そして現在、范と傅両人の代表作の一つとして継承されてはいない。

『小忽雷』に限らず、表の北京越劇団の公演記録を見ると劇団の中核たる范瑞娟と傅全香の内、傅全香は9ヵ月間絶えず公演に関係しているのに対し、范瑞娟の公演は『小忽雷』のみであり、しかも1960年11月以降少なくとも北京では全く舞台に立っていないことがわかる。劇団の運営や公演に対する態度において、2人の間で温度差が感じられる。

1960年5月、「全国教育和文化、衛生、体育、新聞方面社会主義建設先進単位和先進工作者」の北京市の代表者リストが公表された[48]。北京越劇団からは唯一范瑞娟が選ばれているが「特別代表」の扱いであり、同じ特別代表として並んでいるのが蕭長華、郝寿臣ら老俳優と北京市通県档案館である。つまり名誉的要素が強いことが窺われる。更に1960年7月21日には北京越劇団の公演を観劇した北京市長（当時）彭真に対し范瑞娟が、「我們現在祘不祘北京人」（もう私たちは北京の人間であると考えてよいのでしょうか）という質問を発している[49]。これらは何れも状況証拠に止まるものであるが、北京越劇団を率いる俳優范瑞娟が建団以降、北京市当局の対応や劇団の状況や運営に対し強い不満を抱いていたのではと解釈でき、それと范瑞娟の出演数の相対的な少なさに一定程度の関連性があるのではと考えられる。

表の北京越劇団の公演記録からは、北京では同劇団が本来有している上演水準や魅力を十分に発揮する機会に恵まれなかったことがわかる。あるいは発揮

できる条件が整う前に撤退してしまったという解釈も成り立つかもしれない。更に表からは、同劇団は北京にて拠点となるべき特定の劇場を北京市から供されることがなかったことも見てとれる。

上海への撤退

　北京越劇団の建団に際しては決定の段階から既にそれに反対する動きがあったことは前述した通りである。北京に到着して1カ月後の1960年5月24日には、受け入れ側である北京市当局も「上海越劇院一団が北京に派遣されて北京越劇団を建団した後も、責任ある地位に就く同志の間で意見や評判が分かれている」と認識していた。ここで言う「責任ある地位に就く同志」とは、中央の指導者から劇団幹部まで幅広く含まれているものと考えられる。そこで以下、劇団側の意見について紹介することから始めたい。

　劇団側は製作スタッフの不足を大きな問題と考えていた。前述の如く上海から同行した製作スタッフはわずか6人、しかもその内の3人は半年後に上海へ戻すことになっていた。加えて俳優の数も決して十分とはいえず、「大がかりな作品を上演することも、2作品を同時に稽古することもできない」状況にあった。製作スタッフ並びに団員の補充を当局に要求するも、越劇のような南方の地方劇に通じた演劇関係者を北京にて速やかに調達することは容易ではなく、改善されるには至らなかった。

　次に、拠点となる稽古場の問題も要求通りにはいかなかった。本来市当局から用意される予定であった場所が現使用機関の同意が得られなかったため使用できず、そのため長安戯院の舞台と北京市文聯の講堂及び会議室を借りて稽古場としなければならなかった。上海では当時最高水準の設備や施設の下で活動していた団員にとり、このような処遇に対して当然不満を感じたことであろう。

　更に、団員の家族を北京に移動させる問題も大きな改善が見られなかった。建団から3カ月が経過した1960年9月の段階で家族の北京移動を申請した団員15名の内、移動が叶ったのはわずかに1名であった。つまり、劇団側の市当局に対する改善要求はほとんど叶うことがなかったということになる。

　このような状況を打開するため、劇団幹部たちは個別に陳情活動を開始する。幹部俳優の一人傳全香は、1960年5月18日、国務院主催のダンス・パーティー

第 5 章　北京越劇団の建団と撤退（1960-1961）

にて総理周恩来に状況を訴えた。それに対し周恩来からは「越劇は川劇と異なり、舞台の質が落ちれば公演自体に影響を与える。越劇の特徴は、舞台での質の高さと完備されたところにあるのだ。劇団の中核となる俳優やスタッフがこんなに不足していてどうやって質を維持するのだ」、「お前たちは本当に思い切りがいいな、北京まで皆を連れてきて。私は北京に越劇団を持ってくることには同意しない。毎年数カ月北京で公演を行い、越劇の力を分散させない方がよいではないか」という発言を引き出している(55)。しかしそれでも事態は大きく改善されなかった。

　もう一人の幹部俳優陸錦花は問題解決には上海への撤退より他なしと判断し、1960年秋より上海への撤退を実現するため、同じ意見の団員と上海市文化局幹部や上海越劇院総支書記の胡野檎を直接訪ね、劇団の現状や上海への撤退を訴えている(56)。

　そしてついに1960年12月、北京市当局は「劇団の人員構成の不足を補うことが北京ではできない」、「上海への撤退を求める団員からの書信が、周恩来総理と上海市党委員会のもとに届けられた」、「彭真市長と周恩来総理が何れも上海への撤退に同意している」ことを勘案し、北京越劇団の上海への撤退を決定するに至る(57)。春節を直前に控えた1961年1月17日、北京越劇団団員一行は北京を離れ上海へ戻って行った。

おわりに

　北京越劇団は上海へ撤退後、直ちに元の上海越劇院一団へと復帰の運びとなった。復帰当時北京に派遣されなかった上海越劇院の主力俳優たちは人民共和国成立以後初の香港公演の最中であった。1949年前後に上海から移り住んだ人が多く、また1950年代を通じ映画化された越劇作品が人気を博していた香港において、越劇公演は歓迎を受けて大成功を収めた。北京越劇団の建団計画当初より、北京に劇団を設立するよりも定期的に上海から公演に行った方がよいという反対意見が挙がっていたが、香港公演の成功はその意見の正しさを傍証するものともなった。以下、北京越劇団の建団と撤退を同時期の越劇史において再定位することで本章の結びとしたい。

1956年から1960年にかけ、上海市内の越劇団が次々と他市や他省へと送られていったが、その中で個人としてではなく団体として上海に戻ることが許されたのは北京越劇団のみである。全国各地へ送られた越劇団も北京越劇団と同様、人員の不足や不全、当地への不適応という問題を抱え、実際に上海への撤退を働きかけた例も決して少なくない。(58) しかしそれでも当地並びに上海の当局から帰還の許可を得ることはできなかった。北京越劇団が上海への帰還を認められたということは例外に属するのである。

　北京越劇団のみ例外が認められた要因を検証するには、同劇団の北京撤退の背景について考える必要がある。建団後に北京にて「俳優60名、楽隊20名」の研究生を募集したいと希望する北京越劇団側も、(59)上海越劇院一団は「全国一流の劇団に属す」と認識していた北京市側も、(60)いずれも同劇団を中国京劇院、中国評劇院、北京京劇団といった市内の一流劇団に準じる待遇、設備、施設を以て処遇すべきという認識を共有していた。しかし、「３年経済困難時期」の只中にあった北京において、同劇団に相応しい環境や市場を新たに確保することは困難であり、両者が求める条件を満たすことはできなかった。

　それでも、劇団が中規模以下であれば他の省や市へ派遣された越劇団と同様に行政力によって不満を抑えつけ、北京伝統演劇界の周辺に置いておくことも可能であった。しかし、中央の指導部と太いパイプを有し、不満を直接彼らに訴えることが可能な北京越劇団は北京市という市レベルでは御し切れない地位を北京に来る以前から既に確保していたのである。(61)とすれば上海に戻るというのが、北京市側と劇団側の何れにとっても望ましかった。

　北京にて相当の規模と実力を備えた越劇団の設立を推し進めた関係者たちにとり、首都北京に越劇団を設立することのねらいは中央の指導部や北京を訪れる海外からの来賓に越劇公演を供する機会の増加させることにあり、(62)１地方都市としての北京に暮らす地元の観衆へ新しい地方劇に接する機会をより多く与えたいという配慮は二次的なものに過ぎなかった。現地化、土着化してしまえば、却って越劇に求められた中国を代表する地方劇としての価値が低下するからである。(63)また、北京越劇団とほぼ同時期に冶金部文工団越劇団が北京に設立されており、北京演劇界の周辺にて一部の観衆を対象に越劇公演を行うだけであれば同劇団で十分にその任務を果たすことができたはずである。つまり、中

第5章　北京越劇団の建団と撤退（1960-1961）

央の指導部から北京での建団に対し異見が出ているのであれば、北京に留まる必要性も薄れるのである。

加えて、中央の指導部や北京を訪れる海外からの来賓に公演を供する演劇団体としての価値を考えた場合、上海越劇院の3分の1が北京に行くという形で劇団を設立することはマイナスであった。北京越劇団の諸問題に対する解決策として上海越劇院に復帰するという方法が採られたのは、上海越劇院が圧倒的な規模、実力、人気を備えた劇団であることが中国演劇界全体における越劇の地位を保証することに直結し、また越劇の香

図5-5　天津市越劇団『文成公主』パンフレット、筆者蔵

港を含む諸外国への文化交流使節としての価値を高めることにつながることを、中央の指導部を始め越劇界関係者の一部が強く認識していたことを物語っている。

そして実際、越劇は劇団を北京に定着させることによってではなく、上海越劇院のような圧倒的規模、実力、人気を備えた劇団を上海にて維持させることにより、現在のように中国演劇を代表する全国区の演劇として影響力を持ち続けることになったのであり、1961年の北京からの撤退という選択が誤っていなかったことを実証している。[64]

注

（1）　銭宏主編『中国越劇大典』浙江文芸出版社、2006年、94頁。ただし同書にて全国各地の越劇団を紹介する「中国越劇・機構巻」で北京市の越劇団として言及されているのは「紅旗越劇団」と「西城区文化館小百花越劇団」の2劇団の

みであり、北京越劇団の名はない（671-672頁）。「紅旗越劇団」は1985年に解散しており、従って記載の基準が存続の有無にないことは確かである。また、上海越劇の「正史」に相当する、慮時俊・高義龍主編『上海越劇志』中国戯劇出版社、1997年、では「大事年表」において、同劇団の軌跡を紹介するに止まっており、その記述も『中国越劇大典』と大差は見られない（34頁）。

（2）《中国戯曲志》編輯委員会・《中国戯曲志・北京巻》編輯委員会『中国戯曲志・北京巻』中国ISBN出版中心、1999年、832頁。ただしここで同劇団員として呂瑞英が挙げられているのは誤りである。また北京からの撤退は1961年1月であり、日時に関しても正確ではない。

（3）　人民共和国成立以降の上海における越劇に関しては、その赫々たる成果を並び立てる概説を除き、個別的なテーマに言及するものは決して多くない。北京越劇団についても、高義龍『越劇史話』上海文芸出版社、1991年の、「越劇走向全国，走向世界」（219～230頁）では、北京と越劇の関係を扱っているにも関わらず、同劇団への言及は全くない。また、越劇の誕生から現在までをジェンダー学の視点からとらえ、近年の越劇研究の成果として特筆すべき、Jin Jiang. 2008. *Women Playing Men: Yue Opera and Social Change in Twentieth-Century Shanghai.* Seattle: University of Washington Press. でも、同劇団に関しては全く言及の対象となっていない。

（4）　傅全香「難忘《梁祝》進京及其他」（全国政協文史資料委員会編『新中国地方戯劇改革紀実』中国文史出版社、2000年、260-262頁）と、紀乃咸『海外游子陸錦花』学林出版社、2002年、76-83頁で北京越劇団に関する言及が見られる。この他、北京越劇団への言及が見られない回想録・評伝・自伝として、呉兆芬整理『范瑞娟表演芸術』上海文芸出版社、1989年、范瑞娟「我与越劇事業」、傅全香「演《情探》憶田漢」（ともに中国人民政治協商会議上海市委員会編輯『戯曲菁英（下）』上海人民出版社、1989年、31-47、48-54頁）、傅全香等「坎坷面前是美景」百家出版社、1989年、張正「呉小楼小伝」中国戯曲志上海巻編輯部編『上海戯曲史料薈萃』第6集、上海芸術研究所、1990年、83-110頁、がある。一方、当時上海越劇院院長で送り出す側にいた袁雪芬は、その自伝『求索人生芸術的真諦』上海辞書出版社、2002年において、北京越劇団建団と撤退の過程について言及している（155-158頁）。

（5）　応志良『中国越劇発展史』中国戯劇出版社、2002年、181頁。

（6）　この時期の越劇を中心とした上海演劇界における制度改革に関しては、姜進「断裂与延続：1950年代上海的文化改造」『社会科学』（上海社会科学院）2005年第6期、95-103頁を参照。

第 5 章　北京越劇団の建団と撤退（1960-1961）

（7）　劉厚生「全国戯曲工作会議上　上海市戯曲改革工作報告（1949.5-1950.10）」『戯曲報』四巻一期、1951年2月、11頁。
（8）　滑稽戯以外の各劇は、1951年から1953年にかけてそれぞれ公営劇団を誕生させている。この時期の上海における各劇の状況と公営劇団化に関しては、本書第3章を参照。
（9）　「全国戯曲工作会議上　華東戯曲改革工作報告」『戯曲報』四巻一期、1951年2月、7頁。
（10）　姐妹班に関しては、文芸処劇芸室「越劇劇団的姉妹制度」『戯曲報』第六期、1950年、7-8頁を参照。
（11）　「祝華東越劇実験劇団成立」『戯曲報』第八期、1950年4月、2頁。
（12）　これに関しては第2章を参照。
（13）　馬少波「迎接全国戯曲工作会議」『戯曲報』三巻八・九期、540頁、によれば、上海にて越劇公演を行う劇場は30、俳優数は1300余人で最多であり、次ぐ京劇の劇場は10、俳優数は1200余人となっている。
（14）　上海越劇界と共産党に近い文化人・知識人との接触及び協力関係は、1946年の袁雪芬率いる雪声劇団の『祥林嫂』公演を嚆矢とする。この作品は魯迅の小説『祝福』を舞台化したもので、公演には魯迅夫人の許広平を始め、田漢・黄佐臨ら文芸界の指導者が多数訪れた（前掲『上海越劇志』、16頁）。更に同年9月、同劇団の公演を鑑賞した周恩来は越劇の影響力と進歩性に着目し、地下党員に対し各越劇団との接触を命じている（金炳華主編『上海文化界：奮戦在"第二条戦線"上史料集』上海人民出版社、1999年、26頁）。
（15）　前掲『上海越劇志』、71頁。上海越劇院は複数の団から構成されているが、ここでは一劇団として換算している。また1958年に江蘇省から上海市に編入された松江・南滙等5県所属の越劇団は含まれていない。
（16）　謝子華『越劇名優商芳臣』南京出版社、1994年、76頁。
（17）　前掲『上海越劇志』所収の「大事記」を参照、以下同じ。
（18）　同上、100-103頁。
（19）　上海市文化局「上海市文化局関於調撥越劇団去京情況介紹及在京抽調音楽人員的報告」、1959年、上海市档案館所蔵、B172-1-359-5〜7。
（20）　同上、B172-1-359-6。
（21）　「北京越劇団成立」『戯劇報』1960年第9期、23頁。
（22）　北京市文化局「関於北京越劇団問題的請示」、1960年、北京市档案館所蔵、164-1-332-1。前掲『海外游子陸錦花』でもこれに触れ、伝統演劇を愛する北京市の指導者が「越・川・評・粤」の4大地方劇の劇団を北京に設立しようとし

ていたとある（76頁）。この内、評劇の劇団はすでに北京市内に設立されており、記憶違いないし記述ミスと思われる。

(23)　同上、北京市档案館所蔵、164-1-332-1。
(24)　北京市文化局「北京市文化局関於上海越劇団調京有関事宜的函」、1960年、上海市档案館所蔵、B172-1-359-9。
(25)　盧時俊「伊兵与越劇」上海越劇芸術研究中心等編『重新走向輝煌』中国戯劇出版社、1994年、420頁。
(26)　前掲『求索人生芸術的真諦』、155頁。
(27)　上海越劇院「上海越劇院関於滙報武則天劇本七、八両場及動員去京工作進展情況的報告」、1960年、上海市档案館所蔵、B172-1-359-14。
(28)　上海越劇院第一団「一団上京人員配備与留院人員的比例情況」、1960年、上海市档案館所蔵、B172-1-359-32。
(29)　上海市文化局党組「上海市文化局党組関於上海越劇院一団去京前後人事、劇目安排等的報告」、1960年、上海市档案館所蔵、B172-1-359-17。
(30)　前掲『海外游子陸錦花』、76-77頁。
(31)　南冠「華東越劇実験劇団在北京」『大衆戯曲』第一巻第九期、1951年、24頁。
(32)　北京市文化局「報送北京越劇団到京建団、公演等事宜的安排，請審批」、1960年、北京市档案館所蔵、164-1-332-4。
(33)　上海市文化局党組「上海市文化局党組関於上海越劇院一団去京前招收新学員11名及家属随団抵京名単的報告」、1960年、上海市档案館所蔵、B172-1-359-25。
(34)　前掲「一団上京人員配備与留院人員的比例情況」、上海市档案館所蔵、B172-1-359-31。
(35)　一方、上海越劇院に残った主たる花旦は、袁雪芬、王文娟、呂瑞英、金采鳳の4名である。
(36)　ただし北京越劇団内部では行当は不完全と考えられており、撤退の理由の一つとされている。
(37)　「北京越劇団昨天成立」『北京日報』1960年5月8日。
(38)　『北京日報』掲載の公演広告を基に作成。従って中南海での政治的任務による公演や市外での公演については表に反映されていない。
(39)　北京越劇団「工作結束報告」、1961年、北京市档案館所蔵、164-1-332-55。
(40)　越劇版『李娃伝』（演出朱鏗）の初演は1959年9月で、当時は『李亜仙』と称した。
(41)　『情探』（脚本田漢・安娥、演出陳鵬）の初演は1957年10月で、映画版は1958年4月に制作された（監督黄祖模）。

(42) 作品の内容については脚本が公刊されておらず、本章では薛恩厚・李肖「談越劇"小忽雷"」『北京日報』1960年8月27日を参照した。同作品は脚本を担当した馬少波の作品集である、李慧中編『馬少波戯劇代表作』中国戯劇出版社、1992年にも収録されていない。ただし、上海人民広播電台戯曲組編『越劇小戯考』上海文芸出版社、1983年において、同作品の筋書きと「思念」と「罵城」の歌詞が収録されている（199-201頁）。
(43) 雲天「還需要更伝奇性些—越劇"小忽雷"観後」『光明日報』1960年8月10日。
(44) 孟超「看越劇《小忽雷》零感」『戯劇報』1960年第18期、23頁。
(45) 羊禾「一個古代的婦女形象—看越劇《小忽雷》」『上海戯劇』1961年第3期、13頁。
(46) 前掲「看越劇《小忽雷》零感」、24頁。
(47) 「越劇院重演《小忽雷》」『新民晩報』1961年10月13日。
(48) 『北京日報』1960年5月29日。
(49) 北京市文化局「北京越劇団演出情況滙報」、1960年、北京市档案館所蔵、164-1-332-18。
(50) 前掲「関於北京越劇団問題的請示」、北京市档案館所蔵、164-1-332-1。
(51) 北京市文化局「報告」、1960年、北京市档案館所蔵、164-1-332-36。
(52) 同上、164-1-332-37。
(53) 例えば、上海越劇院には院内に「小売部」が設置されていたが、北京では長安戯院のそれを利用せざるを得なかった（北京市文化局「関於越劇団副食品補助問題的請示」、1960年、北京市档案館所蔵、164-1-332-69〜70）。1960年は「3年経済困難時期」による深刻な食糧事情下にあり、上海と同じ待遇が得られないことは団員にとり死活問題であった。
(54) 北京市文化局「関於離調越劇団演員家属問題」、1960年、北京市档案館所蔵、164-1-332-24。
(55) 前掲「北京越劇団演出情況滙報」、北京市档案館所蔵、164-1-332-22〜23。
(56) 前掲『海外游子陸錦花』、80-81頁。
(57) 北京市文化局「関於将北京越劇団調回上海的報告」、1960年、北京市档案館所蔵、164-1-332-48。
(58) 北京越劇団とほぼ同時期に北京に送られ、冶金部文工団越劇団結成に加入した天鵝越劇団も1961年に、「現在天鵝越劇団の多くの団員が上海へ戻りたがっております。それは主として北方の生活に慣れないのと、巡業式公演が多く安定しないからです」（上海市文化局「上海市文化局関於天鵝越劇団調往北京中

央冶金部文工団去信的情況報告」、1961年、上海市档案館所蔵、B172-5-220-64)と訴えている。しかしながら、1963年に同劇団が文化部所属となり「紅旗越劇団」と改称した際にも、同じ成員であった浙江省の湖州越劇団は湖州に戻ったが、天鵝の方は上海への帰還が叶わなかった。これと同様なのが、尹桂芳と徐天紅の率いる芳華劇団である。1950年代、純然たる国営劇団ではなかったが実力や人気において上海越劇院に次いだ同劇団は、1959年1月に福建省福州へ派遣され、「福州市芳華越劇団」を建団した。それから2年後の1961年には「言語による制限や観衆の減少が公演と芸術の向上に与える悪影響は客観的に存在する」として、同劇団より寄せられた意見を考慮し、上海側当局は「上海への撤退を検討すべき」段階にあると判断していた（中共上海市委宣伝部「関於芳華越劇団要求回滬向華東局、市委的請示報告」、1961年、上海市档案館所蔵、A22-2-965-1)。しかし最終的経緯は不明であるが、尹桂芳とその劇団は上海への帰還が認められず、福州に留まり、文化大革命を迎えることになる（徐天紅のみ1960年に上海へ帰還し上海越劇院に加入している）。越劇史において、尹桂芳の福建への派遣並びに上海帰還をめぐる経緯は考察に値する、意義の非常に大きいテーマであると考える。

(59) 前掲「北京越劇団演出情況滙報」、北京市档案館所蔵、164-1-332-17。

(60) 北京市文化局「関於由上海市調越劇一団来我市購置使用家俱的請示」、1960年、北京市档案館所蔵、164-1-332-63。

(61) 「"戯改"再反思：新中国的文化理想和実践—劉厚生訪談録」張煉紅『歴煉精魂：新中国戯曲改造考論』上海人民出版社、2013年、では俳優が直属の管轄機関や上司を飛び越え、政治上層部に訴えかけるやり方は1950年代初頭は京劇に多く、後のは越劇俳優もそれに倣うようになったと述べている（398頁）。

(62) 北京側は上海側へ越劇団の派遣を要請した際に、「北京の南方人は、日に日に多くなっております。各組織や企業、とりわけ中央政府の責任ある地位に就く方々から、北京に越劇団を設立して公演してもらいたいという意見が出されます」という意見を述べている（中共北京市委「中共北京市委関於上海越劇院調撥一個団的函」、1960年、上海市档案館所蔵、B172-1-359-4）。

(63) 実際、北京越劇団は9か月という短期間のせいもあり、地元北京の観衆により受け入れられるよう何か改善を行うことは見られなかった。これと対照的なのが、北京と並ぶ北方の大都市天津の越劇である。天津には「天津市越劇団」という越劇団があったが、これは上海の聯合女子越劇団が1950年に天津へ定着し、1953年に劇団名を改称したものである。同劇団では当地の観衆にも受け入れられるよう、標準語に近い発音に改め、また北方のメロディーを積極的に吸

収するなどの改善に努めている（天津市地方志編修委員会弁公室・天津市文化局『天津通志・文化芸術志』天津社会科学院出版社、2007年、142頁）。更に天津には越劇以外に、「北方越劇」というジャンルが1952年に誕生しており、その中の「互助北方越劇団」では1953年より、標準語による上演を開始している（同上、143頁）。北方越劇の俳優はその多くが越劇の修業をしたプロではなく、それまで話劇や歌劇の俳優を経験したりした、越劇のアマチュア愛好家たちであった（傅駿「"北方越劇"」『新民晩報』1957年1月10日。傅駿『浦江談戯五十年』香港語絲出版社、2002年、10-11頁に収録）。これらは何れも、行政主導による派遣が開始される以前の1950年代初期に天津へ進出したため、現地の観衆に受け入れられるよう現地化や土着化に積極的であったことがわかる。ただし、天津演劇界において越劇並びに北方越劇は決して主流ではなく、周辺的な存在であり続けた。天津市越劇団は1986年に、北方越劇の各団は文化大革命終結以前に、それぞれ解散している。

(64) 1980年代以降の越劇と北京の関係について簡単に紹介しておきたい。1985年、当時北京唯一の職業越劇団であった紅旗越劇団が解散する。1987年、紅旗越劇団の元団員を中心にして、「北京越劇芸術研究会」が結成された。その研究会の顧問並びに同研究会に設置された越海越劇団の「芸術指導」に、元北京越劇団幹部の傅全香が就任し、同研究会と劇団は現在も活発に活動を続けている。また上海を含む各地の越劇団の北京公演も頻繁に行われている。つまり北京越劇団の北京からの撤退は決して、越劇と北京の関係が切れたことを意味したわけではないということである。

第6章 「通俗話劇」以後の文明戯

はじめに

　「文明戯」は20世紀初頭、従来の伝統演劇の形式とは異なる新しい演劇として誕生した。その思想、芸術運動としてのインパクトや発信力が大都市を中心とした中国文化界において多大な影響力を有していたのは、1900年代末から1910年代まで、すなわち「清末民初」と呼ばれる短い期間に限られる。しかしそれ以後も文明戯は上海、天津、武漢等大都市の興行界において一定の規模と市場を有しながら存続していた。文明戯公演が最も盛んで且つ文明戯劇団が最も長期間に渡り存続した都市が上海である。

　文明戯に関する研究も文明戯の演劇界における地位と連動しており、清末民初期の上海における文明戯を対象としたものに集中している(1)。1920年代以降の文明戯に関しては、当初の思想、芸術運動としての使命を忘れて興行界の商業主義に染まってしまったという否定的評価が現在まで通説となっている(2)。

　確かに、文明戯を批判的に継承して発展した「話劇」を軸とした演劇史の視点に立てば、文明戯の研究対象が話劇の前身としての意義が認められる時期と事象に集中するのは無理からぬことである。しかしその史観によって、1920年代から1960年代まで文明戯が上海の演劇界及び興行界の一角を占めていた事実、更には文明戯が後発の地方劇に与えた影響等が軽視されるに至った点は否定できない。しかも、話劇を軸とする演劇史の対象としない文明戯の側面が、却って伝統演劇を含む20世紀中国の演劇史を考える上で我々に大きな示唆を与えてくれるのである(3)。

　本章は「通俗話劇」が通称となった1950年代の上海における文明戯を対象とする。この1950年代から1960年代にかけては、1970年に当時上海で唯一の文明戯劇団であった「上海人民芸術劇院方言話劇団」が活動停止に追い込まれ、文

第6章 「通俗話劇」以後の文明戯　153

化大革命終結後に活動を再開しなかったため、文明戯の歴史の中でも「末期」
に相当する時期といえる。そしてこの文明戯の末期に関しては公演実態や上海
演劇界における地位等、これまでほとんど言及されることがなく不明な点が多
かった。本章は新聞記事や公文書等の一次資料をもとに、1950年代における文
明戯公演の実態を明らかにし、更に当時の演劇界で論じられていた文明戯に関
する言説や位置付けを紹介することを通じて、20世紀上海演劇史において文明
戯を再定位することを目指す。

第1節　1940年代の文明戯

　文明戯における空白は本章が対象とする人民共和国成立を以て始まるわけで
は決してない。1910年代後期から1920年代の上海において唯一の文明戯の常打
ち劇場であった「笑舞台」が文明戯公演を終了させた1929年から既に始まって
いた。本節では1950年代に言及する前に、1940年代上海における文明戯をその
公演状況や上海演劇界における位置付けなどを中心にして紹介していきたい。
　1937年8月13日の第二次上海事変勃発から1945年8月15日の日中戦争終結ま
での期間、1937年8月13日から上海の華界が全て日本軍管理下となる同年11月
11日までを除いて、上海は戦闘地域ではなかった。しかも新聞、ラジオ、映画
等のメディアが日本軍及び当局の厳しい統制と検閲に晒される中で舞台芸術に
関するそれは比較的緩く、多数の文化人が参入することで戦時期上海の舞台芸
術を中心とした文化には一定の繁栄が見られた。中でも特筆すべきは地方劇の
確立と話劇の興隆であろう。
　実はこの時期、文明戯劇団の活動も話劇同様に活発であった。その中心となっ
たのが緑宝劇場における文明戯公演である。緑宝劇場は1938年7月10日、上海
一の繁華街南京路にある四大デパートの一つ「新新公司」の4階に開設された。
中心となったのは陳秋風、劉一新、王曼君の「三大小生」であり、看板女優と
して当初武俠作品で人気を博した映画スターの范雪朋（1908-1974）がおり、滑
稽担当は笑舞台でも活躍した秦哈哈であった。この内、陳秋風と劉一新は緑宝
以前に大中華話劇場を拠点としてきた。大中華話劇場が休業となって緑宝劇場
に移ってきたのである。陳秋風はその後、1940年代の上海で最も人気を博した

滑稽戯『小山東到上海』の脚本も担当している。緑宝における看板女優で映画女優であった范雪朋は途中で離脱し、替わりに文明戯界を代表する女優王美玉(1902-1964)の妹王雪艶が中心となり、更にその王雪艶が抜けた後は田心に引き継がれた。その演目は文明戯の衰退期によく上演された、弾詞小説を翻案した時代劇よりも現代上海を舞台にした愛情劇と喜劇が圧倒的に多く、また女優中心の演目や座組みとなっていた。

ではこの緑宝劇場における文明戯公演の人気はどの程度であったのであろうか。少なくとも范雪朋が在籍していた時期においては「上海における文明戯は今まさに勃興の様子である。中でも最も人気があるのが緑宝劇場であろう。入場料は8角とはいえ、満員御礼の札が掛かりっ放しであり、上海での文明戯公演で一番である」と指摘されている。これが戦時期末期の1944年になると、「以前陳秋風が座長をしていた頃の緑宝には田心を中心に王雪艶、劉一新、田暁青、胡了然らが舞台に上がる、絢爛たる時期があった」とその全盛期は既に過去のものとされている。しかし1942年に成立し、当時文明戯から派生したものと見なされていた滑稽戯に陳秋風をはじめ多くの文明戯関係者が合流しており、彼らが上海の興行界から姿を消してしまったわけではない。

では文明戯界全体の上海興行界における地位はどうであったのか。それを示す例として1942年3月4日に「友軍占領南洋上海特別市民衆慶祝大会」が主催した「狂歓日遊芸聯合大会串」の公演プログラムを紹介したい。これに参加した劇種は京劇（於天蟾舞台）、滬劇（於更新舞台）、越劇（於共舞台）、滑稽（於黄金大戯院）、文明戯（於卡爾登大戯院）である。料金は京劇のみ最高20元で他は何れも最高5元と設定されている。文明戯公演では「全市話劇名家聯合会串」と称し、演目は丁鳳英、丁幻醒、王山樵、王呆公、方一也、孔開克、田暁青、朱光華、朱雪琴、李竹庵、武太虚、汪小陀、汪幼陀、金慧声、胡恨生、胡了然、張西維、張双宜、張定堅、陳霞飛、陸霞、蔡英、劉民声、趙警鐘、顧萍、顧剣秋による『復興』で、劇中劇として張冶児と易方朔コンビによる『四大教歌』が上演された。つまりこの時期、滬劇と越劇を除く地方劇よりも文明戯の方がはるかに上海の興行界における地位は高く、また集客力を有していたと言える。

本節における紹介はあくまでこの時期の文明戯に関する一端に過ぎない。しかしそれでも、この期間に文明戯が遊楽場だけではなく劇場でも長期公演をし

ており、それは当時の上海演劇界において少数に属すことは明らかにできた。また、1940年代を通じて文明戯団体は自らを「話劇」と称しており、他に「文明戯」、「通俗話劇」、「方言話劇」等の呼称が併存していたという点も指摘しておきたい。[19]

第2節　社会主義的改造下の文明戯

　演劇界もその例に漏れず、1949年の人民共和国成立によって大変革が引き起こされた。制度、演目、演劇人の地位と思想の改革を目指す「三改」政策がその主たる柱である。当局は演劇改革の主体となる「改進会」を各芸能に設立させることから着手している。文明戯界でも1949年11月に400名余りが参加した「通俗話劇改進会」が設立され、董天民、劉一新、尹夢石、夏萍、李君直、陳秋風ら19名を主席団に選出している。[20]これにより名称も「通俗話劇」が通称となった。[21]翌1950年5月15日に開催された、上海演劇界の演劇界を指導する「上海市戯曲改進協会設立準備委員会」において選出された44名の常務委員にも文明戯界から董天民、周大悲、王曼君が名を連ねている。[22]さらに董天民は同協会の副主席にも就任しており、文明戯界の指導者として董天民の存在が大きくなっていることが分かる。[23]

　ただし1950年代の文明戯は1957年1月に「通俗話劇　滑稽戯観摩演出」が開催されるまでの間、話劇や地方劇と同程度に当局並びに上海演劇界から関心を持たれ支援を受けていたわけではない。そこで本節では通俗話劇コンクール開催までの間の文明戯界の状況について紹介していきたい。

「滑話」という分類

　1950年代初期の文明戯に関連する新聞報道等を調べて行くと滑稽戯と一緒に扱われて「滑話」（滑稽戯と通俗話劇）として分類されることが多いことに気付く。確かに前節で紹介したように、1940年代最大の人気滑稽戯作品『小山東到上海』の脚本を担当したのは文明戯界の陳秋風であり、更に袁一霊（1917-1992）、楊華生（1918-2012）、文彬彬（1919-1972）、田麗麗（1921-1972）など1950年代の滑稽戯界の人気者には文明戯俳優からスタートしたものが少なくない。そもそも

滑稽戯の前身である漫才とコント形式の芸能「独脚戯」の鼻祖たちも文明戯俳優からの転身組が多かった。[24]従って両者を一括して分類する発想は決して不自然ではない。しかしこの分類が使われるのが、文明戯と滑稽戯が話劇及び伝統演劇と一線を画す文脈においての場合が多い点に注目すべきである。

　1950年、演劇、映画界の労働組合「影劇工会」の下部組織として滑稽戯と文明戯の関係者で構成される「滑話分会」が設立された。主席団には得票の多い順に王山樵、楊華生、程笑飛、楊天笑、周柏春、夏萍、沈万山、孟晋が選出されている。[25]成立大会にて主席団の1人王山樵は「滑稽戯と通俗話劇は本来兄弟の関係にあり、兄弟仲良くしていきたい」と発言している。[26]この他にも、市文化局が滑稽戯と文明戯の関係者だけを集めた演出と脚本に関する座談会を開催しており、[27]更に1950年に開催された第三回戯曲研究班演員組にも揃って参加している。その際、参加者は「滑話演員」と紹介されている。[28]また滑稽戯と文明戯は朝鮮戦争への対応に関しても関係者が揃って協議を行っている。[29]

　このような密接な交流と一体化が業界内部から自然発生的に生じたのかというとそうではない。両者の組織としての交流や一体化は人民共和国成立を契機に上からの指導によって開始されたものであるといえる。人民共和国成立直前の戦後内戦期、上海芸能界には「上海市遊芸協会」という組織があり、その下部組織として文明戯関係者による「上海市話劇研究会」と滑稽戯関係者による「滑稽戯劇研究会」が設置されていた。「上海市遊芸協会」の常務理事5名の内3名を文明戯関係者が占め、残り2名は滬劇関係者であって滑稽戯界からは選出されていない。しかも同協会会員に当時最も人気のあった滑稽戯俳優の程笑亭の名は見られず、実際の人気や規模に反して文明戯界が組織力において滑稽戯界を押さえ付けている構図が見て取れる。[30]つまり文明戯界は滑稽戯界に対抗意識を強く有していたわけで、前述の王山樵も発言の中で「滑稽戯と通俗話劇が一緒になって仲良くしていくことは人民共和国成立以前に考えられなかった」と述べている。[31]この発言には現状を持ち上げる単なるレトリック以上の実感が込められていると推察する。

　では滑稽戯と文明戯を一括りにしようとした市当局並びに上海演劇界上層部の意図は那辺にあったのであろうか。両者を話劇と伝統演劇の何れに分類すべきか判断できず、そのための暫定措置として話劇とも伝統演劇とも別個にして

一括りにしておいたというのが本章の推察である。当時の演劇改革の一環として、全国ないし地域別コンクールが開催されたが、その目的は社会主義社会に相応しい演目の創作と上演を奨励することにあった。ところが滑稽戯と文明戯は、伝統演劇の代表的コンクールである、1952年の北京で開催された第1回「全国戯曲観摩演出大会」と1954年の上海で開催された「華東区戯曲観摩演出大会」の何れにも参加していないのである。また話劇に関しても1956年に第1回「全国話劇観摩演出」が北京で開催されたが、上海から上海人民芸術劇院と中国福利基金会児童劇団が参加する一方で、滑稽戯と文明戯の劇団は参加しなかった。つまり人民共和国成立当初、滑稽戯と文明戯は話劇にも伝統演劇にも分類されないその他という位置付けがなされていたのである。

演劇改革の一環として国営劇団の設立が挙げられる。これは各劇の人材や資金を集中させた精鋭劇団を設立することで、効率的に各劇の向上を目指すものである。上海では1951年から1953年にかけ、市当局が重点的に支援することを表明した京劇、越劇、滬劇、淮劇の各劇においてそれぞれ国営劇団が設立された。その一方で、同じく重点支援の対象として言及されている滑稽戯のみ上記の劇種と同条件の国営劇団が成立するのは、文明戯と共に上海人民芸術劇院に編入された1960年のことであり、大幅に遅れをとっている。

つまり以上のことから、滑稽戯と文明戯には歴史的にも形態としてもそもそも共通する部分が多いのであるが、人民共和国成立後の組織化に際して一括りにされたのは話劇と伝統演劇に2分して改革を推進しようとする当局や上海演劇界の幹部たちが滑稽戯と文明戯をどちらに分類させるか判断を留保した点が大きく関係していると考える。

1950年代の文明戯劇団

上海における劇団の公私合営化並びに整理統合が最も活発であった1956年、市内の文明戯劇団に雪飛（所属人数33名、代表者王美玉、以下同じ）、新生（37名、王山樵）、群声（41名、王克非）、好友（20名、楊夾夾）、大同（28名、銭愛麗）の5劇団があった。文明戯界の関係者は全159名で、この内、国営は雪飛と大同の2劇団のみで他は民弁公助であった。この時期、雪飛と好友の2劇団は市内の大新遊楽場を拠点とし、大同は市外を巡業中であった。

2年後の1958年、雪飛、新生、大同らが合併し、市内唯一の文明戯劇団「海燕通俗話劇団」が誕生する。更に同劇団は翌1959年に市内徐滙区の管轄となったのを機に「朝陽通俗話劇団」と改名した。団長には王美玉が就任し、団員は50余名であった。(36)その後、1960年に上海人民芸術劇院に編入されて同劇院方言話劇団となるのである。その際の団員数は40余名、団長は王美玉、副団長は銭愛麗であった。つまり整理統合に着手してから4年を経て、市内の文明戯劇団は5劇団から1劇団に、関係者は3分の1以下の40名にそれぞれ削減されたことになる。

　この過程で注目すべきは、1956年の国営化に際し雪飛と大同の2劇団のみ認められ、更に1960年の上海人民芸術劇院方言劇団成立時、団長に雪飛出身の王美玉、副団長に大同出身の銭愛麗がそれぞれ就任している点である。王美玉と銭愛麗は何れも1930年代から1940年代にかけて活躍した人気女優である。(37)しかし劇団の規模としては群声や新生の方が多く、新生の代表である王山樵は董天民と共に人民共和国成立初期の文明戯界を指導する立場にもあった。(38)王山樵は上海人民芸術劇院方言劇団にも俳優として加入しているにもかかわらず、団長にも副団長にも選出されていない。1950年代後期における文明戯劇団の国営化と整理統合の過程で、文明戯界に女優を中心とした新しい指導部が形成されたと考えられる。

　王山樵の率いた新生劇団は1949年8月30日に設立された。(39)娘の王嬙を始め、孟晋、張利音、裴灼灼、王曼君といった民国期からのベテラン俳優、そして国営化後に文明戯界の看板女優となる裴灼灼夫人の伍賽文を擁しており、文明戯界において随一の規模と実力を有していた。(40)それが1952年、王山樵のワンマンな運営に対する団員の反発や批判が新聞を巻き込んで発生し、(41)同年7月13日に王曼君を除く王嬙、孟晋、張利音、裴灼灼、伍賽文ら幹部俳優が脱退して大同劇団を結成するに至る。同劇団の団長に張利音、副団長に王嬙がそれぞれ就任した。(42)新生と大同の内、1956年に国営化が認められたのは大同の方であり、分裂に際して市当局並びに上海演劇界が支持したのは新生ではなく大同の方であったことがわかる。

　もう1つ、群声通俗話劇についても紹介しておきたい。群声は遊楽場の大世界を拠点とした劇団で、大世界内の複数の滑稽戯と文明戯劇団が合併して成立

第6章 「通俗話劇」以後の文明戯　159

表1　1956年上海における各劇の状況

劇種	越劇	京劇	滬劇	淮劇	滑稽戯	揚劇	甬劇	文明戯	錫劇
劇団数	37	10	19	9	13	5	7	5	3
関係者数	1715	910	831	517	463	271	228	159	110

した。1952年の段階で代表は鮑楽楽（1902-1963）、著名な団員として他に陸希希（1901-1952）らがいた。鮑も陸も1920年代から1930年代にかけての独脚戯人気5組の1人であり、相方の死去に伴い滑稽戯、文明戯界に身を置いていた。文明戯劇団の代表を独脚戯と滑稽戯の芸人が務めている事実からも、文明戯と滑稽戯の関係の深さと区分の曖昧さが見て取れる。

　本節の最後に当たり、1956年当時の上海演劇界の中で文明戯を考えてみたい。表1は話劇を除く各劇の劇団数並びに関係者数を表したものである。

　当時一括りにされていた滑稽戯と合わせると劇場数18、関係者数622名に達している。規模としてそれ以下の淮劇、揚劇、甬劇、錫劇の各地方劇が上海演劇界を代表して各コンクールに参加し受賞する中、「滑話」関係者が当局の扱いに不満を感じたであろうことは想像に難くない。

1949-1958年までの上演演目

　ここでは、文明戯が文燕通俗話劇団の設立によって1劇団に統合される以前の各劇団の上演演目について紹介する。表2は1949年から1958年までの各劇団が上演した演目の一覧表である。上演期間や演目の内容等不明な点も多く、全劇団の全演目が網羅されていると断定できるものではない。しかしそれでもこの期間の文明戯に関する空白が幾らかでも埋められるものと考える。

　表2を通じ、1950年代における文明戯の状況に関する諸点が明らかにできる。まず上述した文明戯劇団以外にも複数の劇団の存在が確認できた。それらがこれまで確認できなかったのは、存続期間が短い、早い段階で通俗話劇界の整理統合の対象とされた、公演していたのが遊楽場や小劇場のため情報が得られないといった諸事情によるものと考える。

　次に演目についてである。演目名からの類推がほとんどであるが、本節では以下のように大別した。

表2　文明戯劇団上演演目一覧表（1949-1958）

年	劇団	演目
1949	楊六郎	礼儀廉恥
1949	新生■■劇団	回頭是岸・同甘共苦・自力更生・終身有靠・結婚以後・他的母親・孤灯幻影・掛名夫妻・寄人籬下・路柳墻花
1949	播音話劇団	亭子間嫂嫂
1950	新生	他的母親・終身有靠・女犯・回頭是岸・工人万歲・苦尽甜来・四姊妹・一朵花・水落石出・痴心女子負心漢・荒唐的爸爸・結婚以後・太太的威風・范高頭・小阿飛・啼笑因縁・人去楼空・你比我好看・交際草・冤家変親家・女秋海棠・紅花瓶・千変万化・妹妹的心・林則徐
1950	新大陸	幸福在東方・一只褲脚管・交関歓喜儂
1950	■風	想思恨
1950	東方	埋頭苦干・私生子
1950	大声	人間■物・壮志凌出・■■刺呂月秋・■娘惨史
1950	新合作	新夜半歌声・揹娘■・黄金与美人
1950	通話会串	方卿見姑娘・十六教歌・■三少爺・江龍・慈母・真假娘■
1951	新生	林則徐・一朵花・歩歩高陞・同胞鴛鴦・美麗家庭・白菜花・恨海難塡・痴心女子負情漢・紅花瓶・養媳婦・夜上海・匪特陳小毛・裝腔作勢・流浪姑娘・望穿秋水・大破神医紫竹堂・小孤孀・梅花姑娘・四姊妹・■裡紅・家有喜事
1951	■■	小白菜
1952	新生	劉寡婦嫁人・假專員・狂歓之夜・妹妹両条心・沙龍飯店・万年青・奸商王康年・娘舅翻門檻・良心問題・毒玖瑰
1952	大同	大雷雨・相親・珠項圈・両相情原・二房東・一枝花・歓歓喜喜
1952	新声	有二家人家・碧血雄心
1953	群声	碧血雄心・明朗的天
1953	大同	沙龍飯店・劉寡婦嫁人・家有喜事・歓歓喜喜・母与子
1953	新生	四姊妹・終身有靠・白毛女・結婚以後・秋海棠・双喜・流浪子
1954	新生	八年離乱・合家歓・挖空心思・生龍活虎・林則徐・母与子
1954	大同	想発財・婆与媳・打城隍・婆太太・空心大佬官・我是錯・大雷雨・死裡逃生・親兄弟・喜報・扮娘舅・姊妹倆
1954	新声	勝利重逢
1954	雪飛	紅玖瑰
1955	大同	打城隍・親兄弟・浪子回頭・死裡逃生・痛痒相関・老面皮・誰之罪・管閑事・陌生面孔・揀女婿・新局長
1955	新生	一銭如命・死要面子・眼中釘・皆大歓喜・壞東西・一対宝貨・上海城隍廟・嘴硬骨頭酥・豈有此理・鬧花灯・生龍活虎・玄妙観・希望在人間・勿是愛情・心花開・哥哥你回来吧・蘇州二公

第 6 章 「通俗話劇」以後の文明戯

		差・她上了圏套
1955	雪飛	一夫一妻
1955	群声	南山小風・雷雨・海浜激戦・家・勝利重逢・遊撃英雄・碧血雄心
1956	新生	出売良心的人・一銭如命・悪婆■■■的媳婦・打城隍・山東馬永貞・蘇州玄妙観・中秋之夜・三個女婿・火■小心・想発財・祥林嫂・一対宝貨・楊乃武・為奴隷的母親・痴心夢根・沙龍飯店・侠女救家人・血滴血・死要面子
1956	大同	她為什麼被殺・大鬧洞房・十五貫・花言巧語・面■陌生・荒蕩的爸爸・老光眼鏡・両対有情人・満園春色・半張■照・紅花瓶・■得海大鬧龍舟・済公活仏
1956	群声	駝子跌跟斗・死勿認錯・大鬧明倫堂・方卿見姑娘・真愛情・刁劉氏・趙翠■・真假愛情・黄慧如与陸根栄
1957	大同	済公活仏・黒白面孔・活■■位・四大教歌・雌老虎・城隍太太・阿福上生意・王先生淘金記・孫悟空大鬧上海灘・阿飛製造廠
1957	新生	四姊妹・啼笑因縁・蘇州玄妙観・阿飛轟炸機・城隍老爺做媒人・色公犯錯誤・眉飛眼笑・七十二家房客・接財神
1957	群声	大鬧洞房・魚港小姐・黄慧如与陸根栄・駝子跌跟斗
1957	会串	珍珠塔・婚変・張文祥刺馬・光緒与珍妃・社会鐘・手足情深
1958	大同	王先生淘金記・老面皮・孫悟空大鬧上海灘・阿哥做媒人・一銭如命・活捉九尾狐
1958	新生	接財神・二張火車票・七十二家房客
1958	群声	■咀吹喇叭・楊乃武・火焼豆腐店・駝子跌跟斗・三毛学生意・別苗頭・眼中釘・日本憲兵隊・紅灯花橋・紅花満地開
1958	新声	半巴剪刀・空心大佬官・麒麟
1958	大同・新声	十五貫・劉介梅・三個母親
1958	大新遊楽場	真愛情・双婚記・万象更新・啼笑因縁・扮娘舅・唐知県■■命・如意算盤・相親記・高官多作怪・中秋之夜
1958	先施朝陽	最後一幕・水往高処流

（1）文明戯の伝統演目：刁劉氏、山東馬永貞、范高頭、啼笑因縁、張文祥刺馬、光緒与珍妃、社会鐘、珍珠塔、方卿見姑娘など
（2）ホーム・ドラマ：終身有靠、結婚以後、大鬧洞房、扮娘舅、太太的威風、三個女婿、母与子、同胞鴛鴦、美麗家庭など
（3）民国期の負の側面を題材としたもの：交際草、自力更生、夜上海など[36]
（4）革命や新社会を題材にしたもの：工人万歳、海浜激戦、勝利重逢、

図6-1 上海人民芸術劇院方言話劇団『啼笑因縁』パンフレット、著者蔵

遊撃英雄、匪特陳小毛、奸商王康年、万年青など[47]

(5) 話劇、映画、伝統演劇からの移植：白毛女、秋海棠、祥林嫂、雷雨、大雷雨、家、十五貫、新夜半歌声など

(6) 滑稽戯からの移植：七十二家房客、三毛学生意、蘇州二公差、日本憲兵隊、四大教歌、小阿飛、阿飛轟炸機など

このような分類は文明戯に限らず、当時の他の多くの地方劇についても当てはまるものであるが、滑稽戯からの移植が多いのは他に見られない文明戯の特徴である。実際、1950年と1957年の2度、滑稽戯界ではアメリカ文化の影響を強く受けた不良青年たちの生態を描く「阿飛戯」と称された作品が複数上演されて人気を博し、そのために上海演劇界から強く批判されている。[48]文明戯でも滑稽戯界の動きに連動し『小阿飛』(1950年・新生) と『阿飛轟炸機』(1957年・新生) の2作の「阿飛戯」を上演しており、滑稽戯ほどではないが世論の非難を受けている。また (4) の革命を題材としたものや (5) の文芸作品等からの積極的移植は、それ以前の民国期にはあまり見られなかった作品群であるといえる。

以上、劇団と演目を通じて1950年代の文明戯を考察してきた。これにより1劇団に編成される1958年までの段階で文明戯は上海演劇界において上位ではないが、一定程度の規模と市場を有しながら存続していたことが確認できる。

第 6 章 「通俗話劇」以後の文明戯　163

第 3 節　通俗話劇と方言話劇

　1957年1月、上海市文化局と中国戯劇家協会上海分会の共催による「通俗話劇、滑稽戯観摩演出」（以下、通俗話劇コンクールと略記）が開催された。上述の如く、文明戯と滑稽戯は人民共和国成立から8年間、全国レベルの話劇と伝統演劇の何れのコンクールにも参加したことはなかった。それだけに関係者にとって通俗話劇コンクール開催の意義は大きいものであった。実際このコンクールを通じて市当局と上海演劇界における文明戯と滑稽戯の位置付けは定まり、それ以降の文明戯をめぐる環境にも大きな変化が見られるようになったのである。本節では、このコンクール開催の経過、意義並びにそれ以後の環境の変化について紹介する。

通俗話劇コンクール開催の定位
　通俗話劇コンクール開催の背景として、これまで各コンクールから外されてきた文明戯と滑稽戯に対する市当局と上海演劇界の配慮が考えられる。それに加えて前年から中国全土で「双百」運動が展開され、しかも1957年は話劇50周年に当たる年であったという背景も軽視することはできない。それと関連して同年には欧陽予倩が「談文明戯」と「回憶春柳」の2編を発表し、現在に至る文明戯研究の枠組みを方向付ける通説も確立されている。この半年後には「双百」運動とは真逆の反右派闘争が発生し、中国文化界全体に大きな衝撃を与えたことを考えると、この時期にコンクールが開催されたことの歴史的意義は大きい。
　通俗話劇コンクールの期間は1957年1月8日から19日までである。上演された演目は『珍珠塔』、『社会鐘』、『婚変』、『手足情深』、『張文祥刺馬』、『光緒与珍妃』の6演目であった。会場は滑稽戯と同じ長江劇場である。[49] 通俗話劇コンクール期間中、数回に渡り市当局、上海演劇界、市外から招聘した演劇関係者、及び文明戯と滑稽戯の関係者を交えた座談会が開催され文明戯と滑稽戯に関する興味深い議論が交わされた。
　まず文明戯に対する認識である。当時中央の文化部芸術局副局長として演劇

政策の中枢にいた演劇人馬彦祥（1907-1988）は「人民共和国成立後、各劇が党の百家斉放政策の下に花開いたが、通俗話劇だけがここ数年十分な助成を得られず、衰退を続け、もともとの形式を失った」という認識を示した[50]。そして今回の通俗話劇コンクールの目的は「通俗話劇の演劇スタイルを掘り起こすことにある」と述べている[51]。上海市文化局の鮑世遠も「これまで通俗話劇を観たことはあっても全体的に見たことなかった。また通俗話劇に対する理解の上でも問題があった」と表明し[52]、李漢飛は「話劇界の中には文明戯の演技に非常に反感を持つものもいる」と発言している[53]。更に「文明戯」という名称に対し、趙景深は「イメージが悪すぎるので絶対に使ってはならない」と述べている[54]。以上の発言からは、通俗話劇コンクール開催を契機にして演劇界や文芸界の指導者たちが有する文明戯に対するマイナスイメージと軽視の態度を改め、文明戯の意義と上海演劇界における位置を再定位しようとする意志が見てとれる。

次に文明戯自身の問題についてである。議論の対象は幕表制、行当（役柄）、方言の3つにほぼ集中していた。幕表とは演目の筋のみを記したもので、当時の演劇改革の中では脚本に依拠し専門の演出家によって上演することが各劇の目標とされ、脚本を用いない幕表制に対しては批判的な言説が主流であった。ところが、文明戯の幕表制に関しては意外にも肯定的な見解が見られる。もちろん「幕表は止むを得ない状況下で生まれたものであり、現段階では欠点の方が利点より多く、その解決策として漸進的に幕表から脚本へ移行すべき」、「通俗話劇衰退の原因は幕表制にある」という意見が出されたものの[55]、「幕表戯には時代状況への反応が素早い、生活感が出る、俳優の才能が発揮できる、観客の受けがよい、伝統演劇のスタイルを残しているといった利点がある」[56]、「幕表制と役柄に分けることは教育において非常に大きな作用がある」[57]、「話劇にはスタニスラフスキー・システムの話劇もあれば幕表制の話劇もある、この両者は併存して発展していくことが可能である」[58]などの見解が表明されている。ただし、演劇界全体の流れに文明戯のみ逆らうことはあり得ず、通俗話劇コンクール後漸進的に脚本制へと移行していくことになった。行当（役柄）の問題に対しては「通俗話劇においては京劇のようにその分類が厳格ではなく、男女の俳優が共演する現在、分類は必要ない」という劉厚生の意見[59]、方言に対しては「方言はその劇の特徴となっており、国語に統一するのは短期間で解決できな

い」といった意見にそれぞれ集約できる。

　最後に文明戯の位置付けである。文明戯と話劇の関係について先述の馬彦祥は「通俗話劇は１つのジャンル名ではなく話劇である」、「通俗話劇と話劇は芸術上の風格が異なるだけで、通俗話劇は話劇の１つの流派と位置付けるべきである」とする。一方同じく先述の趙景深は「通俗話劇と話劇は併存すべきであって１つにすることはできない」と主張する。これらの意見に対し、上海の演劇界を指導する劉厚生は「通俗話劇と話劇が一体となるか別個で行くかを今決めるべきではない。当分は互いに学び合い発展していけばよい。そして20年、30年後になってその時の状況と観衆の意見を勘案し最終的に決定すればよい」という意見を出した。ただしこの劉厚生の意見には、文明戯界を指導する董天民が「それでは遅すぎる」と反論し、更に演劇界の全国的機関誌『戯劇報』でも同じ主張を繰り返した。実際1960年に上海人民芸術劇院に編入され、コンクールから３年後には一応話劇の中に組み込まれることになる。

　この他「通俗話劇は民族伝統劇から発展してきたもので中国伝統演劇の形式を備えており、完全に西洋からの吸収で民族性を欠く話劇と異なる」といった、中国話劇界全体の問題であった話劇の民族化という観点から文明戯を評価するものや、「軍隊では通俗性のある話劇が多くなっており、現実のものに素早く反応し、役者に現実感ある演技をさせ、杓子定規の度合いが少ない点で、通俗話劇は話劇より優越している」と当時職業演劇と同程度に重要視されていたアマチュア演劇における文明戯の劇作術の有効性に関する指摘も見られる。

　通俗話劇コンクール開催に伴い識者や関係者によって議論された話劇との関係、劇団の整理統合、「通俗話劇」という名称の問題、幕表制の問題等はコンクール終了から数年以内で次々と新しい展開を見せており、今回のコンクールは文明戯を人民共和国成立後の上海演劇界において再定位させたという点で画期的であった。ただしその一方で未解決の課題も存在した。それは「通俗話劇」を文明戯の生き残り、生きた化石として発展させていくのか、それとも方言を用いる「通俗的な」話劇としてアマチュア演劇や正統で高尚な話劇をあまり解さない層、地域を主たる市場として存続していくのかという路線に関する問題である。民国期文明戯の主たる観客であった資本階級、知識人、小市民は既に文明戯の観客ではなく、通俗的な話劇路線を取るならば労働者、農民、兵士等

が主たる観客となる。そもそも大都市の商業的色彩の強い興行界で存続してきた文明戯とその関係者がそれとほぼ正反対の環境にいる観衆に対応できるのであろうか。この点で、文明戯はもともと農村の芸能から出発して都市に進出した地方劇に比べはるかに不利であった。

上海人民芸術劇院への編入

　通俗話劇コンクール開催の翌年に当たる1958年、上海市内の文明戯劇団は海燕通俗話劇団として1つに統合された。「通俗話劇コンクール終了後、1、2の劇団を中心にして優秀な人材を集め強化を図る」という意見が現実化された

図6-2　上海人民芸術劇院方言話劇団『方言話劇伝統劇目整理演出』パンフレット、筆者蔵

ことになる。翌年には朝陽通俗話劇団と改称するが、この期間で言及すべき新作に『三個母親』がある。これは団員のベテラン女優伍賽文が、離散していた兄弟が50年ぶりに再会したという新聞記事をヒントにして、数年前まで文盲であったにもかかわらず自ら筆を執った演目である。それは、貧しさゆえ生みの親と別れて養家からも捨てられた周建華が使用人などをして生計を立てている周媽に育てられる。人民共和国が成立し、朝鮮戦争から戻った周建華は周媽のお陰で幸福に暮らす生みの親や妹と再会でき、育ての親周媽の恩を忘れずに共に楽しい生活を送るようになるという物語である。人民共和国成立を機にこれまでの不幸で貧しい境遇が一変し、家族が団欒して楽しい生活を送れるようになるという、この時期の革命を題材にした演目によく見られるパターンを踏襲している。主役の周媽には伍賽文自らが扮した。

　朝陽通俗話劇団はこの『三個母親』をもって1959年2月開催の「上海市1959

表3　方言劇団十大古典演目

演目名	ジャンル	脚本	演出	演目情報
珍珠塔	古装風刺喜劇	本団集体（整理）	伍黎	
金銭世界	警世風刺喜劇	顧仲彝（改編）	凌琯如	原タイトル『人之初』
智斬安得海	宮闈灯彩劇	朱琨（整理）	虞留徳	清宮故事
金小玉	佳構伝奇劇	李健吾（改編）	佐臨	原タイトル『熱血』
恨海	醒世悲劇	王煉（整理改編）	桑弧	呉趼人同名小説
秋瑾	革命歴史劇	王元美	羅毅之	
家	家庭倫理悲劇	曹禺	楊村彬	巴金同名小説
黒奴恨	社会問題劇	欧陽予倩	銭祖武	『アンクル・トムス・ケビン』
啼笑因縁	社会言情劇	本団集体（整理）	応雲衛	張恨水同名小説
張文祥刺馬	英烈正劇	田馳（整理）	田馳	

年戯劇会演話劇部分」と、同年12月開催の「1959年話劇、戯曲、雑技、評弾青年滙報演出」の、2つのコンクールに参加している(72)。この作品に対する評価は高く、同年には上海の海燕電影制片廠にて映画化され（監督徐蘇霊）、王雪艷、銭愛麗、王美玉、王山樵、王嬌といった文明戯版の出演者がそのまま出演している(73)。この作品は内容そのものに加え、文盲であった女優伍賽文が人民共和国成立によって文字を覚え、芝居を創作するようになるという、当局にとっては二重の意味で奨励に値する宣伝効果があった。

　そして翌1960年、朝陽通俗話劇団は上海最大の話劇劇団である上海人民芸術劇院に編入され「上海人民芸術劇院方言話劇団」と改称された（以下方言劇団と略記）。同時に蜜蜂滑稽劇団も「上海人民芸術劇院滑稽劇団」となって編入された(74)。この措置に関して、「滑稽戯と通俗話劇は上海特有の劇種であり、この両者を重点的に育成するため党の直接指導の下、政治・芸術両面において発展を加速させる」ことが理由として挙げられている(75)。ただしここで文明戯を「上海特有の劇種」と記されているように、文明戯は話劇なのかそれとも別個のジャンルなのかという問題に関し結論が出されたわけではなかった。またこれを機に、「通俗話劇」という名称は「方言話劇」に変更された(76)。

　上海人民芸術劇院に入ることは文明戯の上海演劇界における地位を上昇させ、確定させると同時に、同院に所属する高名な演劇人から直接指導を受ける機会を与えることになった。表3は方言劇団成立を機に外部からの協力を得て継承

図6-3　上海人民芸術劇院方言話劇団『鍛錬』パンフレット、筆者蔵

すべき古典的代表作として改良を施した演目の一覧である。
(77)

まず表3では演目名以上に顧仲彝、李健吾、曹禺、欧陽予倩、黄佐臨、桑弧、羅毅之、楊村彬、応雲衛等、そのスタッフの顔ぶれに目が引かれる。この内、黄佐臨、羅毅之、楊村彬は上海人民芸術劇院所属の演出家、桑弧と応雲衛は上海映画界の大物監督である。演目も『珍珠塔』、『智斬安得海』、『黒奴恨』、『張文祥刺馬』など文明戯時代の代表作や、『金銭世界』、『金小玉』、『家』など話劇の演目も見られる。このような上海文化界の大物から協力を得られるようになるとは編入以前には想像もできないことであった。

　1960年代に入ると文明戯演目の芸術性と文学性を高める一方で、社会主義社会に相応しい演目も多く創作されている。都市における人民公社を描いた『紅杏出墻』(集体創作・執筆樊蘭君、演出銭祖武、1960年) を皮切りに、『青年偵察員』
(78)
(脚本邢野、演出顔樺、1962年)、『鍛煉 (巨浪！巨浪！)』(脚本・演出銭祖武、1963年)、『龍江頌』(脚本江文・陳曙、演出虞留徳、1964年)、『緊握手中鎗』(脚本周一鳴・葉勇等、演出李尚奎・樊蘭君、1965年)、『社迷伝』(脚本集体創作、演出李尚奎、1966年)
(79)
と、ほぼ毎年1作の割合で制作されている。オリジナル演目の『鍛煉(巨浪！巨浪！)』は劇団で上海郊外の川沙県人民公社における農作業に参加した体験をもとに創作されており、文明戯の特色が活かされた作品として評価を得ている。
(80)
同作品は1963年に上海で開催された「1963年華東区話劇観摩演出」のコンクールでも上演されている。団長の王美玉も「馬奶奶」役で出演しており、1964年に亡くなる直前まで女優を続けていた。
(81)

つまり、上海人民芸術劇院編入以後、伝統演目の上演においても社会的に要請される同時代を描く社会主義的演目の上演においても、方言劇団の公演は途切れることなく、話劇界の協力を得ながら新作を上演しており、評価もそれなりに得ていたということになる。それが中断され、そのまま再開されず終焉を迎えたというのは、文化大革命とその後の中国社会の変化という外的要因が大きい。文明戯は確かに衰退傾向にあったが、文明戯の断絶を決定的にしたのは当時の政治社会情勢であって文明戯自身ではないといえる。

おわりに

本章では1949年から1966年までの上海における文明戯の実態を、劇団、演目、環境の変遷を通じて明らかにしてきた。本章の最後において、上海演劇界並びに上海演劇史の中でこの時期の文明戯を再定位したい。

1960年、文明戯は「通俗話劇」から「方言話劇」へ改称された。しかし上海における方言話劇は、同時期に広東や四川などで存在し

図6-4 方言劇団と異なり文化大革命終結後、「上海曲芸劇団」（現在の上海滑稽劇団）と改称して復活した上海人民芸術劇院滑稽劇団はこの時点でも話劇に分類されていた。上海曲芸劇団『出色的答案』パンフレット（上海市話劇滙報演出）、1978年、筆者蔵

たような、単純に各地の方言によって演じられる話劇と同義ではない。上海の文明戯の主要なレパートリーには、民国期からの演目も多数含まれており、俳優たちも民国期から活躍するベテランが中心であった。[83] つまり上海の文明戯は方言による新作話劇の上演と民国期以来の作品の継承という、方向性の異なる役割を同時に担っていたのである。

では文化大革命によって中断され、その後再開されなかったことが上海における文明戯の消滅を意味したのかというとそうではない。演劇のジャンルとし

ての文明戯は復活しなかったが、民国期に文明戯が積極的に舞台化した語り物芸能を原作とする『珍珠塔』や『玉蜻蜓』などは、越劇や滬劇等上海の地方劇において現代でも盛んに上演されており、また文明戯が得意とした民国期上海を題材とする演目は地方劇のみならず、とりわけ20世紀末以降の市場経済体制下に組み込まれた上海の話劇界においても重要な作品群を形成している。この点において、1950年代に提示された「滬劇や甬劇などの地方劇は通俗話劇に歌唱が加わったもの」という馬彦祥の発言や、「江南一体の地方劇は通俗話劇の影響を受けて演劇へと発展した」という董天民の主張は、多くの点においてその正しさが証明されたといえる。文明戯の一部を継承したのは滑稽戯に限定されず、程度の違いはあっても現在の上海演劇界全体が文明戯の遺産を受け継いだということになる。

注
(1) この時期の上海以外の都市のおける文明戯を対象とした研究成果として特筆すべきものに、北京における文明戯を対象とした、吉川良和「王鐘声事蹟二攷」『一橋社会科学』第2巻、2007年、69-126頁がある。
(2) 瀬戸宏「文明戯の時期区分に関する試論」飯塚容・瀬戸宏・平林宣和・松浦恆雄編『文明戯研究の現在』東方書店、2009年、では旧来の文明戯に関する時期区分を総合的に考察し、「第一段階 1899?-1907 萌芽期(学生運動期)」、「第二段階 1907-1913 創始・発展期(新劇期Ⅰ)」、「第三段階 1913-1917 最盛期(新劇期Ⅱ)」、「第四段階 1917-1949 衰弱・変質期Ⅰ(文明戯期)」、「第五段階 1949-1966? 衰弱・変質期Ⅱ(通俗話劇期)」の各時期に区分している(127-128頁)。
(3) 文明戯が上海における地方劇の発展に少なからず寄与した点に関しては既に複数の研究者によって指摘されており、それを対象とした研究成果も公表されている。日本における文明戯研究の動向に関しては、飯塚容『中国の「新劇」と日本—文明戯の研究』中央大学出版部、2014年、の付章「日本における「文明戯」研究」、191-199頁、を参照。
(4) 上海話劇芸術中心編『上海人民芸術劇院院史(1950-1994)』上海話劇芸術中心、1997年、95頁。
(5) この時期の文明戯の状況を紹介した数少ない先行研究として、劉穎『晩期文明戯—改良与演変』上海戯劇学院修士論文、2002年、及び前掲「文明戯の時期

区分に関する試論」がある。ただし何れも国営劇団となる以前の1950年代の状況に関しては考察の対象外となっている。
（6）　笑舞台に関しては、拙稿「笑舞台以後の趣劇―張冶児、易方朔と精神団」『演劇研究センター紀要』Ⅳ、2005年、125-133頁、及び黄愛華「上海笑舞台的変遷及演劇活動考論」早稲田大学演劇博物館・華南師範大学主催『清末民初新潮演劇国際学術研討会論文集』2009年、139-149頁をそれぞれ参照。
（7）　この時期の上海における話劇に関しては、以下の専著を参照。胡叠『上海孤島劇研究』文化芸術出版社、2009年。李濤『大衆文化語境下的上海職業話劇』上海書店出版社、2011年。邵迎建『抗日戦争時期上海話劇人訪談録』秀威資訊科技股份有限公司、2011年。同『上海抗戦時期的話劇』北京大学出版社、2012年。この内、胡叠『上海孤島話劇研究』では1940年代の文明戯（通俗話劇）についても言及している（107-124頁）。
（8）　この時期の緑宝劇場における文明戯公演に関しては、胡叠「《申報》中的孤島時期通俗話劇演出」『戯劇』（中央戯劇学院学報）2008年第2期、71-84頁、と前掲『晩期文明戯―改良与演変』を参照。ただし両者とも范雪朋在籍時期の公演については言及していない。それに対し本章は両者が対象としている、顧夢鶴が中心となった時期の公演には触れていない。
（9）　緑宝軒主「緑宝劇場演員総検閲」『上海日報』1938年7月8日。
（10）　同上。
（11）　泰斗「緑宝劇場不許添座位」『上海日報』1938年7月29日。
（12）　『小山東到上海』に関しては、拙稿「1940年代の滑稽戯―『小山東到上海』を中心に」『野草』第77号、2006年、87-101頁を参照。
（13）　「范雪朋与緑宝合同糾葛」『電声週刊』第9巻第1期、1940年1月1日では、范雪朋の離脱は王雪艶の加入にあるという指摘が見られる。
（14）　「范雪朋因病辞緑宝」『上海日報』1938年11月25日。
（15）　可民「緑宝改演文明戯」『海報』1944年8月24日。
（16）　華窗「文明戯」『大上海報』1945年1月14日に、「現在文明戯の痕跡は江笑笑・程笑亭ら（滑稽戯の―筆者注）公演にその一半が見られる」とある。
（17）　『平報』1942年3月4日掲載の広告。
（18）　戦後内戦期、上海芸能界最大の業界組織「上海市遊芸協会」に所属する団体に「上海市話劇研究会」がある。その主任委員は胡君安、整理委員は周天悲、張一鳴、王山樵、劉一新であって、何れも文明戯関係者である。またこの上海市遊芸協会の常務理事5名の内、張冶児、董天民、李竹庵の3名が文明戯関係者である（残り2名は滬劇関係者）。つまり、業界における文明戯の占める高

い位置が確認できる（上海市社会局「上海市遊芸協会所属各会員団体整理委員名冊」「上海市遊芸協会理監事略歴表」、1945年、上海市档案館所蔵、Q6-5-597-35,58）。
(19)　例えば、羅林「大世界看文明戯」『聯合日報』1946年10月4日に、「文明戯自ら「通俗話劇」と称す」とあり、また当時「新生方言話劇団」のように方言話劇を名乗る劇団も存在した（上海市社会局「新生方言話劇団登記表」、1947年、上海市档案館所蔵、Q6-13-220-5）。
(20)　「通俗話劇改進会成立」『新民晩報』1949年11月19日。
(21)　ただし本章では、固有名詞や原文からの引用を除き、表記を「文明戯」で統一する。
(22)　「戯曲改進協会籌備会昨成立」『文滙報』1950年5月16日。
(23)　董天民（1892-1966）は紹興人で、1922年に兄の董天涯が勤務する明星影片公司に入社した。その後文明戯劇団「鐘社」を結成し、戦時期には上海戯劇界救亡協会に参加、上海市遊芸協会で役員を務めた。戦後になると共産党地下組織と連絡を取り、その活動にも協力している。人民共和国成立後は、上海市の「戯曲演員講習班」と「編劇学習班」で副主任を務め、1956年に中国戯劇家協会上海分会が成立すると主席団の1人に選出されている。ただし翌年の反右派闘争で右派とされ、1966年文化大革命の勃発に際し迫害され亡くなった（中国戯曲志編輯委員会・《中国戯曲志・上海巻》編輯委員会『中国戯曲志・上海巻』中国ISBN中心、1996年、887-888頁）。本章作成の過程で確認できた、上記以外の董天民に関する足跡を補足すると、映画界に入る以前、兄の董天涯とともに新劇同志会の公演に名を連ねている（『申報』1915年1月22日掲載の新劇同志会広告）。つまり当初は文明戯の俳優であったわけで、しかも春柳社の流れを汲んでいる。兄の董天涯は明星の社員といっても役員（董事）であり（「明星影片公司民国22年新貢献」『申報』1932年1月22日）、しかも鄭正秋が手を引いた笑舞台の経営を引き継いでもいる（塵因「笑舞台未来之組織」『金剛鑽』1927年4月6日）。また、董天民自身は所属していた映画会社として「明星」ではなく「天一」を挙げている（董天民「為通俗話劇説幾句話」『戯劇報』1957年第13期、31頁）。更に董天民の結成した「鐘社」は愛多亜路の中南飯店の中で公演を行っており、董天民は役者や脚本家・演出家としてではなく「後台経理」（座長）を務めていた（秋颺「鄭正秋新劇之交渉」『金剛鑽』1935年9月23日）。最後に、1950年秋に、董天民は劉一新、田暁青と蘭心劇場にて「暁星劇団」を結成する予定との報道もある（「暁星劇団　秋涼在蘭心登台」『新民晩報』1950年7月30日、ただし実際結成されたかについては不明である）。

(24) 独脚戯と文明戯の関係については、拙稿「独脚戯と上海—王无能の作品と上演史を中心に」『演劇映像学2008』第1集、2009年、317-346頁を参照。
(25) 銀翼「王山樵楊華生等十九人当選」『亦報』1950年10月19日。
(26) 「滑話分会昨晨正式成立」『亦報』1950年10月26日。
(27) 「滑話編導座談」『亦報』1950年10月28日。
(28) 梅平「甬劇滑話芸人紛紛参加第三届戯研班」『亦報』1951年7月26日。
(29) 「滑話協会響応捐献号召 歓夏期間集体長期公演」『亦報』1951年7月3日。
(30) 前掲「上海市遊芸協会理監事略歴表」、上海市档案館所蔵、Q6-5-597-58。
(31) 前掲「滑話分会昨晨正式成立」。
(32) ただし滑稽戯に関しては、1950年と1951年にそれぞれ開催された「上海市戯曲改造運動春節演唱競賽」と「上海市春節戯曲競賽」にて受賞しており、市レベルでの参加は確認できる（前掲『中国戯曲志・上海巻』、955-959頁）。
(33) 市当局の重点支援に関しては、劉厚生「全国戯曲工作会議上 上海市戯曲改革工作報告（1949.5-1950.10）」『戯曲報』四巻一期、1951年2月、11頁を参照。
(34) 上海市文化局「国営和民弁公助劇団情況統計表」、1956年、上海市档案館所蔵、B172-4-514-5。
(35) 同上。
(36) 徐滙区志編纂委員会編『徐滙区志』上海社会科学院出版社、1997年、824頁。ちなみに、前掲『上海人民芸術劇院院史（1950-1994）』では朝陽通俗話劇団の成立を1956年としているが、後述するように1958年段階で新生や大同らの上演記録が残されており、本稿では『徐滙区志』の記述を採用した。
(37) 1950年当時、王美玉は大世界を拠点に舞台に立っていた（「王美玉夏天人覚今是而昨非」『亦報』1950年9月19日）。
(38) 王山樵の人気と実力は、ラジオ放送における文明戯番組からも確認できる。1950年10月1日の市内のラジオ番組において文明戯番組を担当しているのは、王山樵と彼の率いる新生劇団だけであり、しかも新生劇団として2番組、王山樵単独で1番組を担当している（「全市広播電台最新節目表」『亦報』1950年10月1日）。
(39) 上海市文化局「新生劇団填報上海市戯曲職業社団情況調査表」、1952年、上海市档案館所蔵、B172-4-152-45。
(40) 団員の略歴等に関しては、王国泰『滑稽与通俗話劇人物紹介叢書』暁声滑稽話劇団、1950年、松浦恆雄氏蔵、を参照。
(41) 王山樵に対する一連の報道は、『亦報』に「王山樵講話内容有問題」（1952年3月24日）と題した新生劇団員の投書が掲載されたことから始まった。『亦報』

に掲載された関連記事として他に、「家長作法領導新生劇団・王山樵応深刻検査自己的思想」（3月25日）、「「新生」団員針対王山樵作風展開討論」（3月30日）、「王山樵的自我検討不夠深刻」（3月31日）、「李君直接受批評自我検討」（4月2日）、「対王山樵作風的批評」（4月4日）がある。

(42) 趙康「大同通俗話劇団昨日成立」『亦報』1952年7月14日。

(43) 上海市文化局「群声通俗話劇団塡報戯曲劇団班社概況調査表」、1952年、上海市档案館所蔵、B172-4-143-14。

(44) 上海市文化局「国営和民弁公助劇団情況統計表」、1956年、上海市档案館所蔵、B172-4-514-1〜6をもとに筆者作成。同資料では他に歌舞・魔技・木偶・什芸に関する統計も付されているが割愛した。また同資料の数字には1956年以前に国営化された、京、越、滬、淮の各劇団は含まれていない。

(45) 上海市文化局「1949-1958年上演劇目統計」、1949-1958年、上海市档案館所蔵、B172-4-917-15,35,54,74,88,105,126,146,161,182をもとに筆者作成。■は判読不能箇所を指す。

(46) 『自力更生』に関しては、正官「観了「通俗話劇」」『亦報』1949年11月29日、『交際草』に関しては、周楽「方言話劇「交際草」」『亦報』1950年7月31日、『夜上海』に関しては、金魚「我対通俗話劇"夜上海"的看法」『新民晩報』1951年5月6日の、各劇評を参照。

(47) 『万年青』に関しては、易寃「看了"三反"通俗話劇"万年青"」『新民晩報』1952年2月26日を参照。

(48) 「阿飛戯」に関しては、本書第1章を参照。

(49) 同年6月、上海の文明戯界は北京にて合同公演を行った。その際の演目は、『珍珠塔』、『張文祥刺馬』、『光緒与珍妃』、『婚変』、『啼笑因縁』で、コンクールと4作品が重なっている。ちなみに同公演のスタッフは、団長董天民、副団長劉一新、秘書長陳秋風、俳優に劉一新、田馳、王山樵、王美玉、王曼君、王嬙、王雪艶、夏萍、秦哈哈、陳無我ら60余名であった（謝傑「通俗話劇上北京」『新民晩報』1957年5月22日）。

(50) 上海市文化局「馬彦祥同志的報告」、1957年、上海市档案館所蔵、B172-1-254-32。

(51) 同上。

(52) 上海市文化局「上海観摩組関於通俗話劇的討論記録」、1957年、上海市档案館所蔵、B172-4-810-19。

(53) 上海市文化局「通俗話劇、滑稽戯観摩演出芸術委員会研究組第二組第二次討論記録」、1957年上海市档案館所蔵、B172-4-810-56。李漢飛については不明。

第 6 章 「通俗話劇」以後の文明戯　175

(54)　上海市文化局「通俗話劇、滑稽戯観摩演出芸術委員会研究組第二組第三次討論記録」、1957年、上海市档案館所蔵、B172-4-810-58。趙景深は著名な中国芸能・演劇の研究者。
(55)　上海市文化局「上海市文化局　劇協上海分会聯合挙弁通俗話劇滑稽戯観摩演出芸術委員会拡大中心組織座談」、1957年、上海市档案館所蔵、B172-1-254-47。
(56)　前掲「上海観摩組関於通俗話劇的討論記録」、上海市档案館所蔵、B172-4-810-19。
(57)　前掲「通俗話劇、滑稽戯観摩演出芸術委員会研究組第二組第三次討論記録」、上海市档案館所蔵、B172-4-810-60。
(58)　前掲「馬彦祥同志的報告」、上海市档案館所蔵、B172-1-254-42。
(59)　上海市文化局「通俗話劇、滑稽戯観摩演出芸術委員会研究組第一組第三次討論記録」、1957年、上海市档案館所蔵、B172-4-810-40。
(60)　上海市文化局「各省市観摩組討論的総合報導（第一次)」、1957年、上海市档案館所蔵、B172-4-810-21。
(61)　前掲「馬彦祥同志的報告」、上海市档案館所蔵、B172-1-254-42。
(62)　前掲「通俗話劇、滑稽戯観摩演出芸術委員会研究組第二組第三次討論記録」、上海市档案館蔵、B172-4-810-58。
(63)　前掲「通俗話劇、滑稽戯観摩演出芸術委員会研究組第一組第三次討論記録」、上海市档案館所蔵、B172-4-810-41。
(64)　同上。
(65)　前掲「為通俗話劇説幾句話」『戯劇報』1957年第13期、31-32頁。これに対し、流詒「這是甚麼態度」『新民晩報』1957年10月17日で董天民の主張に対する反論がなされている。董天民は反右派闘争で右派とされるが、そのきっかけが『戯劇報』掲載の論文にあるのかは不明である。
(66)　上海市文化局「通俗話劇、滑稽戯観摩演出芸術委員会研究組第一組第一次討論記録」、1957年、上海市档案館所蔵、B172-4-810-23。
(67)　前掲「通俗話劇、滑稽戯観摩演出芸術委員会研究組第二組第三次討論記録」、上海市档案館蔵、B172-4-810-59。
(68)　コンクールの演目並びにその直後に北京で上演した演目は民国期からの伝統演目が中心であり、この路線の可能性も決して低くなかった。
(69)　前掲「通俗話劇、滑稽戯観摩演出芸術委員会研究組第一組第三次討論記録」、1957年、上海市档案館所蔵、B172-4-810-42。
(70)　"三個母親"演出獲好評」『文滙報』1959年3月20日。
(71)　あらすじに関しては、『中国影片大典　故事片・舞台芸術片　1949.10-1976』

中国電影出版社、2001年、234-235頁を参照。
(72) 李暁『上海話劇志』百家出版社、2002年、55-56頁。
(73) 前掲『中国影片大典　故事片・舞台芸術片　1949.10-1976』中国電影出版社、2001年、234-235頁。
(74) ちなみに、編入直前の朝陽通俗話劇団の最高月収は105元で平均が62.16元であるのに対し、蜜蜂滑稽劇団の最高月収は465元で平均が95.80元であるため、上海人民芸術劇院に比べ文明戯の方は少なすぎ、滑稽戯の方は多すぎるという報告がある（上海市文化局「関於将蜜蜂滑稽劇団、朝陽通俗話劇団改変所有制的具体做法的報告」、1960年、上海市档案館所蔵、B172-1-781-18）。
(75) 上海市委宣伝部・上海市文化局「関於擬将蜜蜂劇団与通俗話劇団改為国家劇団的報告」、1960年、上海市档案館所蔵、B172-1-781-14。
(76) 名称に関しては既に1957年の通俗話劇コンクールの際、「通俗話劇だと話劇との区別がつきにくく、方言話劇と称すべき」、「通俗話劇という名称なら伝統話劇と称した方がよい」といった意見が出されていた（上海市文化局「通俗話劇、滑稽戯観摩演出芸術委員会研究組第二組第一次討論記録」、1957年、上海市档案館蔵、B172-4-810-55）。
(77) 公演パンフレット『方言話劇伝統演目整理演出』筆者蔵、をもとに筆者作成。なお、表3の情報に関しては、前掲『晩期文明戯―改良与演変』でも紹介がある（21-22頁）。
(78) 本作の劇評に、江草「春色満園無限好　万千紅杏出墻来」『上海戯劇』第六期、1960年、26-28頁がある。
(79) 前掲『上海人民芸術劇院院史（1950-1994）』、228-229頁。
(80) 「方言話劇《巨浪！巨浪！》上演」『文滙報』1963年7月31日。
(81) 同公演パンフレット、筆者蔵、による。同公演には王美玉の他、王雪艶、銭愛麗、伍賽文、王嫱ら民国期からの女優が出演する一方で、男優の方にベテラン俳優は確認できない。
(82) 前掲「関於擬将蜜蜂劇団与通俗話劇団改為国家劇団的報告」、上海市档案館蔵、B172-1-781-14では、方言話劇団の団員39名の内28歳以下はわずか9人、平均年齢は38歳弱で、若手の早急な育成が保存と発展のために必要とある。
(83) 前掲「上海市文化局　劇協上海分会聯合挙弁通俗話劇滑稽戯観摩演出芸術委員会拡大中心組織座談」、上海市档案館所蔵、B172-1-254-44。
(84) 前掲「為通俗話劇説幾句話」、31頁。

終　章

　中国の演劇は人民共和国の誕生を契機として17年の間に発展し更に輝きを増したのか、それとも衰退してその魅力を失っていったのか。各章での考察を経て、この疑問に対する本書としての回答を試みたい。

　まず演劇人の地位であるが、これは確実に向上したといえる。上海の地方劇を例にとれば、各劇の人気俳優は話劇や京劇の俳優と共に「中国戯劇家協会上海分会」の幹部となって上海演劇界をリードし、その中には演劇界を代表して各レベルの中国人民政治協商会議の委員、更には全国人民代表会議の委員にまで任命され、政治指導者や著名文化人と親しく交流するものまでいた。民国期までは話劇や京劇の関係者以外にはありえなかった芸術家としての社会的な認知が地方劇の俳優にまで及び、その社会的地位は格段に上がった。

　劇種に関しては、新政権によって改革の重点劇種に選ばれたか否かによりその明暗がはっきりと別れた。本書が対象とした上海の京劇、越劇、淮劇などは重点劇種に選定された結果、演劇改革の開始直後に人気俳優を糾合した国営劇団が設立され、映画界や文学界の協力のもとに伝統演目の改変が行われ、その一部はコンクールで受賞し映画化もなされた。現在各劇の代表演目となっているものの多くはこの時期に創作されたか改編されたものである。地方劇の俳優が文化使節団に加わり、海外公演を行うなども民国期にはありえないことであった。上海の場合、現在まで存続している各劇は何れもこの時期に重点劇種に選ばれたものであり、現在の上海演劇界の構成は1950年代初期に形成されたのである。

　その一方で重点劇種に選ばれなかった江蘇省を起源とする揚劇、錫劇、蘇劇、浙江省を起源とする甬劇、紹劇などの地方劇は17年の間にその上海における市場規模を漸次縮小させ、一部は上海から撤退し、最終的に文化大革命によって活動休止に追い込まれた。これらの地方劇は、市場的要因以上に当時の文芸政

策や政治運動に巻き込まれた結果淘汰されて上海から撤退していったのであり、その点において演劇改革から負の影響を被ったといえる。しかし上海からの撤退はその地方劇そのものの消滅を意味するものではなく、それぞれ地元に戻り、上海ではなく各地の地方劇として存続することとなった。

　観客の層と演劇空間は、民国期に比べ格段に拡充したといえる。演劇改革では、労働者、農民、兵士を主たる観客とすることが大前提とされ、彼らの日常を題材とした演目も多数創作されている。そして上海では工場労働者が多く居住する市郊外に「工人倶楽部」等の新たな娯楽施設が設置され、また劇団が工場や農村に直接出向いて積極的に公演を行うようになった。加えてアマチュア演劇活動が政治運動、教育の一環として奨励されるなど、労働者、農民、兵士にとって演劇がそれまで以上に身近な存在となった。

　演劇空間が市郊外にまで拡散する一方で、これまで市中心部で上海芸能の殿堂的位置にあった遊楽場は社会主義的改造を経て「大世界」を残すのみとなった。しかもその大世界も場内から露店や遊具、娼婦や見世物芸人といった「いかがわしい」ものを一掃した結果、劇場と映画館が集まっただけの娯楽施設となり、民国期のようにそこから人気芸人や芸能を輩出する機能を失っていった。それでも他に類似の娯楽施設がなかったために大世界から客足が途絶えることはなかったが、そこは既に芸人たちが切磋琢磨する修業の場ではなくなり、往時の上海の賑わいを追体験するための観光地的空間へと変貌した。

　遊楽場の社会主義的改造に顕著であった雑多なもの、余分なものを排除もしくは整理統合しようとする演劇改革の方針により、その発展に際し大きな損害を受けた劇種として滑稽戯と通俗話劇が挙げられる。この両劇は中国演劇を話劇と伝統演劇に大別して改革に当たろうとした当局の方針の下で当初、どちらに属すかの判断を延期されて多くのコンクールや改革運動に参加する機会を逸してきた。両劇のみを対象としたコンクールが開催されたのは1957年、話劇の１種に分類され国営劇団に編入されたのは1960年のことであり、他の地方劇に比べて改革の進度は大幅に遅れた。滑稽戯は1950年代当初に市当局によって重点劇種に選定されながらも他の重点劇種とは異なる扱いを受け、主に自らの市場的価値によってその地位を維持し続けたことになる。通俗話劇の場合は、当局からの支援が遅かったため、後継者養成等が不十分なまま文化大革命を迎え

終章

ることとなりその演劇としての寿命が絶たれたともいえる。

演目に関してはそのプロパガンダ的側面が強調されがちであるが、京劇の『周信芳的舞台芸術』(1961年)や『武松』(1963年)、昆劇の『遊園驚夢』(1960年)や『墻頭馬上』(1963年)、越劇の『梁山伯与祝英台』(1953年)や『紅楼夢』(1962年)、滬劇の『羅漢銭』(1956年)や『星星之火』(1959年)、淮劇の『藍橋会』(1953年)や『女審』(1960年)、滑稽戯の『三毛学生意』(1958年)や『如此爹娘』(1963年)、通俗話劇の『三個母親』(1959年)などのように、上海の各劇や名優の代表演目は文芸界からの協力の下に改編されて、映画化されている。更にこれらの演目を含む各劇の代表演目や受賞演目の多くが出版されており、民国期までは話劇と京劇以外ではありえなかった、演目の記録化という点でこの時期の演劇改革は大きな成果を残している。

つまり、人民共和国の誕生を契機として発展し更に輝きを増した劇種や側面もあれば、衰退してその魅力を失っていった劇種や側面もあるという極めて凡庸な回答に帰結することとなる。しかし演劇人の地位向上、劇団や劇場の整理統合に象徴される合理化、養成システムの制度化、演劇を担う層の拡大、演目の芸術性の向上と記録化といった側面に焦点を当てるならば、この時期の演劇改革によって現在に至る中国演劇界の体制は確立されたことになる。

あとがき

　本書は当初から1冊の学術書として江湖に問うことを企図し作成されたものではない。本書は2010年に提出した博士論文『独脚戯、滑稽戯と上海』の一部と同時期に単発で発表した諸論文を基礎として、それらを大幅に加筆、修正したものである。博士論文において、20世紀に上海で誕生した独脚戯と滑稽戯の社会主義的改造に伴う変容を考察する過程で上海演劇界の各劇の状況にも関心が向き、そこから本書に収められた各論考の原型が構成された。本書はいわば博士論文の副産物といえる。

　研究の出発点が政治思想史であったことも関係しているのであろうが、安易に文化を政治と結びつける、或いは芸術家やその作品を専らその政治との関わりから評価する研究に対しては強い抵抗感がある。本書が社会主義的改造下を対象としている以上、文化政策や政治状況を抜きにして演劇を考察することはできないが、可能な限り政治的バイアスをかけずに演劇そのものを分析することに心がけた。ある研究会で本書の一部を発表した際に、「つまり、以前よりつまらなくなったというのが結論ですか」と指摘されたことがある。確かに最終的にその魅力が半減したかもしれないが、本書ではそこに至るまでの芸術家や関係者たちの苦闘の跡を明らかにしたつもりである。社会主義的改造下に制度的補強が施され、それ以前からの技芸や市場的価値が更に飛躍した演劇、演目、俳優が存在したことが些かでも読者に伝われば、本書の目的は達成されたことになる。

　本書を上梓するにあたり、2人の恩師に謝辞を記しておきたい。学部時代の指導教員である鷲見誠一先生と、大学院時代の指導教員である佐藤慎一先生である。研究方向がなかなか定まらず、ヨーロッパ政治思想が専門の鷲見先生のもとで中国政治思想に関する卒業論文を提出し、近代中国政治思想が専門の佐藤先生のもとで中国演劇に関する博士論文を提出することとなった。両先生の

広量と厳しい指導がなければ研究者として歩み続けることは不可能であった。学恩に対し深く感謝を申し上げたい。

また本書のもとになった論考のほとんどは、神奈川大学外国語学部中国語学科で開催されていた「『良友画報』研究会」と早稲田大学演劇博物館グローバルＣＯＥ「東洋演劇研究コース」主催の研究会への参加時期に作成されたものである。両研究会の同人である先生方や研究仲間からは多くの啓発と助言を受けた。心より感謝申し上げたい。

東華大学外国語学院教授の陳祖恩先生には、実際に上海の街を自分の足で歩いて往時の上海を追体験することの重要さを教えて頂いた。先生の案内で上海の路地裏を探訪する機会を得なかったならば、地方劇を対象に演劇を研究することもなかったと思う。謝意を記したい。

筆者が上海演劇研究を志すきっかけとなったのは、上海留学中の2002年正月に上海京劇院の『曹操与楊修』を観たことである。以来数多くの名舞台、名人芸に触れることで研究意欲は高まり、演劇への理解は深まっていった。劇場が教室であり、観客を含む演劇関係者が教師であったと強く感じている。

本書の出版では、研文出版の山本實氏にお世話になった。

本書の刊行にあたっては、平成26年度「熊本大学学術出版助成」と所属する熊本大学大学院社会文化科学研究科からの助成を受けた。関係各位にお礼を述べたい。

最後になったが、筆者の学究生活を暖かく見守り支援し続けてくれた父と母に対し、謝意とともに本書を捧げたい。

2014年11月

森平　崇文

初出一覧

本書の各章は、以下の既発表論文をもとに大幅に加筆、修正したものである。

序　章　書き下ろし
第一章　「「阿飛」と「阿Q」―1950年代の滑稽戯」『演劇研究センター紀要』（早稲田大学演劇博物館21世紀プログラム「演劇の総合的研究と演劇学の確立」）、Ⅵ、2006年1月。
第二章　書き下ろし
第三章　「上海における淮劇―1950年代の労働者アマチュア演劇との関係を中心に」『演劇映像学2007』（早稲田大学演劇博物館グローバルCOEプログラム「演劇・映像の国際的教育研究拠点」）、第1集、2008年3月。
第四章　「「大世界」から「上海人民遊楽場」へ―遊楽場の社会主義的改造」『現代中国』（日本現代中国学会）、第81号、2007年9月。
第五章　「北京越劇団の建団と撤退（1960-1961）」『演劇映像学2009』（早稲田大学演劇博物館グローバルCOEプログラム「演劇・映像の国際的教育研究拠点」）、第2集、2010年3月。
第六章　「「通俗話劇」以後の文明戯―1950年代上海を中心に」『演劇映像学2010』（早稲田大学演劇博物館グローバルCOEプログラム「演劇・映像の国際的教育研究拠点」）、第2集、2011年3月。
終　章　書き下ろし

参照文献一覧

資料一覧

[未公刊文書史料]

北京市文化局「関於北京越劇団問題的請示」、1960年、北京市档案館所蔵、164-1-332-1

北京市文化局「北京市文化局関於上海越劇団調京有関事宜的函」、1960年、上海市档案館所蔵、B172-1-359-9

北京市文化局「報送北京越劇団到京建団、公演等事宜的安排,請審批」、1960年、北京市档案館所蔵、164-1-332-4

北京市文化局「北京越劇団演出情況滙報」、1960年、北京市档案館所蔵、164-1-332-18

北京市文化局「関於離調越劇団演員家属問題」、1960年、北京市档案館所蔵、164-1-332-24

北京市文化局「報告」、1960年、北京市档案館所蔵、164-1-332-36

北京市文化局「関於将北京越劇団調回上海的報告」、1960年、北京市档案館所蔵、164-1-332-48

北京市文化局「関於由上海市調越劇一団来我市購置使用家俱的請示」、1960年、北京市档案館所蔵、164-1-332-63

北京市文化局「関於越劇団副食品補助問題的請示」、1960年、北京市档案館所蔵、164-1-332-69〜70

北京越劇団「工作結束報告」、1961年、北京市档案館所蔵、164-1-332-55

華東戲曲研究院編『華東戲曲研究院文件資料彙編』、1955年3月、上海市档案館蔵、B172-4-397-25〜128

華東戲曲研究院「関於報送院務会議討論結果有関京劇、越劇建院後分家問題的請示」、1955年、上海市档案館蔵、B172-4-397-2

上海市人民委員会文教弁公室「新成等三所溜冰場制止流氓阿飛進行搗乱活動的情況和経験」、1963年、上海市档案館蔵、B3-2-221-13

上海市人民政府「接管本市私営大世界遊楽場的命令」、1955年、上海市档案館所蔵、B1-2-1635-2

上海市社会局「上海市遊芸協会所属各会員団体整理委員名冊」「上海市遊芸協会理監事略歴表」、1945年、上海市档案館所蔵、Q6-5-597-35,58

上海市社会局「指導人民団体改選総報告表」、1947年、上海市档案館所蔵、Q6-5-595-34

上海市社会局「新生方言話劇団登記表」、1947年、上海市档案館所蔵、Q6-13-220-5

上海市委宣伝部・上海市文化局「関於擬将蜜蜂劇団与通俗話劇団改為国家劇団的報告」、1960年、上海市档案館所蔵、B172-1-781-14

上海市文化局「1949-1958年上演劇目統計」、1949-1958年、上海市档案館所蔵、B172-4-917-15,35,54,74,88,105,126,146,161,182

上海市文化局「一九五〇年下半年上海工人文芸運動総結報告」、1951年、上海市档案館所蔵、B172-4-20-23

上海市文化局「第一届全国戯曲観摩演出大会華東区演出代表団工作総結」、1952年、上海市档案館蔵、B172-1-70-27

上海市文化局「第一届全国戯曲観摩演出大会華東区演出団工作総結」、1952年、上海市档案館蔵、B172-1-70-33〜34

上海市文化局「群声通俗話劇団填報戯曲劇団班社概況調査表」、1952年、上海市档案館所蔵、B172-4-143-14

上海市文化局「新生劇団填報上海市戯曲職業社団情況調査表」、1952年、上海市档案館所蔵、B172-4-152-45

上海市文化局「関於上海市私営劇団、劇場、影院及遊楽場改革改造工作的意見（草案）」、1953年、上海市档案館所蔵、A22-2-172-2

上海市文化局「文化部、上海市文化局関於撤銷華東戯曲研究院成立上海越劇院、上海京劇院的批復」、1955年、上海市档案館蔵、B172-1-737-5

上海市文化局「国営和民弁公助劇団情況統計表」、1956年、上海市档案館所蔵、B172-4-514-1〜6

上海市文化局「対上海人民遊楽場工作的検査結論」、1957年、上海市档案館所蔵、B172-1-230-57

上海市文化局「馬彦祥同志的報告」、1957年、上海市档案館所蔵、B172-1-254-32

上海市文化局「上海観摩組関於通俗話劇的討論記録」、1957年、上海市档案館所蔵、B172-4-810-19

上海市文化局「各省市観摩組討論的総合報導（第一次）」、1957年、上海市档案館所蔵、B172-4-810-21

上海市文化局「通俗話劇、滑稽戯観摩演出芸術委員会研究組第一組第一次討論記録」、1957年、上海市档案館所蔵、B172-4-810-23,40,55,56,58

上海市文化局「上海市文化局関於調撥越劇団去京情況介紹及在京抽調音楽人員的報告」、1959年、上海市档案館所蔵、B172-1-359-5〜7

上海市文化局「関於将蜜蜂滑稽劇団、朝陽通俗話劇団改変所有制的具体做法的報告」、1960年、上海市档案館所蔵、B172-1-781-18

上海市文化局「上海市文化局関於天鵝越劇団調往北京中央冶金部文工団去信的情況報告」、1961年、上海市档案館所蔵、B172-5-220-64

上海市文化局党組「上海市文化局党組関於上海越劇院一団去京前後人事、劇目安排等的報告」、1960年、上海市档案館所蔵、B172-1-359-17

上海市文化局党組「上海市文化局党組関於上海越劇院一団去京前招収新学員11名及家属随団抵京名単的報告」、1960年、上海市档案館所蔵、B172-1-359-25

上海市戯劇院商業同業公会「有関栄記大世界遊楽場申請民主改革的材料」、1953年、上海市档案館所蔵、S320-4-27

市委員会「工人文娯工作観摩演出初歩総結」、1951年、上海市档案館所蔵、A22-2-64-25

市委宣伝部「関於加強工人群衆文化娯楽活動的指示（草案）」、1953年、上海市档案館所蔵、A71-2-947-37

上海越劇院「上海越劇院関於滙報武則天劇本七、八両場及動員去京工作進展情況的報告」、1960年、上海市档案館所蔵、B172-1-359-14

上海越劇院第一団「一団上京人員配備与留院人員的比例情況」、1960年、上海市档案館所蔵、B172-1-359-32

政法弁公室「黄浦区流氓阿飛活動情況反映」、1956年、上海市档案館蔵、B2-1-31-58

中共上海市委宣伝部整風弁公室「関於大世界近年来劇目演出和遊芸活動的状況調査」、1961年、上海市档案館所蔵、A22-2-950-21

中共上海市委宣伝部「関於芳華越劇団要求回滬向華東局、市委的請示報告」、1961年、上海市档案館所蔵、A22-2-965-1

［定期刊行物（刊行地が上海の場合は省略する）］
『申報』、『新世界』、『鉄報』、『金剛鑽』、『海報』、『上海日報』、『電声周刊』、『平報』、『聯合日報』、『亦報』、『新民晩報』、『文匯報』、『解放日報』、『労動報』、『戯劇介紹』、『北京日報』（北京）、『光明日報』（北京）、『人民日報』（北京）、『戯曲報』、『大衆戯曲』、『人民戯劇』（北京）、『上海戯劇』、『中国戯劇』（北京）、『萌芽』、『旅行家』

文献一覧
［日本語資料］
飯塚容『中国の「新劇」と日本─文明戯の研究』中央大学出版部、2014年

岩間一弘「戦時上海の聯誼会─娯楽に見る俸給生活者層の組織化と市民性」髙綱博文編『戦時上海　1937〜45』研文出版、2005年、198-230頁

岩間一弘「戦後上海における俸給生活者層の社会・文化活動」『千葉商大紀要』第43巻第3号、2005年、123-140頁

大野陽介「ポリティクスとしてのコンクール─建国初期の伝統劇コンクールをめぐって」『現代中国』86号、2012年、67-79頁

吉川良和「王鐘声事蹟二攷」『一橋社会科学』第2巻、2007年、69-126頁

瀬戸宏「文明戯の時期区分に関する試論」飯塚容・瀬戸宏・平林宣和・松浦恆雄編『文明戯研究の現在』東方書店、2009年、127-128頁

陳仲奇「『中国地方戯曲集成』の編集出版について」『総合政策論叢』（島根県立大学）第23号、2012年、139-156頁

中山文「姚水娟と樊迪民の越劇改良運動：『姚水娟専集』と『越謳』から」『人文学部紀要』（神戸学院大学）25号、2005年、69-86頁

牧陽一・松浦恆雄・川田進『中国のプロパガンダ芸術―毛沢東様式に見る革命の記憶』岩波書店、2000年

松浦恆雄「延安における伝統劇の改革―京劇の場合について」『未名』第6号、1987年、46-75頁

松浦恆雄「海上勾欄夜話（四）淮劇老芸人」『東方』70号、1987年、20-26頁

松浦恆雄「革命宣伝と文工団」『未名』第18号、2000年、119-142頁

三須祐介「海派園林から屋頂花園へ―上海遊楽場史の一断面―」『早稲田大学大学院文学研究科紀要』第44輯第3分冊、1999年、107-118頁

三須祐介「清末上海の遊興空間、夜花園―真夏の夜の楽園」『野草』第65号、2002年、1-17頁

三須祐介「上海の遊楽場」『アジア遊学』83、2006年、172-175頁

森平崇文「笑舞台以後の趣劇―張冶児、易方朔と精神団」『演劇研究センター紀要』Ⅳ、2005年、125-133頁

森平崇文「滑稽戯『七十二家房客』の成立」『饕餮』第13号、2005年、64-86頁

森平崇文「1940年代の滑稽戯―『小山東到上海』を中心に」『野草』第77号、2006年、87-101頁

森平崇文「独脚戯と上海―王无能の作品と上演史を中心に」『演劇映像学2008』第1集、2009年、317-346頁

森平崇文「中華民国期上海における盛り場の変遷―八仙橋を中心に」『地図情報』第30巻第1号、2010年、28-31頁

［中国語資料］

曹聚仁「大世界伝奇―《上海春秋》尾語」曹雷・曹憲鏞編『上海春秋』上海人民出版社、1996年、317頁

大公報出版委員会編『新上海便覧』大公報、1951年

傅謹『新中国戯劇史：1949-2000』湖南美術出版社、2002年

傅謹「近50年"禁戯"略論」『二十世紀中国戯劇導論』中国社会科学出版社、2004年、241-281頁

傅駿『浦江談戯五十年』香港語絲出版社、2002年

傅全香等『坎坷前面是美景』百家出版社、1989年

傅全香「難忘《梁祝》進京及其他」全国政協文史資料委員会編『新中国地方戯劇改革紀実』中国文史出版社、2000年、260-262頁

傅湘源『大世界史話』上海大学出版社、1999年

高春明主編『上海芸術史』上海人民美術出版社、2002年

高義龍『越劇史話』上海文芸出版社、1991年

顧振輝編『"十七年"劇史論稿（1949-1966）』上海交通大学出版社、2014年

韓暁莉『被改造的民間戯曲——以20世紀山西秧歌小戯為中心的社会史考察』北京大学出版社、2012年

何叫天口述、瑋敏・朱鰻記録整理「淮劇在上海」『上海戯曲資料薈萃』第1集、上海芸術研究所、1986年、21-29頁

胡叠「《申報》中的孤島時期通俗話劇演出」『戯劇』（中央戯劇学院学報）2008年第2期、71-84頁

胡叠『上海孤島話劇研究』文化芸術出版社、2009年

華東文化部芸術事業管理処『華東地方戯曲介紹』新文芸出版社、1952年

華東戯曲研究院編輯『華東地方戯曲叢刊』（全30集）新文芸出版社、1955年

華東戯曲研究院『華東戯曲劇種介紹』（全5集）新文芸出版社、1955年

『華東区戯曲観摩演出大会紀念刊』、1954年

黄愛華「上海笑舞台的変遷及演劇活動考論」早稲田大学演劇博物館・華南師範大学主催『清末民初新潮演劇国際学術研討会論文集』2009年、139-149頁

黄躍金主編『上海人民広場』上海社会科学院出版社、2000年

紀乃咸『海外游子陸錦花』学林出版社、2002年

姜進「断裂与延続：1950年代上海的文化改造」『社会科学』（上海社会科学院）2005年第6期、95-103頁

江淮流「上海京劇院的由来」『上海戯曲史料薈萃』第3集、1987年、24-26頁

金炳華主編『上海文化界：奮戦在"第二条戦線"上史料集』上海人民出版社、1999年

金武周『上海租界遊戯場調査』上海滬東公社、1943年

労動出版社編審部編『上海工人首届戯劇観摩演出劇選』労動出版社、1951年

李慧中編『馬少波戯劇代表作』中国戯劇出版社、1992年

李濤『大衆文化語境下的上海職業話劇』上海書店出版社、2011年

李暁『上海話劇志』百家出版社、2002年

劉艶『上海淮劇研究』上海戯劇学院提出博士論文、2007年

劉穎『晩期文明戯―改良与演変』上海戯劇学院提出修士論文、2002年

盧時俊「伊兵与越劇」上海越劇芸術研究中心等編『重新走向輝煌』中国戯劇出版社、1994年、420頁

盧時俊・高義龍主編『上海越劇志』中国戯劇出版社、1997年

羅蘇文『高郎橋紀事―近代上海一個棉紡績工業区的興起与終結』上海人民出版社、2011年

馬彦祥「一九五一年的戯曲改革工作和存在的問題」華迦・海風責任編輯『戯劇工作文献資料匯編』（続編）1985年、118頁

銭宏主編『中国越劇大典』浙江文芸出版社、2006年

《上海滑稽戯志》編輯委員会編『上海滑稽戯志』内部資料、1997年、12頁

上海話劇芸術中心編『上海人民芸術劇院院史（1950-1994）』上海話劇芸術中心、1997年

《上海昆劇志》編輯部編『上海昆劇志』上海文化出版社、1998年

上海歴史博物館・上海人民美術出版社編『上海百年掠影（1840s―1940s）』上海人民美術出版社、1992年

上海市普陀区志編纂委員会編『普陀区志』上海社会科学院出版社、1994年

上海人民広播電台戯曲組編『越劇小戯考』上海文芸出版社、1982年

上海市文化局史志弁公室・《上海淮劇志》編集部主編『上海淮劇志』内部資料、1998年

《上海文化芸術志》編纂委員会編『上海文化芸術志』上海社会科学院出版社、2001年

《上海文化娯楽場所志》編輯部編『上海文化娯楽場所志』内部資料、2000年

上海市徐匯区志編纂委員会編『徐匯区志』上海社会科学院出版社、1997年

上海市閘北区志編纂委員会編『閘北区志』上海社会科学院出版社、1998年

邵迎建『抗日戦争時期上海話劇人訪談録』秀威資訊科技股份有限公司、2011年

邵迎建『上海抗戦時期的話劇』北京大学出版社、2012年

沈亮『上海大世界』上海戯劇学院提出博士論文、2005年

唐振華「建国以来淮劇研究状況簡述」『芸術探索』（広西芸術学院学報）第20巻

第 6 期、2005年、7-8頁

田漢「為愛国主義的人民新戯曲而奮闘——一九五〇年十二月一日在全国戯曲工作会議上的報告摘要」華迦・海風責任編輯『戯劇工作文献資料匯編』(続編) 1985年、103頁

天津市地方志編修委員会弁公室・天津市文化局『天津通志・文化芸術志』天津社会科学院出版社、2007年

屠詩聘『上海市大観』中国図書編訳館、1948年

王安雲・傅湘源『上海大世界』長江文芸出版社、1987年

王昌年編著『大上海指南』東南文化服務社、1947年

王功璐・王天競主編『中国影片大典　故事片・舞台芸術片　1949.10-1976』中国電影出版社、2001年

王国泰『滑稽与通俗話劇人物紹介叢書』暁声滑稽話劇団、1950年

王培・陳剣雲・藍流主編『上海滬劇志』上海文化出版社、1999年

王辛・金明徳「解放後滑稽界的一些情況」『滑稽論叢』上海文化出版社、1958年、53-68頁

汪朝光「戦後上海美国電影市場研究」『近代史研究』2001年第 1 期、119-140頁

汪朝光「20世紀上半葉的美国電影与上海」『電影芸術』2006年第 5 期、37-41頁

汪朝光「好莱塢電影在新中国的沉浮」『文史博覧』2007年第11期、26-28頁

汪仲賢『上海俗語図説』上海書店出版社、1999年

呉双芸『呉双芸自説自話』漢語大詞典出版社、2005年

呉兆芬整理『范瑞娟表演芸術』上海文芸出版社、1989年

習文・季金安主編『上海群衆文化志』上海文化出版社、1999年

夏衍「関於戯改工作的一些初歩意見—在華東戯曲改革工作幹部会議第七次大会上的講話」華迦・海風責任編輯『戯劇工作文献資料匯編』(続編)、108頁

謝子華『越劇名優商芳臣』南京出版社、1994年

徐幸捷・蔡世成主編『上海京劇志』上海文化出版社、1999年

楊徳英責任編輯『天津通志　文化芸術志』天津社会科学出版社、2007年

楊華生『楊華生滑稽生涯六十年』学林出版社、1992年

応志良『中国越劇発展史』中国戯劇出版社、2002年

袁雪芬『求索人生芸術的真諦』上海辞書出版社、2002年

曾永義、施德玉著『地方戯曲概論』(上) 三民書局、2011年
張庚「解放区的戯劇—在全国文学芸術工作者代表大会上的発言」『張庚戯劇論文集　1949-1958』中国社会科学出版社、1981年、9頁
張庚『当代中国戯曲』当代中国出版社、1994年
張古愚「上海劇場変遷紀要」中国戯曲誌上海巻編輯部編『上海戯曲史料薈萃』第1集、上海芸術研究所、1986年、94-95頁
張済順『中国知識分子的美国観(1943-1953)』復旦大学出版社、1999年
張煉紅『歴煉精魂：新中国戯曲改造考論』上海人民出版社、2013年
張寧「従跑馬庁到人民広場：上海跑馬庁収回運動, 1946-1951」『中央研究院近代史研究所集刊』第48期、2005年、97-136頁
張正「呉小楼小伝」中国戯曲誌上海巻編輯部編『上海戯曲史料薈萃』第6集、上海芸術研究所、1990年、83-110頁
中国人民対外文化協会上海分会編『上海画冊』、1958年
中国人民政治協商会議上海市委員会編輯『戯曲菁英(下)』上海人民出版社、1989年
《中国戯曲志・北京巻》編輯委員会『中国戯曲志・北京巻』中国ISBN出版、1999年
《中国戯曲誌・上海巻》編『中国戯曲誌・上海巻』中国ISBN中心出版、1996年
周健爾選編『伊兵与戯劇』中国戯劇出版社、2004年
周濤『民間文化与"十七年"戯曲改編』広西師範大学出版社、2012年
朱志頻著・王宝慶蔵「鏞記大世界」陳子禎編輯『弾詞開篇集・第二巻』国華電台、1934年、119頁

[その他]

Emily Honig, "*Creating Chinese Ethnicity; Subei People in Shanghai, 1850-1980*", Yale University Press, 1992

Jin Jiang. 2008. *Women Playing Men: Yue Opera and Social Change in Twentieth-Century Shanghai*. Seattle: University of Washington Press.

索　引

凡　例

(1) 本索引は事項索引と人名索引と劇名索引からなる。
(2) 配列は50音順を基本として、同字のものはまとめ、同音の字は画数順に並べた。漢字は日本語読みにしたがった。

事項索引

あ行

阿Q	16,17,25～29,34,36
阿飛	16,17,19～24,31～36
逸園	113
雲華越劇団	132
永楽越劇団	133
益友社	85
越劇	5,8～11,25,26,28,42,51,52,59,60,62～66,68,77,79,81～84,86,90～94,96,98,107,118,128～132,135,136,138,143,145,154,157,170,177,179
粤劇	79,83
越劇演員訓練班	52
黄金大戯院	52,106,110,154

か行

卡爾登大戯院	52,110,154
海燕通俗話劇団	158,159,166
革命模範劇	3,97
合作越劇団	134
華東越劇実験劇団	5,43,44,46,50～52,56,62,131,136,137
華東戯曲研究院	10,42～44,46,47,49,51～53,56,58～60,62,63,65,67,68,82,110
華東京劇実験劇団	43,44,46,47,49～52,56
華東区戯曲観摩演出大会	53,58～60,62,63,67,157
漢劇	8
徽劇	8,79
京劇	8～10,42,52,59,68,77,79,81～87,90,92～94,96,107,108,118,130,154,157,177,179
甬劇	61
共舞台	94,111,117,154
曲劇	10
玉蘭劇団	52,66
金都大戯院	111
工人倶楽部	4,85,86,89,90,92,94,112,113,178
工人文化宮	89,90,92,112,113,122
滬劇	5,8～10,12,13,17,31,60,62,77,79,81～84,90～94,96,98,107,130,154,156,157,170,179
滑稽	106,107,119,122,154
滑稽戯	9,10,12,16～23,25～32,35,36,77,79,81～83,86,107,118,130,154～157,159,162,163,167,170,178,179
滑稽京劇	118,119,122
河北梆子	10
昆曲演員訓練班	10,51
昆劇	9,52,58,66,77,83,179

さ行

山東快書	10
四明南詞	10
錫劇	10,11,59～62,79,82,83,107,118,159,177
上海越劇院	42,43,51,52,63,82,128,129,131,133～136,138,142～145
上海戯曲学校	42,43
上海京劇院	42,43,50,63,68,82

索 引

上海芸術劇場	110,111,121
上海市軍事管制委員会文化教育管理委員会文芸処	21,109,130
上海市工人文化宮	85
上海市人民京劇団	50,56,82
上海市人民滬劇団	5,82
上海市人民評弾工作団	82,110,118
上海市人民淮劇団	5,80,82,90,94～97,117
上海市青年越劇団	134
上海市銭業同人聯誼会	84
上海市文化局	30,50,63,143
上海市文化事業管理局	105
上海市遊芸協会	156
上海市淮劇同人聯誼会	80
上海市話劇研究会	156
上海人民芸術劇院滑稽劇団	167
上海人民芸術劇院方言話劇団	152,158,167
上海人民滬劇団	110
上海人民遊楽場	105,122
上海人民淮劇団	110
上海青年宮	123
春光越劇団	133
紹劇	10,29,79,82,83,177
笑舞台	19,153
晋劇	135
秦腔	8,85,135
新新越劇団	132
新生劇団	158
新世界	104
人民大舞台	50,110,111,121
人民遊楽場	111,115,117,119～121
雪声劇団	44,50,64～67
川劇	8,135,136,143
先施	111,113
相声	10
楚劇	8
蘇劇	79,82,83,107,177

た行

第一届全国戯曲観摩演出大会	7,53,57,60,84,97,157
大鼓	10
大衆劇院	47,110
大衆劇場	42,52,65
大新遊楽場	111,113,157
大世界	12,80,94,104～106,108,109,111,113～115,117,120～123,158,178
弾詞	10,106,107,122
中国戯曲研究院	42
中国京劇院	138,139,144
中国人民解放軍第三野戦軍政治部文芸工作団第三団	44
中国大戯院	111
中国評劇院	138,144
長安戯院	142
長江劇場	42,52,110,163
朝陽通俗話劇団	158,166,167
通俗話劇	9,10,12,17,19,22,27,31,82,107,118,152,155,163～165,167,169,170,178,179
天蟾舞台	111,154
東山越芸社	51,136
倒七戯	61
東方紅劇場	123
独脚戯	156,159

な行

南京市越劇団	132
南京市実験越劇団	132

南方戯 107

は行

百楽門大戯院 110
評劇 8,10,79,107
評弾 81,82,118
評話 10,107
閩劇 60,61
福安 111,113
福州市越劇団 133
婺劇 59
文化大革命 3,9,36,77,78,83,96,123,152,169,177
文化広場 110,111,113,121
文芸講話 4,45,78,85,95,96
文明戯 12,19,78,152〜157,159,161〜170
北京越劇団 12,128〜130,132〜136,138,139,141〜145
北京京劇団 144
芳華越劇団 133
方言話劇 86,155,167,169
梆子戯 61

ま行

玫瑰滑稽劇団 31,34

美琪大戯院 111
蜜蜂滑稽劇団 27,28,30,167
民族宮礼堂 139

や行

冶金部文工団越劇団 133,144
秧歌劇 8,85
揚劇 10,11,61,62,79,80,82〜84,107,159,177
甬劇 10,79,82,83,107,159,170,177
豫劇 135

ら行

梨園戯 61
柳琴戯 61
緑宝劇場 153,154
麗都劇場 111
呂劇 61,62

わ行

淮劇 5,9〜12,60,62,77,79〜84,86,87,89〜94,96〜98,118,130,157,159,177,179
話劇 7,9,10,25,27,28,52,58,78,81,82,85〜87,92,93,96,130,152,153,155,156,157,163,165,167,168,177〜179

人名索引

あ行

伊兵	21,47,49,53,57～59,62,63,135
尹桂芳	66,133
尹夢石	155
于少亭	118,120
于伶	68
栄毅仁	121
易方朔	26,154
袁一霊	155
袁雪芬	5,42,50,58,64～67,131,134,135,137
王金璐	49
王崑崙	138
王山樵	154,156～158,167
王芝泉	51
王嫱	158,167
王正屏	50
王雪艷	154,167
王美玉	154,157,158,167,168
王文娟	51,134
王曼君	153,155,158
欧陽予倩	29,163,168

か行

蓋叫天	50,62
艾世菊	50
賀永華	49
夏衍	6,68,109,110,131
夏萍	155,156
何叫天	80,93,95,97
郝寿臣	141
岳美緹	51
華文漪	51
韓義	67
紀玉良	50
龔一飛	31,33,34
許幸之	28
金采鳳	51,134
金美芳	134
計鎮華	51
厳順開	36
高崗	68
黄金栄	52,104,106,109,114,117
黄佐臨	29,168
黄正勤	49
黄楚九	104
孔尚任	139
伍賽文	158,166,167
呉小楼	128,134,136,138
呉筱楼	66
呉琛	66,135
呉文堅	58
顧仲彝	168
胡野檎	58,135,143
言慧珠	50

さ行

斉燕銘	138
蔡正仁	51
竺水招	66,132

史済華	52,134	張国華	52,134
周恩来	5,136,137,143	張洵澎	51
周璣璋	51,57,58	張酔地	109
周信芳	42,49,50,52,56〜58,62,131	張成之	58
周大悲	155	張美娟	49
周柏春	21,24,156	張銘栄	51
周宝奎	134	張冶児	26,154
小王桂卿	50	張楽平	25,28,29
筱高雪樵	50	張利音	23,158
饒漱石	68	沈易書	118,120
筱丹桂	66,110	沈金波	49
蕭長華	141	陳琦	134,138,141
筱文艶	5,80,93,97	陳秋風	23,153,155
徐玉蘭	51,66,134	陳正薇	49
徐天紅	66	陳大濩	49
秦哈哈	153	陳鵬	66
戚雅仙	134	丁是娥	5
薛恩厚	138	丁賽君	134
銭愛麗	157,158,167	程硯秋	131
銭英郁	66	程笑亭	24,25,156
曹銀娣	134	鄭正秋	19
曹禺	168	鄭伝艦	66
桑弧	168	田漢	28,29,136,137
孫正陽	49	田心	154
		田麗麗	155
た行		童芷苓	50
戴不凡	64	董天民	155,158,165,170
譚富英	138	陶雄	58,59
遅世恭	50		
趙暁嵐	50	**な行**	
趙景深	164,165	南薇	25,28,67
張雲霞	66,133		
張金花	134	**は行**	
張桂鳳	51,66,134	裴灼灼	158

馬彦祥	164,165,170	姚水娟		66
馬少波	138,139	楊帆		68

ら行

馬麟童	80,93		
馬連良	138		
潘漢年	68	羅懐臻	97
范瑞娟	51,64,66,128,134,136〜139,141	李玉茹	49
范雪朋	153,154	陸希希	159
畢春芳	134	陸錦花	51,66,128,129,134,136,138,139,143
武旭東	93	李健吾	168
傅全香	51,66,128,129,134,136〜139,141,142	劉一新	153〜155
文彬彬	155	劉異龍	51
彭真	141,143	劉覚	52,134
方洋	51	劉厚生	9,21,23,34,164,165
鮑世遠	33,164	劉斌昆	49,62
鮑楽楽	159	梁谷音	51
		呂君樵	57

ま行

		呂瑞英	51,128,134
梅蘭芳	42,131,138	呂仲	64〜66
毛沢東	4,16,44,45,64,78,97,136	老舎	136
		魯迅	16,17,25〜28,65

よ行

楊華生	24,25,27〜29,34,36,155,156

劇名索引

あ行

阿Q正伝	17,18,25～29,34～36
阿飛戯	17～25,30～36,162
阿飛轟炸機	162
阿飛総司令	22～25,31
阿飛展覧会	31～34
庵堂認母	62
家	168
王貴与李香香	60
王定保借当	61

か行

海港的早晨	97
喝麺葉	61
技術員来了	60
僵尸戯	17,30
玉蜻蜓	170
緊握手中鎗	168
金小玉	168
金銭世界	168
金龍与蜉蝣	97
屈原	60
黒旋風李逵	50
紅杏出墻	168
寇準揹靴	61
光緒与珍妃	161,163
幸福	27,30
黒奴恨	168
婚変	163

さ行

殺子戯	17
釵頭鳳	60
三家福	61
三看御妹	139
三個母親	166,179
三毛学生意	18,35,36,179
織錦記	60
社会鐘	161,163
借羅衣	61
社迷伝	168
種大麦	97
小阿飛	22,162
小忽雷	128,139,141
小山東到上海	24,154,155
情探	139
祥林嫂	25,26,28,65,136
女審	97,179
信陵君	56,57
西廂記	137
西楚覇王	97
青年偵察員	168
送茶	60,61

た行

打麺缸	60,61
鍛煉（巨浪巨浪）	168
智斬安得海	168
挑女婿	61

張文祥刺馬	161,163,168	劈山救母	60,128,139
闖王進京	50	**ま行**	
珍珠塔	161,163,168,170	満園春色	18,35,36
手足情深	163	**や行**	
討学銭	61	四大教歌	154
な行		**ら行**	
七十二家房客	18,35,36	藍橋会	97,179
二堂放子	60	柳毅伝書	60
入審	61	龍江頌	168
は行		劉胡蘭	60
白蛇伝	137	梁山伯与祝英台	57,136,137,179
白毛女	45,60	李娃伝	139
人人要吃飯	21,23	煉印	61
復興	154		

森平　崇文（もりだいら　たかふみ）
1973年、群馬県生まれ
慶應義塾大学法学部卒業、東京大学大学院人文社会系研究科博士課程修了、博士（文学）
現在、熊本大学大学院社会文化科学研究科准教授
専門　中国演劇、上海史
論文　「五四時期の鄭正秋―新聞・演劇・ネットワーク」『野草』第95号、2015年、「劇評家鄭正秋―『民立報』と『民権報』を中心に」『饕餮』第20号、2012年、「上海における評劇」『第二回日中伝統芸能研究交流会　報告書　都市のメディア空間と伝統芸能』（大阪市立大学大学院文学研究科都市文化研究センター）、2012年など

社会主義的改造下の上海演劇

2015年3月20日　初版第1刷印刷
2015年3月31日　初版第1刷発行
　　　　定価［本体 5000円＋税］

著　者　森　平　崇　文
発行者　山　本　　實
発行所　研文出版（山本書店出版部）
　　　　東京都千代田区神田神保町2－7
　　　　〒101-0051　TEL　03－3261－9337
　　　　　　　　　　FAX　03－3261－6276

印　刷　富士リプロ㈱
カバー　谷　　　島
製　本　大口製本

Ⓒ MORIDAIRA TAKAFUMI
2015 Printed in Japan
ISBN978-4-87636-395-7

中国伝統演劇様式の研究	有澤晶子著	6500円
建国前後の上海	日本上海史研究会編	7000円
戦時上海 1937〜45年	髙綱博文編	6500円
「国際都市」上海のなかの日本人	髙綱博文編	6500円
近代上海の公共性と国家	小浜正子著	8500円
日中戦争と上海、そして私 古厩忠夫中国近現代史論集		9000円
上海近代のホワイトカラー 揺れる新中間層の形式	岩間一弘著	7000円
民国期上海の百貨店と都市文化	菊池敏夫著	6000円
楽人の都・上海 近代中国における西洋音楽の受容	榎本泰子著	2800円

―――研文出版―――

＊表示はすべて本体価格です